Susanne Gatz

Geheime Gärten rund um Berlin

Die 60 besten Tipps fürs Umland

Jaron Verlag

Abbildungen
S. 54 unten: Janet Glausch
S. 60 oben: Carsten Literski
Alle weiteren Fotos: Susanne Gatz

Originalausgabe
1. Auflage 2018

www.jaron-verlag.de
Umschlaggestaltung: Bauer+Möhring, Berlin, unter Verwendung eines Fotos von Susanne Gatz (Mohnwiese in der Russischen Kolonie Alexandrowka, Potsdam)
Satz und Layout: Prill Partners | producing, Barcelona
Lithografie: Bild1Druck GmbH, Berlin
Karten: Caroline Nienkerke, Berlin
Druck und Bindung: Westermann Druck Zwickau GmbH, Zwickau

ISBN 978-3-89773-430-2

Inhalt

Einleitung 5

Berlins Norden, Oberhavel und Barnim
Hausgarten von Karin Cramer 10 · Schlosspark Buch 14 · Garten des Stadtguts Blankenfelde 16 · Kalktuffgelände am Tegeler Fließ 18 · Eichwerder Moorgarten 20 · Naturgarten Kindelsee-Springluch 22 · Garten im Vintagestil 24 · Garten Eden 26 · Oranjegarten 28 · Schwertliliengarten 32

Berlins Osten, Märkisch-Oderland und Oder-Spree
Garten der Villa Kuriosum 34 · Naturgarten Malchow 36 · Landschaftspark Herzberge 38 · Schlosspark Biesdorf 40 · Wuhlgarten 42 · Kiezpark Fortuna 44 · Berliner Balkon 46 · Park der Gründerzeit 48 · Gutsgarten Hellersdorf 50 · Gosener Wiesen 52 · Woltersdorfer Dünenzug 54 · Lenné-Garten 56 · Bienengarten 58 · Kleiner Spreewaldpark 62

Berlins Süden, Teltow-Fläming und Potsdam-Mittelmark
Lilienthalpark 64 · Mittelaltergarten Düppel 66 · Schlosspark Blankensee 68 · Hostagarten 70 · Hugenottengarten Langerwisch 72 · Kakteengarten 74 · Südwestkirchhof Stahnsdorf 76 · Schlossgarten Petzow 78 · Sanddorngarten 80 · Schuffelgärten 82 · Werdersche Obstgärten 84 · Werderscher Weingarten 86 · Japanischer Bonsaigarten 88 · Efeugarten von Hans-Otto Gehrcke 92

Berlins Westen, Potsdam und Havelland
Grünzug Bullengraben 94 · Gartenstadt Staaken 96 · Garten der Religionen 98 · Aussichtsgarten des Schlosses Sacrow 100 · Karl-Foerster-Garten 102 · Garten der Villa Jacobs 104 · Dahliengärten im Volkspark Potsdam 106 · Garten der Potsdamer Pfingstkirche 110 · Russische Obstgärten 112 · Garten der Villa Schöningen 114 · Garten der Alexandra 116 · Blüten der Freundschaftsinsel 118 · Wasserblick im Nuthepark 120 · Nachbarschaftsgarten Scholle 34 122 · Paradiesgarten im Botanischen Garten 124 · Geheimer Garten im Orangerieschloss 126 · Winzerberg 128 · Friedhofsgarten Bornstedt 130 · Graureihergarten 132 · Schlossgarten Lindstedt 134 · Schlosspark Marquardt 136 · Lavendelgärten 138

Die Vielfalt der Naturgärten 140

Register der Gärten 143

Liniennetzplan Brandenburg und Berlin 145

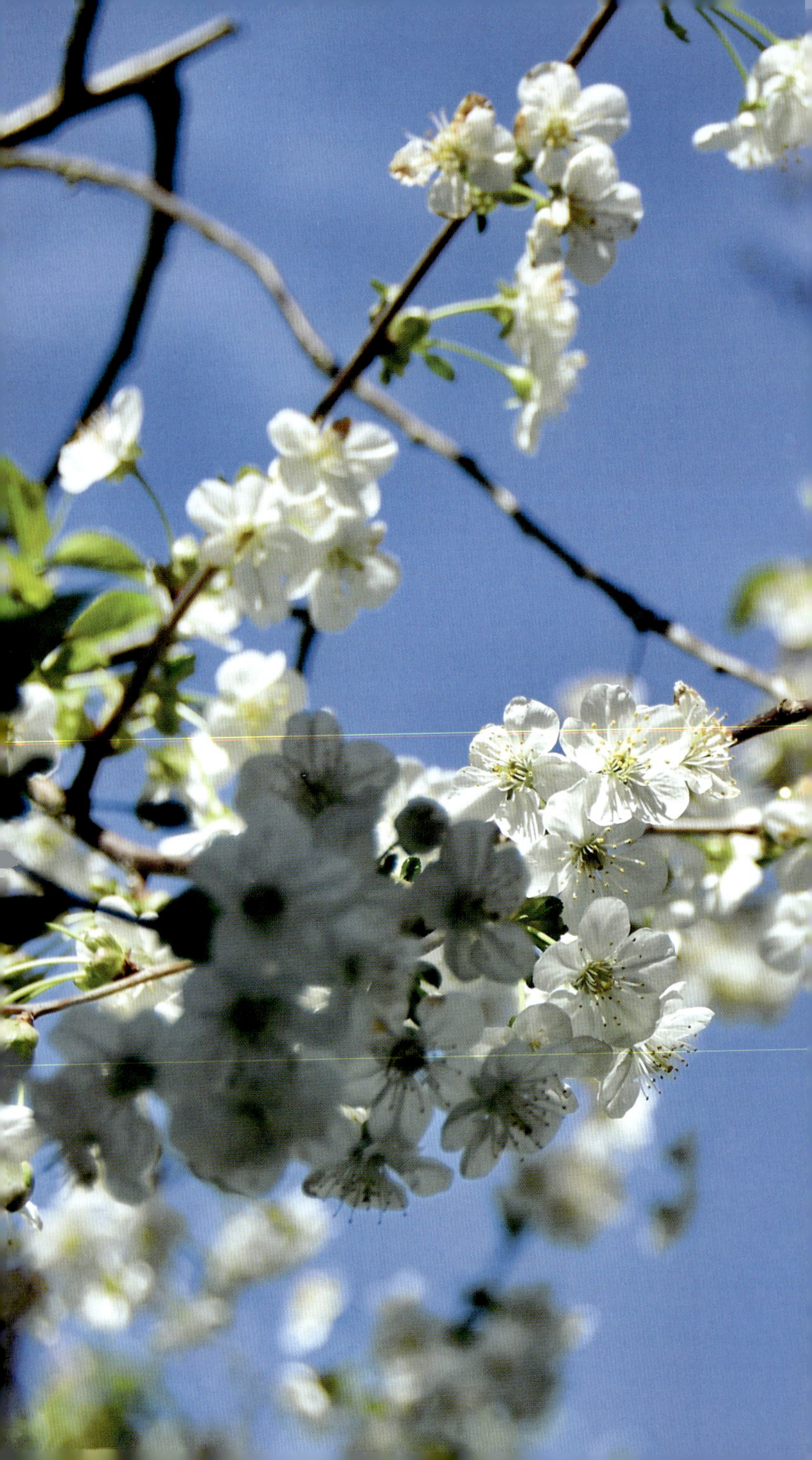

Einleitung

Nicht nur mitten in einer der grünsten Metropolen der Welt, sondern auch am Rande Berlins und jenseits der Stadtgrenzen finden sich viele wunderschöne versteckte Gärten, die man unbedingt besuchen und genießen sollte.

Schon Theodor Fontane beschrieb in seinem zwischen 1862 und 1889 erschienenen fünfbändigen Werk „Wanderungen durch die Mark Brandenburg" die Schönheit und Mannigfaltigkeit der weiten Landschaft des Berliner Umlands, die bis heute bezaubert. Private Themengärten, naturnahe Landschaftsparks, wunderbar angelegte, renaturierte und vergessene Schlossgärten und einsame Naturgärten erwarten den garteninteressierten Besucher. Das Lebensgefühl Brandenburgs ist entspannt, Großstädter und Gartentouristen können hier frische Luft atmen, einsame Wege beschreiten und sich in grünen Paradiesen bei Vogelgezwitscher erholen.

Je weiter man sich vom Zentrum Berlins entfernt, desto größere und prächtigere Gärten kann man finden. Die unberührte Natur verleiht diesen Gärten den schönsten vorstellbaren Rahmen und ist gleichzeitig ihr Vorbild. Für Garten- und Naturliebhaber sowie Freunde des Schönen, Seltenen und Besonderen lohnt sich daher der Weg zu einzigartigen Oasen wie einer privaten Gartenlandschaft in Reinickendorf, einem Kakteengarten in Michendorf oder einem Garten voller Funkien in Teltow. Aber auch versteckte Vintagegärten, Geschichtsgärten, Bienengärten, russische Gärten, reiche Obstgärten, Gartenstädte und Weingärten können entdeckt werden.

Oft geben verlandete Seen, sandiges Dünengelände, weitläufige Bruchwälder, dunkle Auenwälder oder saftige Feuchtwiesen einer vergessenen oder selten gewordenen Pflanzen- und Tierwelt eine Heimat. Gärten und wilde Natur zeigen sich rund um Berlin sehr vielfältig und unterschiedlich, je nachdem, in welchem Teil der Berliner Urstromlandschaft sie liegen.

Vor rund 18 000 Jahren, zur letzten Eiszeit, bildeten die abfließenden Schmelzwasser das Berliner Urstromtal. Die Spree durchlief dieses Gebiet, und im unteren Spreetal entwickelte sich eine Tundra. Westlich von ihr dominierten feuchte Niederungen und Moorgebiete das Erscheinungsbild der Landschaft. Etwas später entstanden das Barnim- und das Teltowplateau durch Eisverschiebungen parallel zum Spreeverlauf. Noch heute ist diese eiszeitliche Entwicklung prägend für die unterschiedlichen Landschaftsformen und Bodenbeschaffenheiten, und natürlich beeinflusst sie auch die Gestalt der (Natur-)Gärten.

Der Naturpark Barnim liegt nördlich der Berliner Stadtgrenze. 750 Quadratkilometer misst das einzige gemeinsame Großschutzgebiet von Berlin und Brandenburg. Rund 5,4 Prozent seiner Fläche befinden sich in den

Berliner Stadtbezirken Pankow und Reinickendorf. Der restliche Teil liegt zwischen den Brandenburger Orten Bernau, Bad Freienwalde, Eberswalde, Liebenwalde und Oranienburg. Vor allem großflächige Wälder und Forsten, aber auch zahlreiche Seen und unberührte Fließtäler prägen sein Erscheinungsbild. Kalkhaltige Quellen, Kalktuffe und Moore findet man sonst nur im Gebirge, hier, nahe Berlin, haben sie aber besondere Naturgärten hervorgebracht. Um diese zu erkunden, braucht der Berliner keinen langen Weg zurückzulegen, denn die Feuchtwiesenlandschaften des Tegeler Fließes beginnen gleich hinter Reinickendorf.

Im gesamten nördlichen Umland konkurrieren außerdem große, fast landschaftsgärtnerisch angelegte Privatgärten mit den Naturschönheiten des Barnimer Naturparks. Darunter befindet sich ein Garten mit einer atemberaubenden Schwertlilienpracht in Biesenthal.

Die Stadt Oranienburg, am Rande des Barnim gelegen, aber schon dem Landkreis Oberhavel zugehörig, besitzt fast so eine lange Geschichte des Obstanbaus wie die Stadt Werder südlich von Berlin. Dementsprechend viele Obstgärten sind hier zu finden. Der erste vegetarische Selbstversorgergarten „Eden" ist einer von ihnen.

In Oranienburg liegt außerdem der klassische Park des ältesten Barockschlosses der Mark Brandenburg, des Schlosses Oranienburg, der 2009 anlässlich der Landesgartenschau um einen weiträumigen Garten erweitert wurde. Diese Anlage zeichnet sich durch modernes Gartendesign aus und wartet mit vielen kleinen, geheimen Gartenräumen und besonderen Pflanzungen auf. Thematisch widmen sich die sehenswerten Sondergärten, die als „Traumlandschaften" bezeichnet werden, dem Leben der aus den Niederlanden stammenden Kurfürstin Louise Henriette von Oranien (1627–67).

Der obere Havelverlauf ist namensgebend für den Landkreis Oberhavel. Die Havel durchfließt das Gebiet von Norden nach Süden. Mehr als fünfzig Prozent der Fläche dieses Landkreises sind Landschafts- oder Naturschutzgebiete. Wälder, Feuchtwaldkomplexe, Wiesen in den Havelniederungen und Seen dominieren den Landstrich. Von Feldern umgeben, liegt hier zwischen alten Gartenaccessoires ein Vintagegarten versteckt, der die Besucher mit seinem einzigartigen Charakter in den Bann zieht.

Das östliche Berliner Umland wird von der Müggelspree, der Löcknitz, Wäldern, einem großen Seengebiet und acht Regionalparks gebildet. Die Gartenlandschaft dieser Region ist sehr abwechslungsreich. Nahe der Stadtgrenze kann man gestaltete renaturierte Schloss- und Gutsgärten besuchen, es gibt aber auch lebendige Gartenkunstwerke wie den Garten der Villa Kuriosum in Lichtenberg. Zwischen rauen Plattenbausiedlungen haben Anwohner und eine Wohnungsbaugesellschaft in gemeinsamer Arbeit den Kiezpark Fortuna in Marzahn-Hellersdorf hervorgebracht. Auf verlassenen Landgütern sind spannende Natur- und Lehrgärten sowie

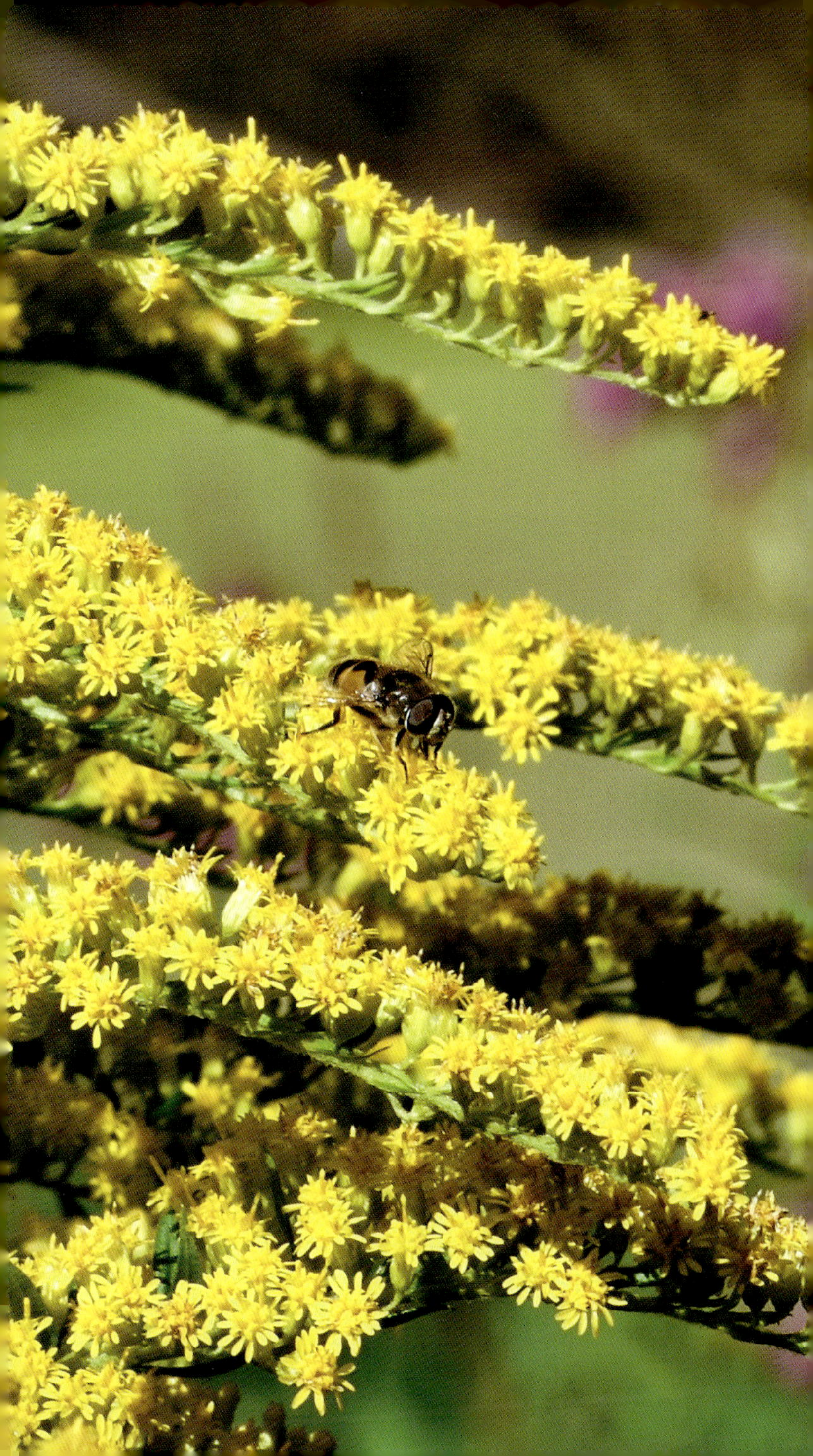

alternative Wohnprojekte mit Gartenanschluss oder Gemeinschaftsgartenprojekte entstanden. Das Thema Bienenschutz wird hier großgeschrieben, sodass den gelb-schwarzen Insekten in vielen dieser Gärten ein neuer Lebensraum geboten wird. Auch einige Imker öffnen für interessierte Besucher ihre faszinierenden Bienengärten.

Südwestlich von Berlin befindet sich die Zauche, eine geologische Hochfläche mit flachwelliger Bodenstruktur, die von Fließgewässern wie der Havel, der Nieplitz und der Nuthe durchschnitten wird. Der Name Zauche kommt aus dem Slawischen und bedeutet so viel wie „trockenes Land", womit bereits die Beschaffenheit dieser Landschaft charakterisiert ist: Sie besteht aus trockenen Sandflächen mit Kiefernwäldern.

Der Boden der Zauche ist nicht nur für den Spargelanbau prädestiniert, er ist auch sehr gut für den ökologischen Obstanbau geeignet. Darüber hinaus gibt es hier romantische Weingärten, einen Japanischen Bonsaigarten und einen Sanddorngarten, der innovativ an Produkten forscht, die Sanddornbeeren als gesunde Zutat enthalten.

Privatgärten im Landkreis Potsdam-Mittelmark sind meist großzügig angelegt und widmen sich besonderen Themen, exotischen Zuchtpflanzungen und speziellen Gestaltungen. Ein großer geheimer Garten lockt mit zweihundert Sorten von Funkien, ein anderer zeigt eine einzigartige Schau an Kakteen, und der interkulturelle Hugenottengarten in Langerwisch überrascht mit ganz besonderen Pflanzen und klärt über ihre geschichtliche und theologische Bedeutung auf.

Die Geschichte der reichen und blühenden Gärten, die in Potsdam unter den Hohenzollern geschaffen wurden, ist ungleich glanzvoller als die der Berliner Gärten. Man sollte mit offenen Augen durch die eleganten Parks gehen, um die in ihnen versteckten Besonderheiten zu entdecken. Sehenswert sind die blühenden Details und die heute teilweise bizarr erscheinenden Architekturen. Viele berühmte Gärtner und Architekten haben hier im Laufe der Jahrhunderte Hand angelegt und die Schlösser- und Gartenlandschaft durch ihr Schaffen bereichert: Georg Wenzeslaus von Knobelsdorff, Peter Joseph Lenné, Fürst Pückler-Muskau, Friedrich Ludwig Sckell oder Gustav Meyer.

Schöner noch als die großen Parks mit ihren vielen neugierigen Besuchern sind jedoch die abseits gelegenen grünen Oasen, denn die Stadt Potsdam hat noch mehr zu bieten als barocke und englische Gartenkunst: Gemeinschaftsgartenprojekte wie die Scholle 34 laden zum Gärtnern und zu Veranstaltungen ein, der Kirchgarten der Potsdamer Pfingstkirche gibt sich romantisch, und auf dem Bornstedter Friedhof bezaubern die mystisch überwachsenen Grabstätten der berühmten Potsdamer Gartenkünstler.

Der Park Marquardt mit seinem Schloss liegt weiter außerhalb, schließt sich aber schon fast an die bedeutenden Gärten des Potsdamer Wald- und Havelseengebiets an. Nahe dieser romantischen Anlage und dem Schlänitzsee, in Potsdam-Bornim, ist der Staudengarten des Pflanzenphilosophen Karl Foerster (1874–1970) mit dem berühmten Senkgarten zu bewundern. Der Staudenpionier begegnet uns im Berliner Umland immer wieder, vor allem in den herrschaftlichen Parklandschaften Potsdams. Seine Pflanzenphilosophie har er den Naturgärten entlehnt: An den Standort angepasste Pflanzen gedeihen auch in privaten Gärten gut. Pflanzen, die er vor rund hundert Jahren züchtete und zu Pflanzengesellschaften kombinierte, und seine Gestaltungsphilosophie spielen auch heute noch im weiten Umkreis Berlins eine wichtige Rolle.

Am besten, man macht es wie Theodor Fontane: Man begibt sich auf Entdeckungsreise ins Berliner Umland und erkundet dabei die Gartenlandschaften, die der urbanen Gartenkultur in nichts nachstehen.

Ob man sich lieber der stillen, aber wilden Natur hingeben möchte, sich für besondere und seltene Pflanzen begeistert oder einfach nur einen grünen Ausflug machen möchte – rund um Berlin findet man immer das passende Ziel!

Die in diesem Buch vorgestellten geheimen Gärten befinden sich innerhalb des Berliner Autobahnrings. Alle sind gut mit den öffentlichen Verkehrsmitteln wie den Regionalbahnen oder dem eigenen Pkw erreichbar und für jedermann geöffnet. Viel Spaß beim Erkunden der grünen Oasen!

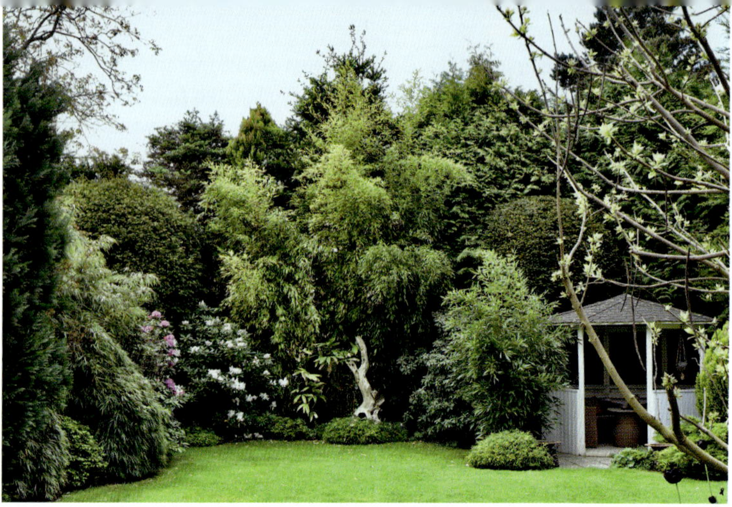

Hausgarten von Karin Cramer

Der Garten von Karin Cramer, der kreativen Inhaberin der Firma „Gardensign", ist nicht nur ein Schaugarten für Kunden und ein privates Refugium, sondern auch ein gärtnerisches Meisterstück. Verschiedene Gartenräume und unterschiedliche Gartenstile hat Karin Cramer zu einem einzigartigen Gartentraum zusammengefasst.

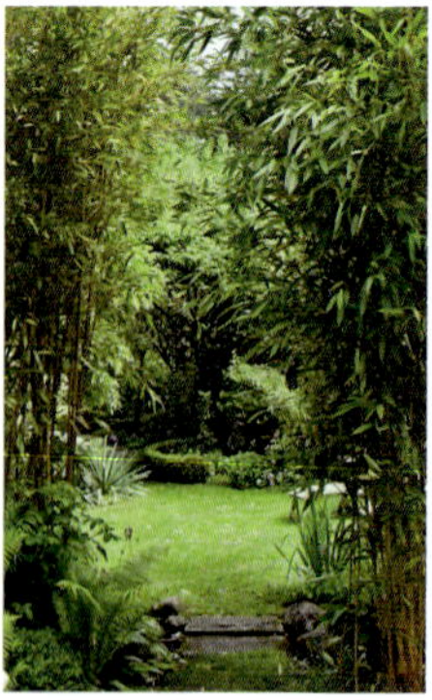

Bambusweg

Vor 17 Jahren kam die gelernte Krankengymnastin mit dem Wunsch nach Berlin, Gärten zu gestalten. Durch den Verkauf selbstgefertigter Blattschalen aus Beton konnte sie nicht nur ihre Visionen von wunderbaren Gärten, sondern auch ihre neugegründete Firma und ihr kreatives Konzept bekannt machen. Heute plant und entwirft Karin Cramer tatsächlich Gärten. Wie eine Innenarchitektin komponiert sie Grünflächen und Pflanzen zu wahren Wohlfühloasen.

Im Grunde unterscheidet sich die Gestaltung und Einrichtung eines Gartens nicht sonderlich von der eines Hauses. Wo sollen sich der Eingang, der Ruhebereich, das Durchgangszimmer oder die Küche befinden? Man orientiert sich dabei an Licht und Schatten und wählt die Einrichtungsgegenstände und ihre Farben aus – so auch im Garten die Pflanzen und die unterschiedlichen Werkmaterialien.

In der kultivierten Natur, also im Garten, verläuft

dieser Vorgang nicht immer reibungslos. Manchmal ist nicht vorhersehbar, ob der mit Liebe und geschultem Auge ausgewählte Platz den Pflanzen auch gefallen wird. Oft wächst ein Garten Stück für Stück, oder man verliert das ursprünglich Geplante aus dem Blick, weil die Pflanzen ihren eigenen Kopf haben.

In den Gartenräumen des Cramer'schen Hausgartens finden sich Lieblingspflanzen, Heckenpflanzungen und ein Hauch grüner Exotik. Im Entree bilden Eiben und Bambus eine schmale Hecke um ein asiatisches Landschaftsgärtchen. Ein hölzerner Thronsessel auf geharktem weißem Kiesel lädt ein, Platz zu nehmen. Wasser plätschert über einen bemoosten irischen Küstenfelsen. Rund geschnittene Kugeln aus Eiben und Buchs stellen eine asiatische Gebirgslandschaft dar. Es sind die hübschen botanischen Kleinigkeiten, die auffallen: hier ein kleiner graulaubiger Farn, kombiniert mit einem panaschierten Funkienblatt, dort ein besonderer geschlitzter Rotahorn, dazwischen rote Kugeltulpen.

Wassergarten mit irischem Küstenfelsen

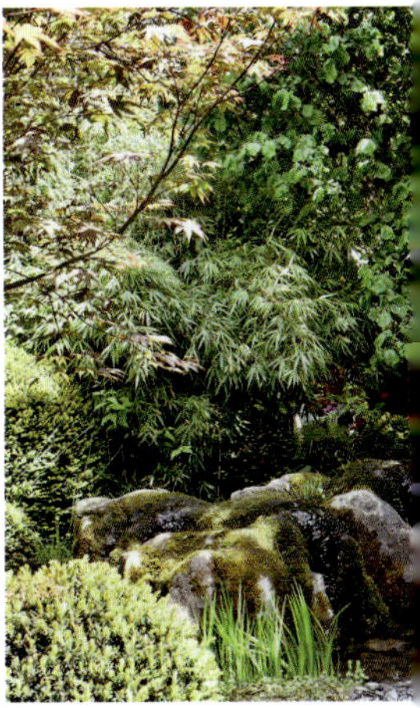

Eine japanische Steinlampe leitet den Besucher in den „Flur", der lauschig von Bambus, Salomonsiegel und Hartriegelsträuchern eingerahmt ist. Von dort gelangt man ins „Lesezimmer", in dem zwei Deckchairs warten. Eine halbrunde Buchshecke gibt diesem Gartenraum die Form, Palmlilien, Feldsteine und wiederum Bambus verleihen ihm ein südländisches Flair.

Über einen kleinen Wasserlauf und durch einen grünen Torbogen erreicht man das „Berliner Zimmer", das Durchgangszimmer mit besonderem Blick auf das verwitterte Saunahäuschen und das Outdoor-Wohnzimmer der Familie Cramer.

Beschattet von einem großen Segel und umwachsen von Brombeerranken, Wein und einem blühenden Blauregen, verfügt der Freisitz am Haus über ein riesiges „Fenster". Von hier kann man nicht nur den besonderen Japanischen Fächerahorn „Osakazuki" im großen Topf bewundern, sondern auch das große „Gartenwohnzimmer" mit dem Teehäuschen überblicken.

Vor fünf Jahren hat die Familie Cramer ihrem Grundstück einen angrenzenden Garten hinzugefügt.

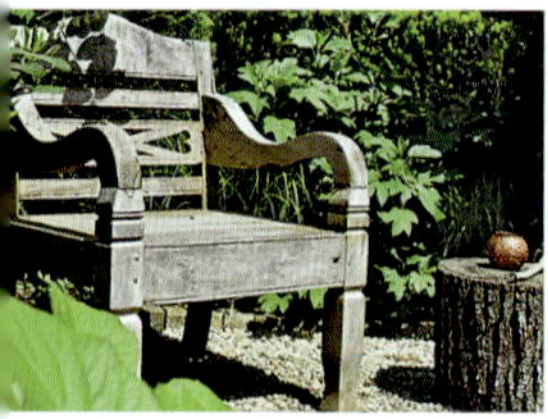

Asiatischer Thron

Und so tut es dem Auge gut, über den glatten Rasen hinweg die verschiedenen kugelförmig geschnittenen Heckengewächse in unterschiedlichen Grüntönen zu bestaunen, die früher als Sichtschutz für den hinzugewonnenen Garten dienten. Karin Cramer hat hart durchgegriffen, nur die letzte Reihe der grünen „Wand" durfte stehen bleiben. Der Rest wurde gefällt. Hier ist ihr wirklich etwas Besonderes gelungen: Die Pflanzen ergänzen sich in ihren unterschiedlichen Höhen, verschiedenen Blattstrukturen und Farben. Einige der Sträucher blühen, andere nicht, und durch unterschiedliche Wuchs- und Schnittformen wirkt das Immergrün wie ein Rahmen für den Teepavillon und die staudenbegrenzte Rasenfläche.

Der Garten von Karin Cramer ist ein einziger Showroom: Für die Wege hat sie unterschiedliche Materialien verwendet, verschiedene Kletterpflanzen winden sich um alte und neue Rankhilfen. Die Besitzerin nutzt dieses grüne Paradies auch als Moodboard. Jeder, der mit ihrer Hilfe einen eigenen Garten anlegen möchte, kann sich hier die besten Ideen holen. Welches sind die schönsten Schattenpflanzen? Wie kombiniert man verschiedene Blattstrukturen und unterschiedliches Blattgrün? Wie gestaltet man

Blick durch das „Gartenfenster"

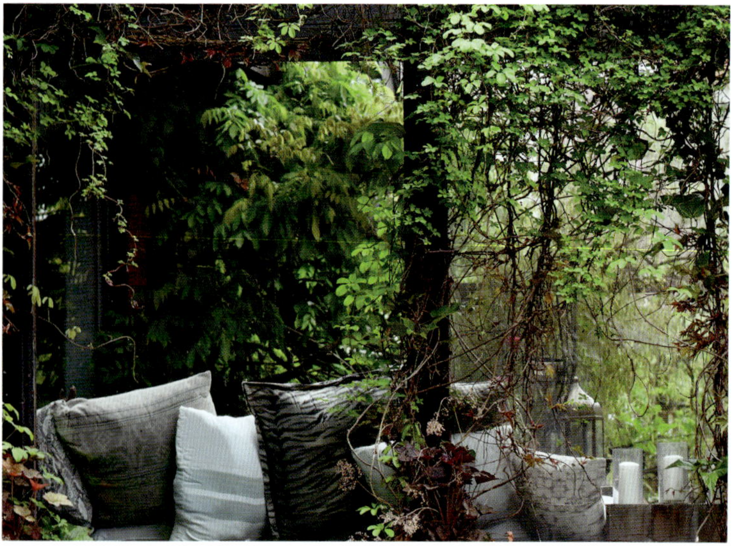

Sichtachsen? Wie erzeugt man Weite? Und wie verträgt sich der exotische Bambus mit den einheimischen Strauchgewächsen?

Viele der aus großen Funkienblättern gestalteten Zementschalen dienen als Accessoires, als Vogeltränken oder einfach als bemooste Objekte. Findlinge und kleinere Feldsteine formen die Beete mit, ergänzen die Pflanzen oder fassen sie ein. Windlichter in den unterschiedlichsten Größen werfen in der Dämmerung mystische Lichtblitze in das Grün. Geschickt eingebracht, vergrößern Spiegel schmale Durchgänge. Runde und spitze Blätter, helles und dunkles Grün, aufrecht und flach wachsende Pflanzen finden sich beieinander – Gegensätze ziehen sich an und führen in diesem Garten zu vollkommener Harmonie.

Rhododendronblüte

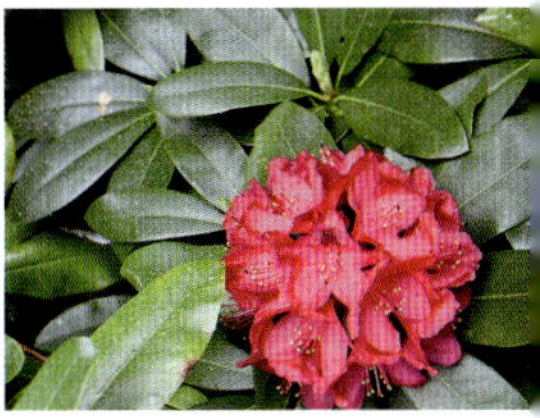

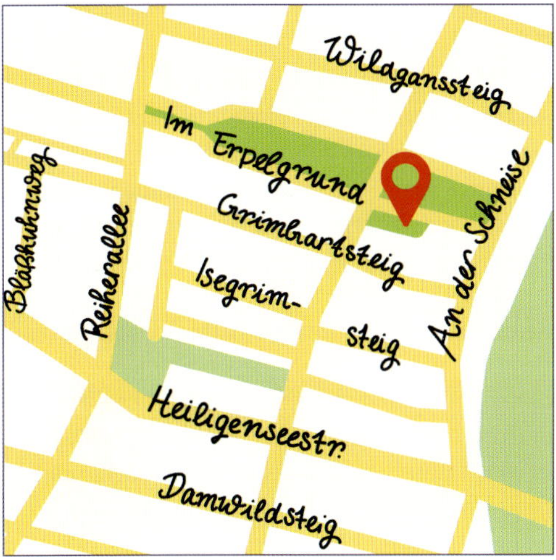

Adresse
Im Erpelgrund 100
13503 Berlin
www.gardensign.de
Öffnungszeiten
am Tag der offenen Gärten und nach Voranmeldung
www.offene-gaerten-berlin-umland.de

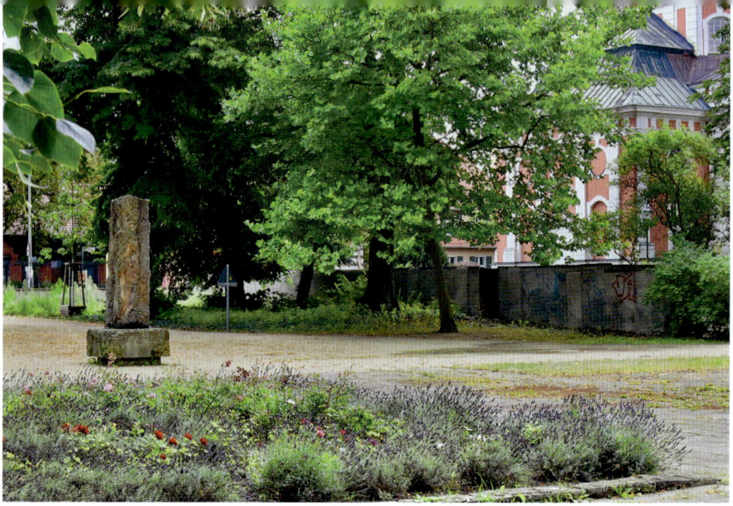

Schlosspark Buch

Beschattet von dreihundert Jahre alten Eichen, fließt die Panke ruhig im ehemaligen Schlosspark Buch dahin. Neben ihr erstrecken sich artenreiche Feuchtwiesen. Wo es früher einmal eine Fasanerie, eine Orangerie und ein Ananashaus gegeben hat, ist ein Landschaftspark mit viel dunklem Grün entstanden.

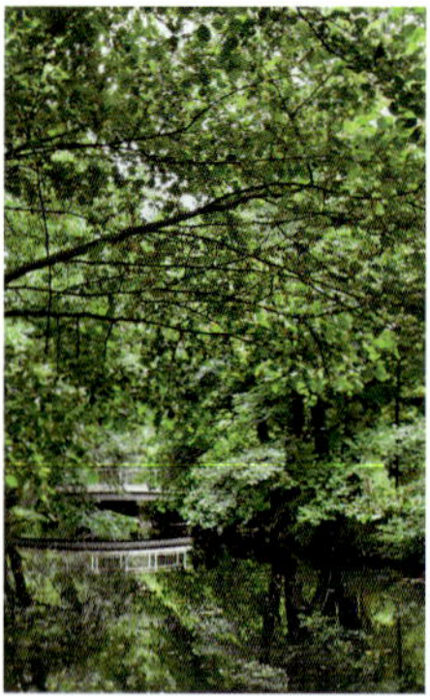

Brücke über die Panke

Bereits im 17. Jahrhundert hatte Freiherr Gerhard Bernhard von Pölnitz an diesem Ort einen Barockgarten im holländischen Stil angelegt. Drei Familien und drei Jahrhunderte später wurde der Barockgarten in einen Landschaftsgarten umgewandelt. Gartengeschichtlich ist der Schlosspark Buch deshalb von außerordentlicher Bedeutung. Er zeigt eine Art Synthese verschiedener gärtnerischer Gestaltungselemente, die man in bedächtigen Renaturierungsphasen wiederherzustellen versucht.

Die Kanäle der Panke dienten früher der Fischzucht, heute kann man an ihnen, an einem kleinen See und vielen romantischen Brücken verträumt entlangspazieren. Auf artenreichen Feuchtwiesen der Pankeniederung finden sich jahrhundertealte Eichen, Weißbuchen, Blutbuchen und Kastanien. Zum Teil säumen ihre mächtigen Stämme immer noch die ursprünglichen Sichtachsen.

Betritt man den Park von der Straße Alt-Buch durch das romantische Eingangsportal, sollte man sich einen Augenblick Zeit nehmen und die Augen auf die Stelle richten, an der einst das herrschaftliche Schloss gestanden hat, bevor es 1964 abgerissen wurde. Heute ist dort ein Blumenrondell mit Rosen und Lavendel angelegt, das an die frühere Pracht des Anwesens erinnern soll.

An der stelenartigen Sandsteinskulptur „Mitwelt" von Carl Blümel vorbei kann man zu einem leicht terrassenförmig erhöhten, mit einer steinernen Brüstung eingefassten Platz schlendern. Ein zweites Parterre, mit orangefarbenen Taglilien und Gräsern bepflanzt, ermöglicht eine wunderbare Aussicht auf den ehemaligen Holländischen Garten, seine sternförmig angelegten Alleen und die erhaltene barocke Schlosskirche.

Der zum Anwesen gehörende frühere Gutshof ist inzwischen in einen Künstlerhof verwandelt worden.

Theodor Fontane besuchte den Schlosspark schon vor mehr als 150 Jahren. In seinen „Wanderungen durch die Mark Brandenburg" hielt er fest: „Hier ist gut sein." Und wer einen Spaziergang durch den im Jahr 2016 zum Naturschutzgebiet ernannten Park mit seinen schattigen und einsamen Wegen zu genießen versteht, kann hier in der Tat gut sein.

Barocker Schmuckzaun an der Schlosskirche

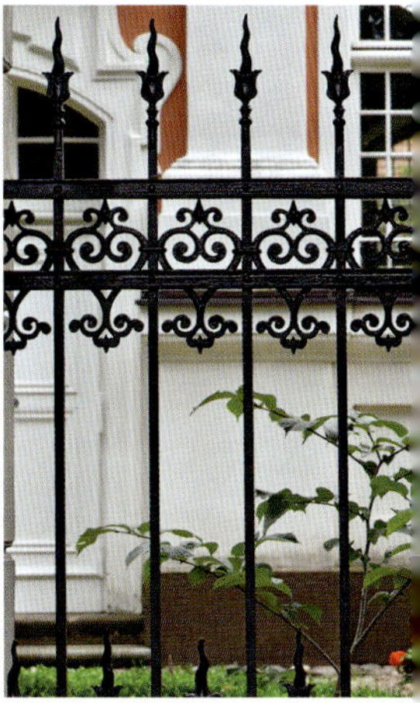

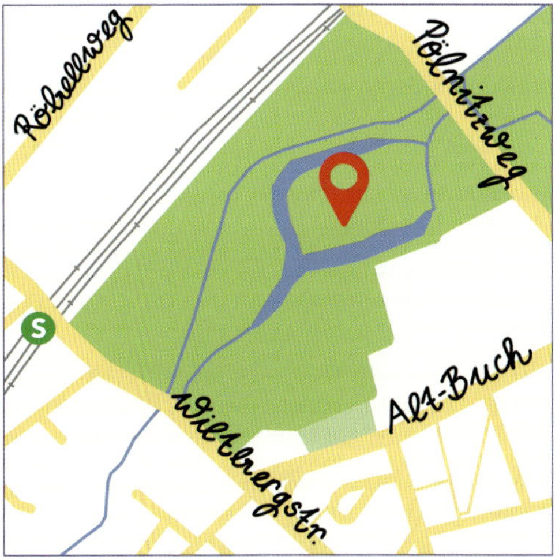

Adresse
Wiltbergstraße 15
13125 Berlin

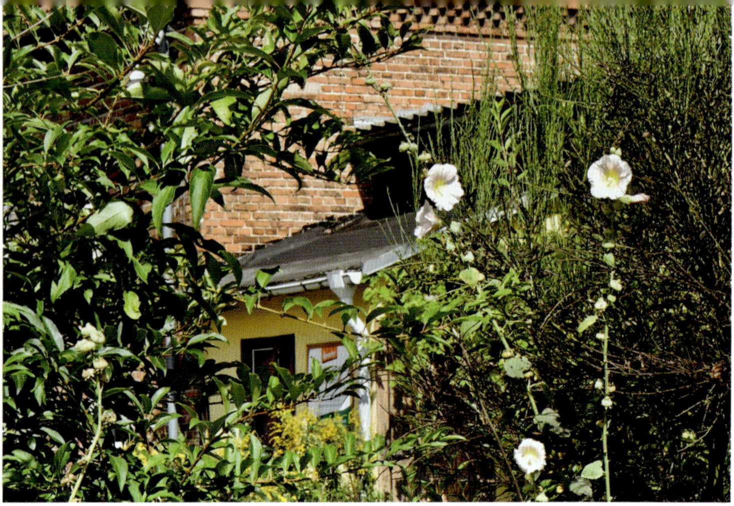

Garten des Stadtguts Blankenfelde

Alte Gutshäuser bergen oft Geheimnisse und mysteriöse Geschichten, und manchmal verfügen sie auch über einen großen geheimen Garten. So auch das Stadtgut Blankenfelde am Rand von Berlin-Pankow. Hier treffen ursprüngliche ländliche Lebensformen auf modernes Kulturmanagement.

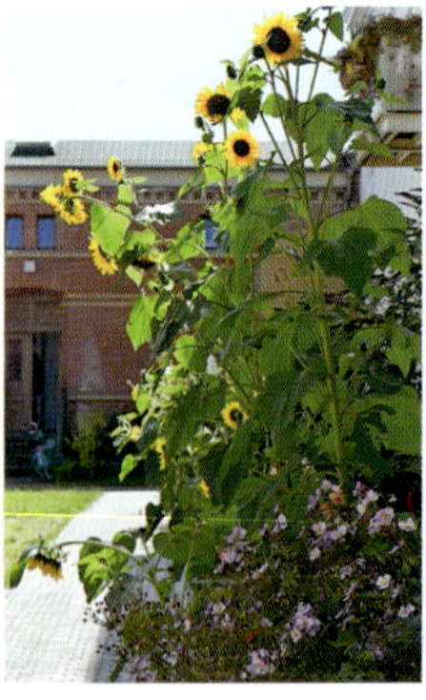

Strahlende Sonnenblumen

Das Stadtgut Blankenfelde hat eine wechselvolle Geschichte hinter sich. Im 16. Jahrhundert als Rittergut gegründet, ging es Ende des 19. Jahrhunderts in den Besitz der schnell wachsenden Stadt Berlin über, die hier Rieselfelder anlegte. Das Stadtgut diente der Versorgung der Bevölkerung mit Milch, Fleisch, Obst und Gemüse. 1910 entstand auf dem Gutsgelände ein Lungensanatorium, das bald als Krankenhaus und später als Alten- und Flüchtlingsheim genutzt wurde. Seit 2004 hat sich der Verein Stadtgut Blankenfelde e.V. des Areals angenommen. Die Gebäude auf dem Gelände wurden liebevoll saniert, und Lebensräume für Alt und Jung wurden geschaffen.

Heute gibt es auf dem Gut sogar eine „Freie Naturschule". Die Schüler können hier unmittelbar von der Natur lernen und sich selbst um die einheimischen Stauden und sonnenliebenden Kräuter vor der Tür kümmern.

Die Balkone der verschiedenen Gutsgebäude und

die hausnahen Vorgärten sind üppig bepflanzt. Sonnenblumen, Anemonen und Schmetterlingsflieder leuchten mit der Sonne um die Wette. Überall stehen Töpfe mit blühenden Pflanzen. Stockrosen und Wildrosen beleben die Ziegelwände, und der Sonnenhut vor dem kleinen Demeter-Lädchen begrüßt die Kunden mit seinen hübschen Blüten.

Um die Ecke befinden sich die Bienenbeuten der gutseigenen Imkerei, hier fliegen die gelb-schwarzen Tierchen emsig ein und aus. Die das Gut umgebenden wilden Felder des Landschaftsschutzgebiets „Blankenfelder Feldflur" mit den Wiesenblumen bieten ihnen ausreichend Nektar.

Die individuellen Gartenparzellen der Bewohner sind ökologisch und nachhaltig bepflanzt. Rasenwege führen zwischen den bunten Beeten hindurch. Es gibt Totholzecken, Insektennisthilfen, und hie und da kann man einen liebevoll gestalteten Sitzplatz entdecken.

Finden öffentliche Veranstaltungen rund um das Thema Natur- und Denkmalschutz statt, erfreuen sich die Koppel mit den sieben Schafen und das neugeschaffene Feuchtbiotop besonderer Beliebtheit bei den Gästen aus der Stadt. Und wenn die neugepflanzte Allee aus alten Obstbäumen prächtige Früchte trägt, freut man sich schon auf ein großes Obstfest.

Backsteinwand mit Wildem Wein

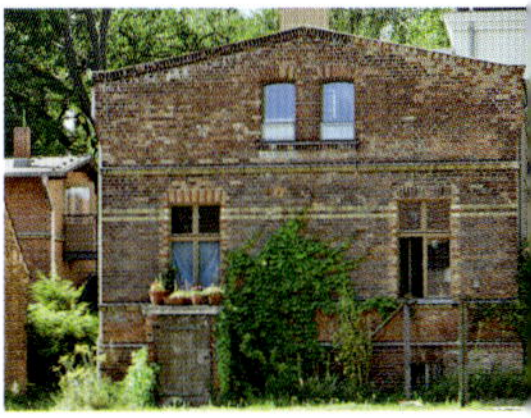

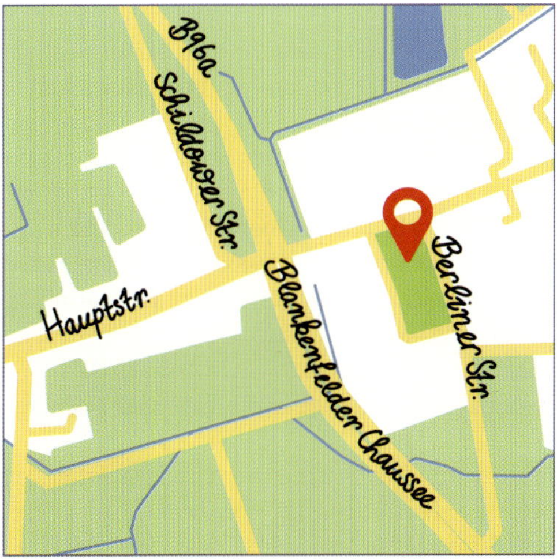

Adresse
Hauptstraße 24-30
13159 Berlin
www.stadtgut-blankenfelde.de

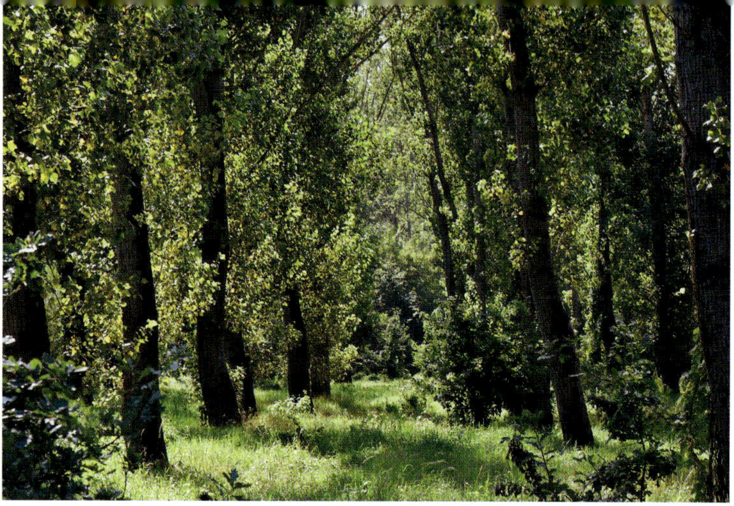

Kalktuffgelände am Tegeler Fließ

Das Naturschutzgebiet Kalktuffgelände am Tegeler Fließ gehört zum Naturpark Barnim, es liegt aber noch im Berliner Bezirk Pankow. Doch hier kann man nicht, wie man vermuten könnte, auf Kalksteinen spazieren. Das Flüsschen Tegeler Fließ hat sich hier mäandernd seinen Weg durch die Niederungen des Barnim gesucht.

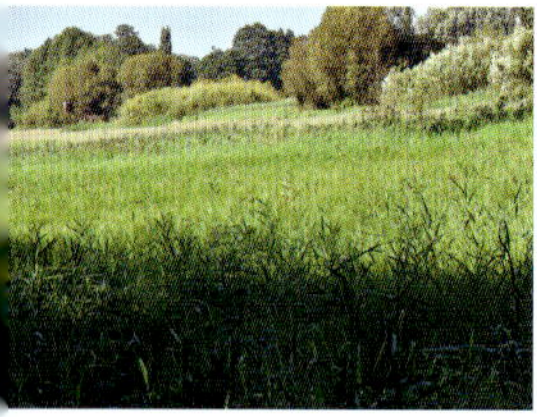

Feuchtes Wiesengelände

Das Tegeler Fließ entwickelte sich aus einer eiszeitlichen Schmelzwasserrinne, die von der Barnimhochfläche hinabführte. Es durchzieht den Naturpark Barnim und mündet dann in den Tegeler See, der einen Zugang zur Havel besitzt. Auf seiner gesamten Fließstrecke wird es von Sümpfen und Mooren mit beträchtlichem Torfanteil gesäumt. Der Name Kalktuffgelände deutet darauf hin, dass diese Moore, die von einem halben bis zu einem Meter tief sind, einen sehr hohen Kalkgehalt aufweisen, allerdings nur im oberen Bereich. Das macht sie zu etwas Besonderem: In dem kalkhaltigen Umfeld können nur bestimmte Pflanzen und Tiere leben.

Das Fließtal hat eine urwüchsige und vielfältige Bachauenlandschaft hervorgebracht. Auf ausgedehnten Feuchtwiesen wachsen verschiedene Arten von Seggen. Erlenbruchwälder – so nennt man Wälder von Schwarzerlen, die durch besondere Adventivwurzeln gut mit schwankenden Wasserständen zurechtkommen – werden von Grauweidegebüschen begleitet.

Nicht selten sorgt Feuchtigkeit für einzigartige Naturschätze. Der frühere Schwarzwassersee in der Nähe der Stadtrandsiedlung Blankensee ist zwar inzwischen verlandet, aber der Bewuchs der heutigen Fläche mit wilden Schwertlilien, Seggen und Blutweiderich weist immer noch auf das einstige Gewässer hin.

Ein langer Weg windet sich über ein Waldplateau durch das Naturgebiet, bis er recht steil in eine Senke führt. Der Baumbestand wird hier dichter und dunkler. Dann beginnt das Moor, schon der modrige und ein wenig faulige Geruch weist darauf hin. Aus Gründen des Naturschutzes sollte man den kalkmoorigen Teil des Gebiets lieber nicht betreten. Der Erlenbruch geht schließlich in eine Feuchtwiese über, auf der man sogar etwas Blühendes finden kann, zum Beispiel einen kleinen wilden Storchschnabel.

Auch wenn alles sehr naturbelassen erscheint, wird das Gebiet durch aufwendige Maßnahmen stetig gepflegt. Zu ihnen gehören die Herstellung der Durchgängigkeit des Baches mittels Fischtreppen und die Auflösung von Fließhindernissen. Außerdem werden die Feuchtwiesen beweidet oder gemäht.

Wilder Storchschnabel

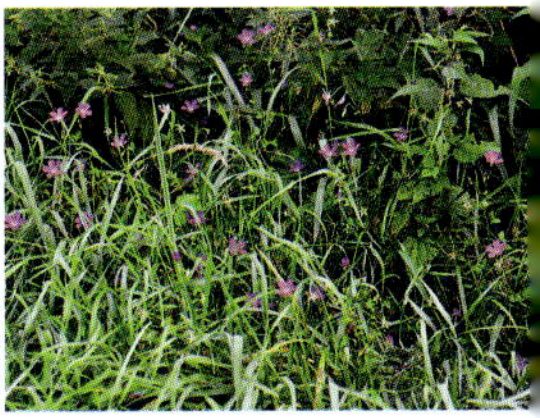

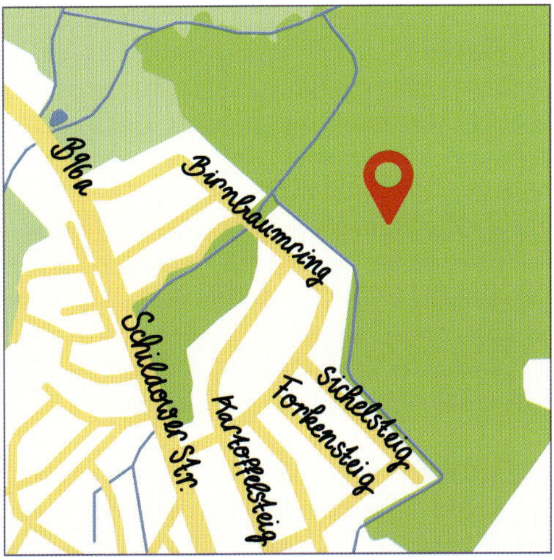

Adresse
Stadtrandsiedlung
Blankensee an der B96a
13159 Berlin

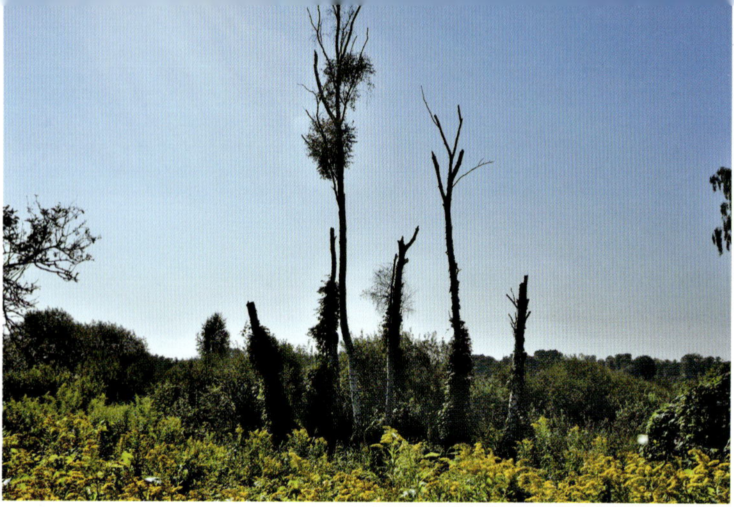

Eichwerder Moorgarten

Direkt am Berliner Mauerweg, die Gemeinde Schildow im Rücken, kann man auf Bänken sitzen und auf eine Moorlandschaft schauen. Bei oberflächlichem Hinsehen entdeckt man noch nicht viel – doch konzentriert man sich auf die Landschaft, kann man einen Ausblick genießen, der seinesgleichen sucht: unberührte Natur, so weit das Auge reicht. Es ist aufregend, was ein nichtkultivierter Garten so alles hervorbringt!

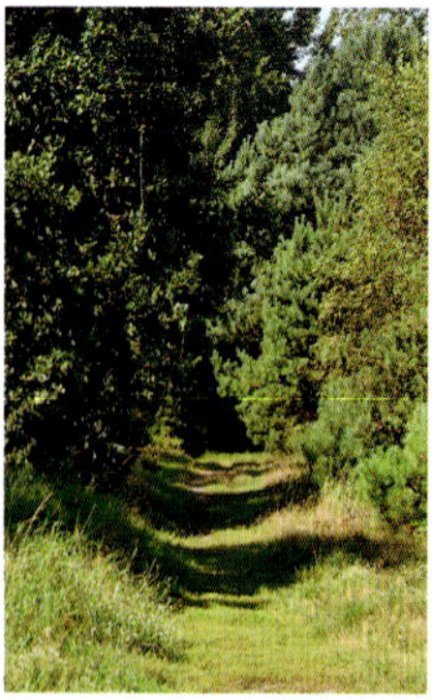

Geheimer Weg durch den Auwald

Wo das Tegeler Fließ die Landesgrenze zwischen Berlin und Brandenburg bildet, geht es noch richtig ursprünglich zu. Der Eichwerder und die ihn umgebenden Moorwiesen liegen südlich der Gemeinden Glienicke / Nordbahn und Schildow. Die Südhälfte des Moors, das vor rund hundert Jahren durch die Absenkung des Hermsdorfer Sees zur Gewinnung des Wiesenkalks entstand, befindet sich schon auf Berliner Stadtgebiet. Der Mauerweg trennt die feuchte Moorlandschaft von der Berliner Streusandbüchse. Schmale sandige Streifen sind hier mit flachen Kiefern bewachsen und ziehen sich dünengleich dahin, sodass man sich beinahe wie am Meer fühlt.

Einst mit Eichen bestanden, ist der Eichwerder eine Art eiszeitliche Sandlinse. Sogar ein paar Strandseggen und Mauerpfeffer beleben den Boden. Geheime Wege ziehen sich durch den Bruchwald. Was für ein Gegensatz zu dem offenen Mosaik aus Feuchtwiesen, Kleingewässern und Gehölzsäumen der Moorwiesen!

Libellen schweben hier von Blüte zu Ast. Die kleinen Fließe sind von indischem Blutweiderich in Hell- und Dunkelrosa umwachsen. Seggen, Schilf, Sumpfbaldrian, wilder Schlangenknöterich und gelbe Schwertlilien gedeihen in den Wiesen. Überall leuchtet die hellgelbe Goldrute, auch Sonnenbraut hat sich ausgesamt. Am Wegesrand findet man wilden Holunder und Essigbäume. Birkenstämme stehen skurril in der Landschaft – ein Zeichen dafür, dass die Bäume auf der feuchten Fläche nicht überleben können. Andere Gehölze sind von Efeu umrankt und erscheinen wie künstlerische Gebilde – und ja, am Horizont sieht man Häuser, die Stadt ist ganz nah.

Essigbaum am Mauerweg

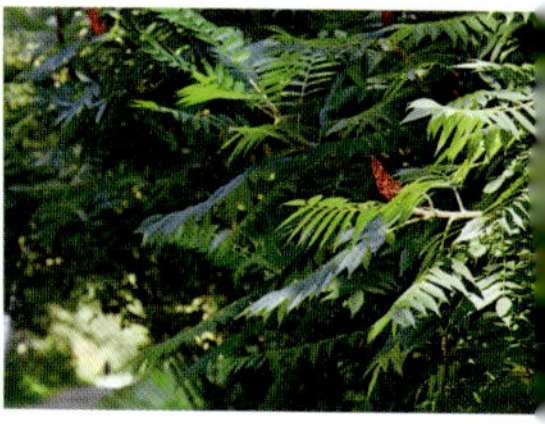

Kraniche nutzen die Moorwiesen zur Jagd, eine Gruppe Rehe spaziert am Horizont, und zahlreiche Lurcharten finden hier ihre Laichplätze. Auf langen Stegen kann man ein wenig in die feuchte Idylle vordringen. Vielleicht entdeckt man einen Biberbau oder sogar einen Eisvogel.

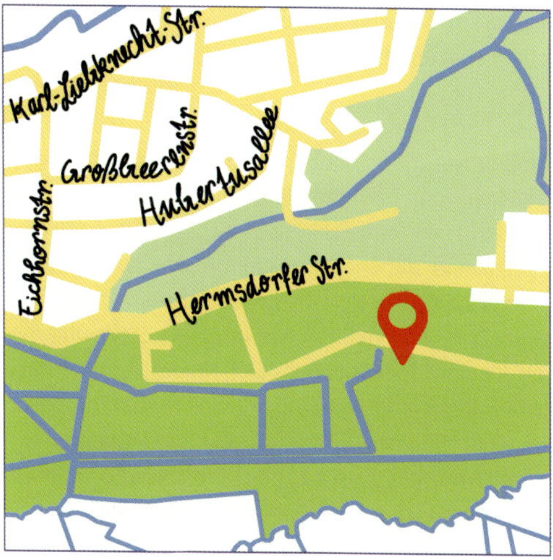

Adresse
Hermsdorfer Straße
16552 Mühlenbecker Land

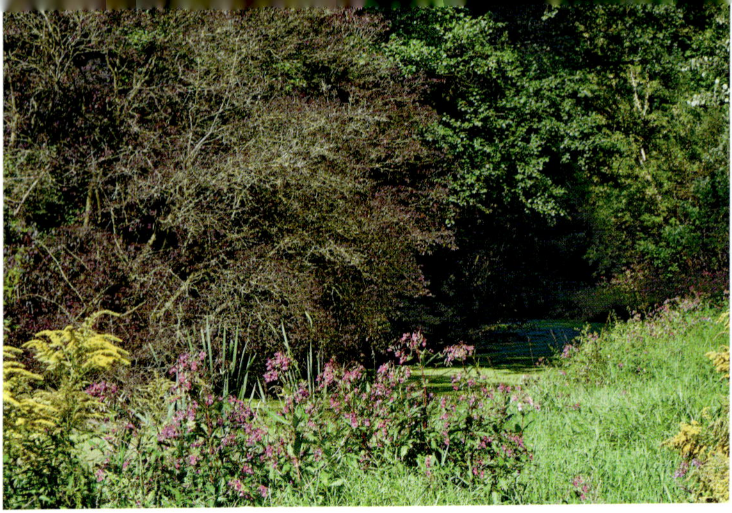

Naturgarten Kindelsee-Springluch

Zu welcher Jahreszeit man sich auch auf den Weg macht, das durch unterschiedliche Biotope gekennzeichnete Naturschutzgebiet Kindelsee-Springluch hinter Berlin-Hermsdorf bietet immer die Möglichkeit zur einzigartigen Naturerkundung. Hier kann man durch verschattete Auwälder und Erlenbruchwälder, entlang von Fließgewässern, Mooren und trockenen Wiesenbereichen durch eine hügelige Landschaft spazieren.

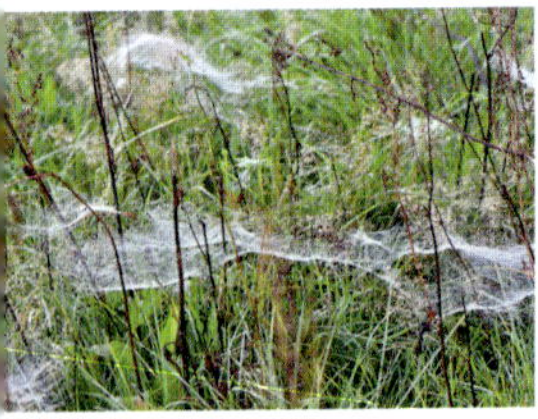

Taunetze in der Herbstwiese

Ursächlich für das Naturspektakel auf dem 69 Hektar großen Naturschutzgebiet ist eine eiszeitliche Rinne, die sich vom Barnimplateau fast bis hinunter zum Tegeler Fließ erstreckt. Spätere Aufwehungen von Dünensand haben dem Gelände sein bewegtes Relief verschafft. In der ehemaligen eiszeitlichen Rinne verläuft das Kindelfließ wie in einem Delta mit vielen kleinen Bachärmchen. Der Kindelsee, eigentlich eine Erweiterung des Kindelfließes, war ursprünglich 15 Meter tief, heute ist er größtenteils verlandet und vermoort. Und genau das macht ihn zu einem biotop- und artenreichen Garten.

Kleine Wanderwege durchziehen das Areal, und man ist gut beraten, diesen zu folgen, denn das Gelände ist durch seine vielfältige wilde Vegetation etwas unübersichtlich. Geprägt wird der Naturschutzgarten durch ein abwechslungsreiches Licht- und

Schattenspiel und die damit einhergehende Pflanzenvielfalt: In der Sonne leuchten bezaubernde Goldruten neben Röhrichten, Sumpfseggen, Schilfrohren und Indischem Springkraut. Schmale Wege führen durch den schattigen Eichenmischwald und den Erlenbruch. Wie dünne Zauberstäbe stehen die silbernen Stämme der Erlen dicht nebeneinander. Immer wieder bahnen sich die Sonnenstrahlen ihren Weg durch das Blätterdach, und ein kleiner Bach kommt zum Vorschein, eingewachsen von Wasserlinsen. Manchmal ziehen ein paar Enten schnatternd durch das Wasser.

Bald darauf erreicht man den Kindelsee. Dessen Ausmaße kann man nur erahnen, da er von Feuchtwiesen umgeben ist. Der Übergang von den verlandeten Flächen zum tatsächlichen See ist beinahe unsichtbar. Aus den feuchten Wiesen stehen Röhrichte, Schilf, Sumpfdotterblumen und Schwertlilien hüfthoch.

Die offenen Wiesen werden zum Teil bewirtschaftet oder beweidet, trotzdem ziehen sich im Spätsommer feine Taunetze wie zarte Tücher durch die abgeblühten Grashalme – ein faszinierendes Bild!

Springkraut

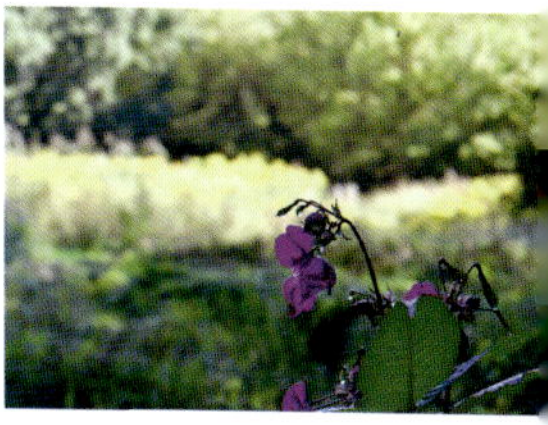

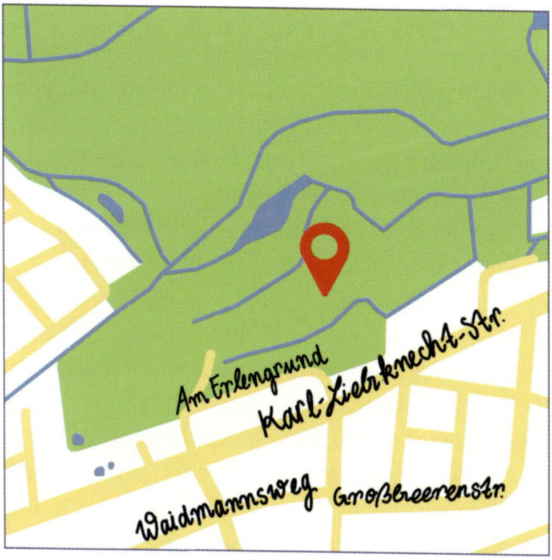

Adresse
Karl-Liebknecht-Straße /
Am Erlengrund
16548 Glienicke /
Nordbahn

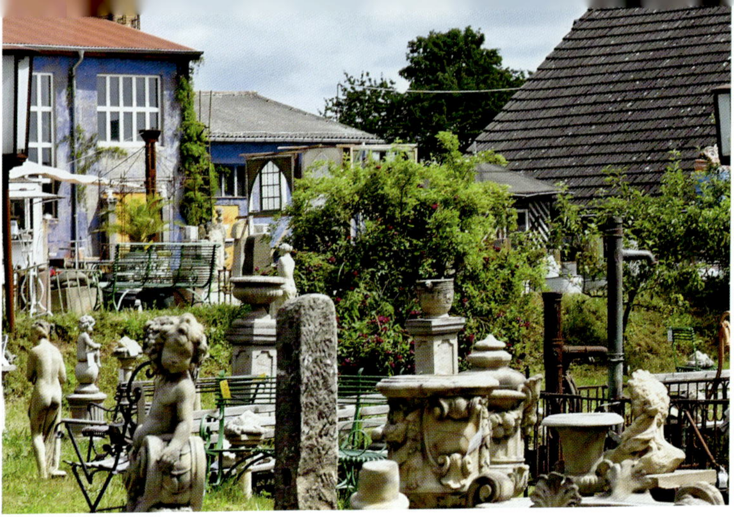

Garten im Vintagestil

Gartendekoration im Shabby Chic ist modern: Alte Emailletöpfe, Zinkwannen und gegossene Schalen im Stil der Renaissance geben immer ein schönes Pflanzgefäß ab. In Marwitz kann man alle historischen Gartenaccessoires kaufen, die das Herz begehrt. Auf dem großen Areal der Firma „Historische Bauelemente" gibt es außerdem einen hübschen Garten zur Inspiration.

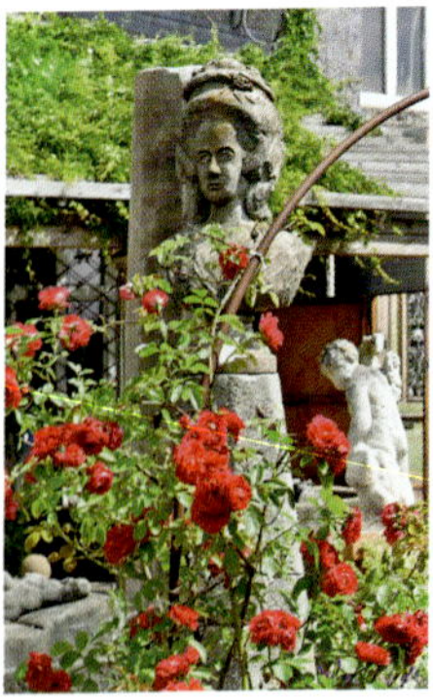

Rosendame

Biegt man, aus Berlin kommend, kurz vor Oranienburg links ab, gelangt man nach Marwitz. Am Ende des Dorfes betreibt Olaf Elias seit fast zwanzig Jahren auf dem ehemaligen, zwanzig Hektar großen Gelände eines LPG-Schweinemastbetriebs einen Bauelementehandel, der eine Mischung aus Antikmarkt, Baustoffhandel und Freilichtmuseum ist. Hier wird jeder, der Altes und Antikes liebt, fündig.

Der Eingangsbereich mit dem riesigen Vorgarten ist von einer dichten Wildhecke aus Rosen und Holunderbüschen umwachsen. Skulpturen aus Stein wecken erstes Interesse. Wo könnte diese elegante Athene in meinem Garten einen Platz finden?, fragt man sich unwillkürlich. Verrostete Rankgitter und Reste von alten Gewächshäusern sind von Rosen überwuchert, auf Steinsäulen stehen Töpfe mit Palmen. Zwischen alten Säulenresten und Überbleibseln von Skulpturen geht man durch einen Rosengang hindurch. Die

Rankbögen sind üppig mit rosa und weißen Ramblerrosen bewachsen. Blauregen und Wein winden sich romantisch um mannshohe Madonnen. Gartenmobiliar in allen Formen, Farben und Größen ist gekonnt zu einem Sitzplatz zusammengestellt oder auch nur zufällig wundervoll arrangiert. So wartet eine Gruppe aus alten bunten Biergartenstühlen auf die passenden Käufer.

Amphoren, grobe Steinkrüge, verrostete Schweinetröge, alte Kinderbetten und Schubladen – einfach alles, worin man Pflanzen anbauen oder zur Schau stellen kann, wird zum Kauf angeboten. Ausgestellt wird hier aber auch altes Gartengerät, das teils verrostet ist und über das man nur Vermutungen anstellen kann, wozu es früher einmal gedient hat. Selbst ein kleiner See mit kräftig blühenden Seerosen ist mit geschwungenen rostigen Zaungittern schön in Szene gesetzt.

Alte Gartenlampen, Zinkeimer und -gießkannen, Betonkugeln, Gartenzäune und die dazugehörigen Gartentüren in unterschiedlichen Stadien der Erhaltung regen die Fantasie und Kreativität an, wie der eigene Garten gestaltet werden kann. Ist man nicht mit dem festen Vorsatz gekommen, etwas Bestimmtes zu kaufen, entdeckt man sicherlich unwillkürlich ein kleines Liebhaberstück.

Romantisch überwuchertes Schiffswrack

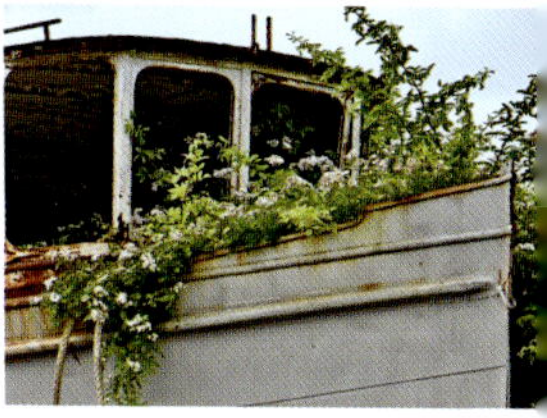

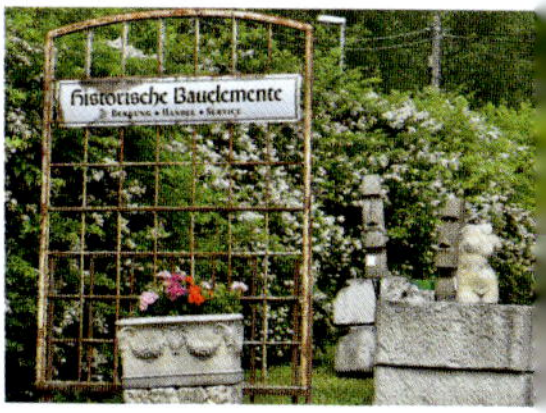

Eingangsschild im Shabby Chic

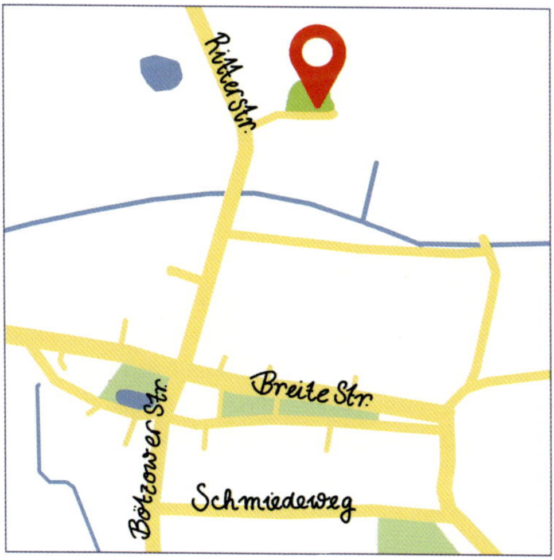

Adresse
Bärenklauer Weg 2 /
Ritterstraße
16727 Marwitz
www.historische-bauelemente.com
Öffnungszeiten
Di–Fr und jeden ersten Samstag im Monat
10–18 Uhr

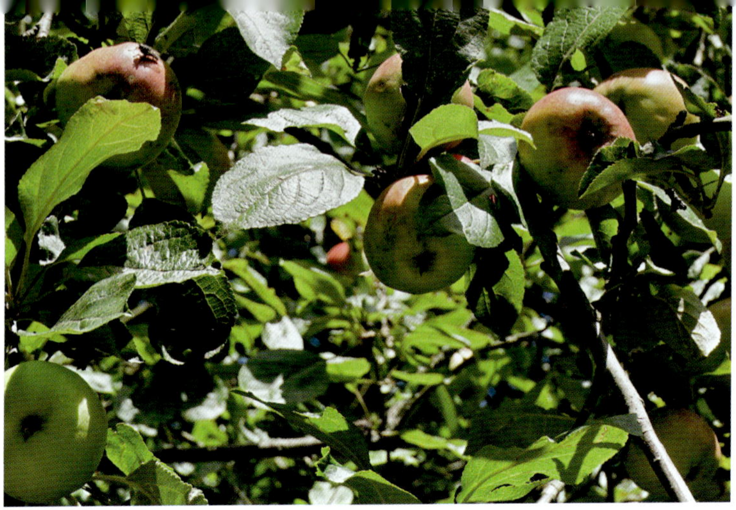

Garten Eden

Im Garten Eden nahm das vegetarische Leben Berlins seinen Anfang. Ursprünglich als vegetarische Selbstversorgersiedlung entstanden, bieten die großen Obst- und Gemüsegärten heute Möglichkeiten für romantische Spaziergänge. In den renovierten Gemeinschaftshäusern finden sich eine Mosterei und eine Ausstellung zur Geschichte des Gartens Eden.

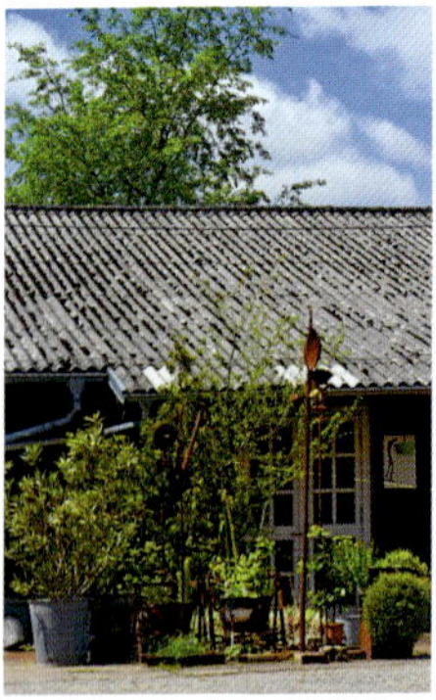

Kleiner Garten im Hof

1893 beschlossen 37 Freunde des Vegetarismus, eine Selbstversorgersiedlung, die Vegetarische Obstbau-Kolonie Eden, zu gründen. Geeignetes Land hatten sie bereits gefunden. Nördlich von Berlin, drei Kilometer westlich von Oranienburg, kaufte die Genossenschaft ein vierzig Hektar großes Grundstück. Der damalige geringe Preis war der schlechten Bodenqualität sowie der Tatsache geschuldet, dass das Terrain in einem frostgefährdeten Gebiet des Havel-Urstromtals lag. Mithilfe von Pferdeäpfeln, Kuhdung und Kalk gelang es den Neusiedlern jedoch, den mageren Boden innerhalb der ersten zehn Jahre erfolgreich zu beackern und darauf achtzig Gärten anzulegen. Das stimmte die Tatkräftigen froh: Im Jahr 1900 waren auf der Kolonie 15 000 Obstbäume und 50 000 Beerensträucher gepflanzt. Die Erträge stiegen, und 1910 ernteten die Gründer knapp 150 000 Kilogramm Obst und Gemüse. Überzähliges

Obst wurde zu Säften, Marmeladen und Gelees weiterverarbeitet und verkauft. Eine Besonderheit war die erste Butter aus reinem Pflanzenfett.

In den Städten boten immer mehr Reformhäuser und alternative Einzelhandelsgeschäfte die Produkte aus der Obstbausiedlung Eden an und brachten sie so unter die Stadtbewohner. Bald stellte Eden auch „Pflanzenfleisch" her – und die Obstkolonie erlebte einen wirtschaftlichen Aufschwung.

Obwohl die Kolonie bis heute auch viele schlechte Zeiten durchlebt hat, sind die genossenschaftlichen Höfe seit 1900 renoviert und durch viele kleine Pflanzungen ergänzt worden. Inzwischen gibt es in der Siedlung neben einem Kindergarten und einer Schule einen Laden für Metallgestaltung, der einem kleinen geheimen Garten gleicht. Die Ziegelbauten von einst sind üppig mit Wein überwachsen, der alte Dorfplatz ist mystisch verschattet, und auch einige der alten aus Lehm gebauten und mit Stroh gedeckten Häuser sind noch zu bewundern. Am Wochenende kann man sich bei einem Spaziergang davon überzeugen, dass die Parzellen heute mindestens genauso erfolgreich bewirtschaftet werden wie vor hundert Jahren.

Üppig bewachsenes Gemeinschaftshaus

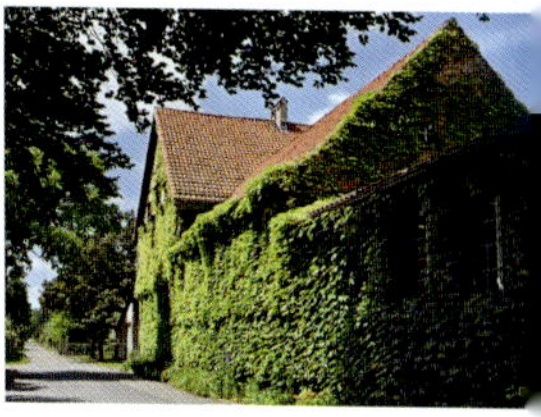

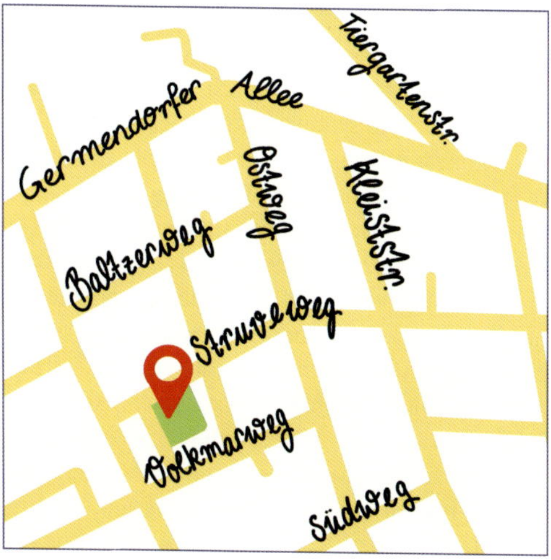

Adresse
Struveweg 501
16515 Oranienburg
www.eden-eg.de

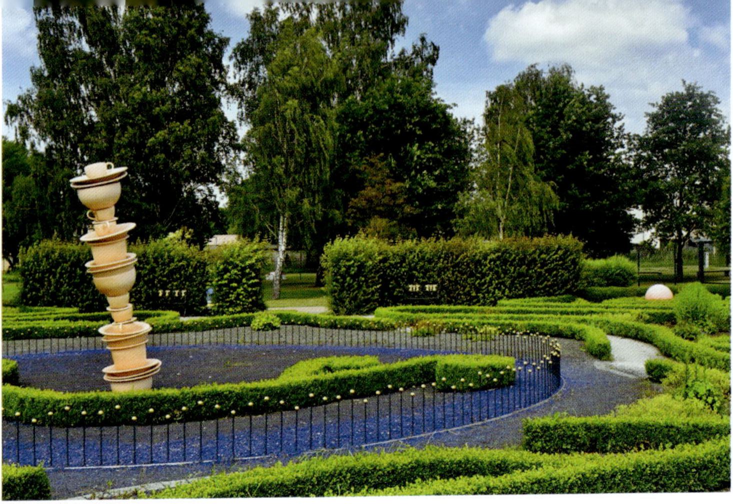

Oranjegarten

Zur Landesgartenschau 2009 hat sich der klassische Schlosspark Oranienburg verwandelt: Aus dem ehemaligen Lustgarten ist ein holländischer Grachtenpark mit modern interpretierten Gartenzimmern geworden. Grachten, schattige Baumalleen und zeitgemäßes Design bieten jedem Gartenliebhaber einen Lieblingsgartenraum.

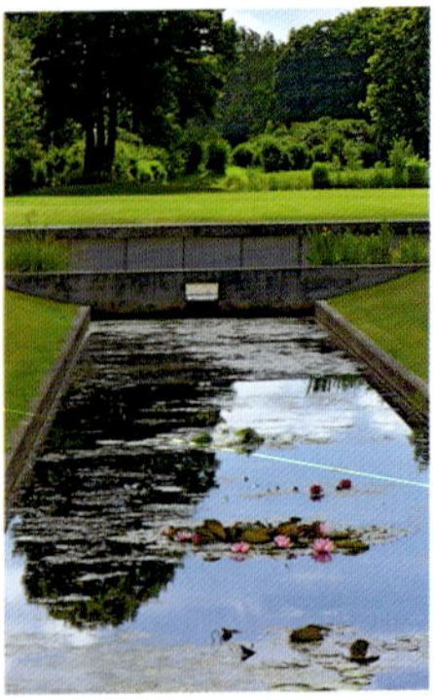

Grachten

Holländische Gärten galten zu Beginn des 19. Jahrhunderts als besonders natürlich. Sie waren bekannt für ihre strahlend bunten Blumenbeete und die kleinen Nutzgärten, die ganz im Gegensatz zu den geschönten und künstlichen Barockgärten Englands, Frankreichs und Deutschlands standen.

Die holländische Prinzessin Louise Henriette von Oranien (1627–67) kam 1646 nach Brandenburg, um den preußischen Kurfürsten Friedrich Wilhelm I. zu heiraten. 1652 schenkte der ihr das Schloss Bötzow, das sie nach ihrer holländischen Heimat in Schloss Oranienburg umbenannte.

Louise Henriette war eine kulturell sehr interessierte Frau, und so ließ sie Gartenspezialisten aus Holland anreisen, die sich mit modernen Methoden der Landwirtschaft und der Gestaltung ihres Schlossparks widmen sollten. Außerdem waren die Spezialisten in der Technik der Melioration, der Entwässerung zur

Landgewinnung, erfahren. Mit ihrer Hilfe legte die Kurfürstin einen Lustgarten in holländischem Stil an, der aber vorrangig der Kultivierung von Bäumen, Ziersträuchern, Blumen und Gemüse diente. Sie war diejenige, die Kartoffeln und Blumenkohl in die Mark Brandenburg einführte.

Anlässlich der Landesgartenschau im Jahr 2009 wurden dreißig Hektar Land zum Schlosspark hinzugefügt, auf dem Louise Henriette zu Ehren die „Traumlandschaften einer Kurfürstin" nachgebildet wurden.

Ein holländisches Grachtensystem trennt heute den neuen und den alten Park und unterteilt das neue Areal in 16 unterschiedlich gestaltete Gartenzimmer. Diese stellen das Leben, die Gedanken und Empfindungen der Kurfürstin in Bildern aus Pflanzen dar. Sie widmen sich beispielsweise Louise Henriettes Sehnsucht nach ihrer Heimat, ihrem Glauben, ihrer Familie und ihrer Liebe für den Großen Kurfürsten.

Verschiedene Salbeiarten mit Steppenkerzen

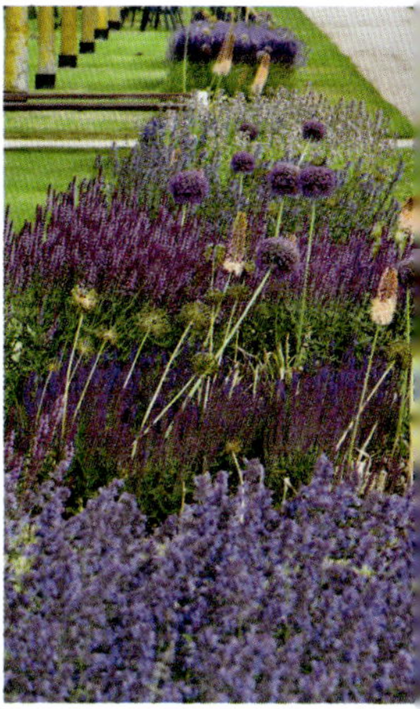

Sehr geradlinig nehmen die neugestalteten Wege und Grachten die Fluchten des alten Parks auf. Die Gartenzimmer sind entlang von Alleen und Grünflächen mit eingearbeiteten Teppichbeeten in skurrilen Formen angelegt. Einige großflächige „Drifts", Beete mit regelmäßig angeordneten Staudengruppen, sind mit Buchs und Funkien bepflanzt, andere mit Lavendel und Salbei. Zierlauch und Steppenkerzen sorgen für Abwechslung und leuchten von Weitem.

„Geschick" heißt ein Gartenzimmer mit einem übergroßen Schachspiel und barrierefreien Hochbeeten zum Selbstbepflanzen. Eingerahmt wird es von einer Reihe entzückender Blutpflaumen.

Im Gartenraum „Herkunft" kann man auf bunten Schaukeln über einem Meer von lilafarbenem Zierschnittlauch märchenhaft abheben. Da sich Louise Henriette dem königlichen Hause Oranien zeitlebens sehr verbunden fühlte, sind in diesem Zimmer die Provinzen der Niederlande abgebildet. Wege durchziehen die Beete wie Grenzstreifen, Flächen mit blauem Öko-Häcksel bilden Wasser nach und sind zugleich ein wunderbarer Schauraum für zahlreiche mehrfarbig blühende Hortensien. Die Schaukeln symbolisieren das Auf und Ab des Lebens.

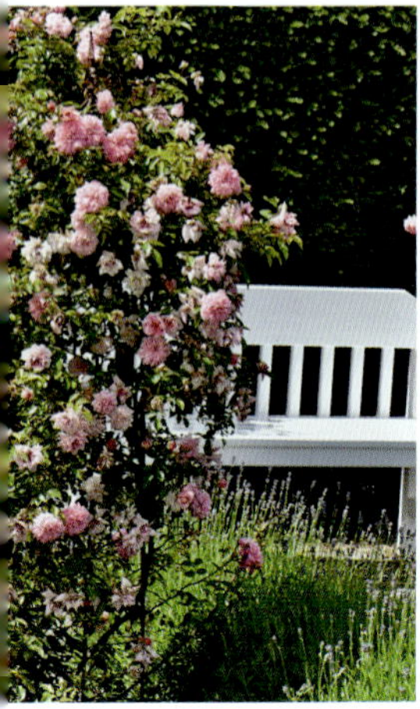

Gartenzimmer „Liebe“

Gartenzimmer „Glaube“

Der Rosengarten versinnbildlicht die innige Verbindung zwischen Louise Henriette und dem Großen Kurfürsten. Sie heirateten aus wahrer Liebe, und das war in der damaligen Zeit, in der adlige Ehen oft aus machtpolitischen Gründen geschlossen wurden, eher ungewöhnlich.

Das Gartenzimmer „Glaube“ widmet sich dem calvinistischen Glauben, dem Louise Henriette anhing, und ist daher betont schlicht gestaltet. Eine Wiese ist von einem einfachen Kreuzgang umgeben. Auf der Grünfläche wie auch sonst überall innerhalb und außerhalb der Gartenzimmer finden sich große orangefarbene Kugeln – eine farbliche Reminiszenz an Louises Geburtsland.

Die Schwäche der Kurfürstin für kostbares Porzellan wird im Gartenzimmer „Luxus“ thematisiert, einem der einfallreichsten Bereiche des Gartens. Er ist nach barockem Vorbild angelegt. Inmitten der von Buchsbaum gerahmten Bosketten (Schmuckornamente) steht ein beweglicher Turm aus übergroßen Tassen, Tellern und Schüsseln in einem Meer aus königlich blauem Kies. Zwischen den verschlungenen Buchsornamenten blühen Hortensien, Gräser bewegen sich im Wind – und wieder trifft man auf die großen rotorangen Kugeln.

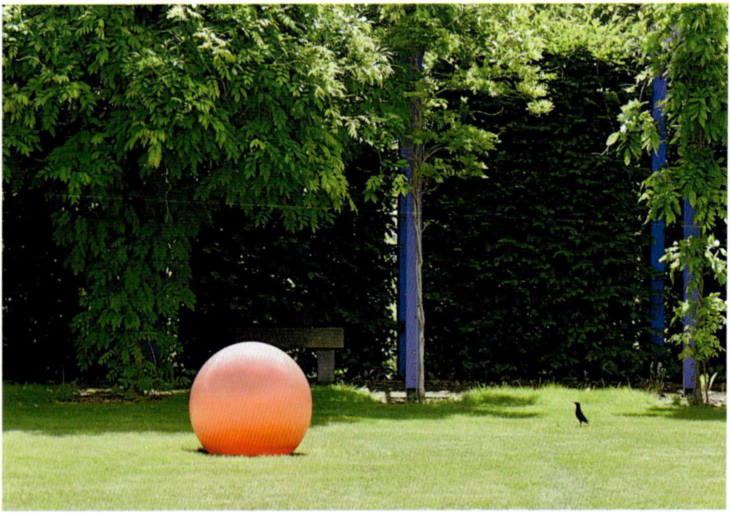

Andere Gartenzimmer bilden die damalige Landwirtschaftskultur ab. Alte Obst- und Gemüsesorten werden in Hochbeeten und in der Erde gezogen, und es gibt essbare Hecken und Streuobstwiesen.

Natürlich ist auch das Element Wasser im Park vertreten. Ein Teichgarten, der gleichzeitig das Herzstück des Grachtensystems darstellt, ist mit Gräsern und Schilf umwachsen. Am Rand stehen Skulpturen in Form der Silhouetten der Kinder von Louise Henriette.

Der weitläufige Park bietet Interessantes für Geschichtsliebhaber, Kunstfreunde, Pflanzenenthusiasten, Bienenliebhaber und Kinder – er ist heute also immer noch eine Art Lustgarten.

Kastanienallee

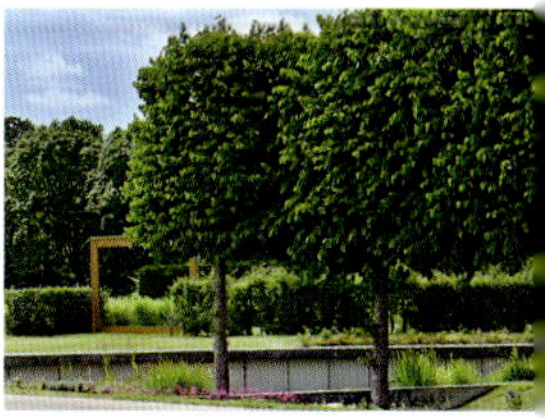

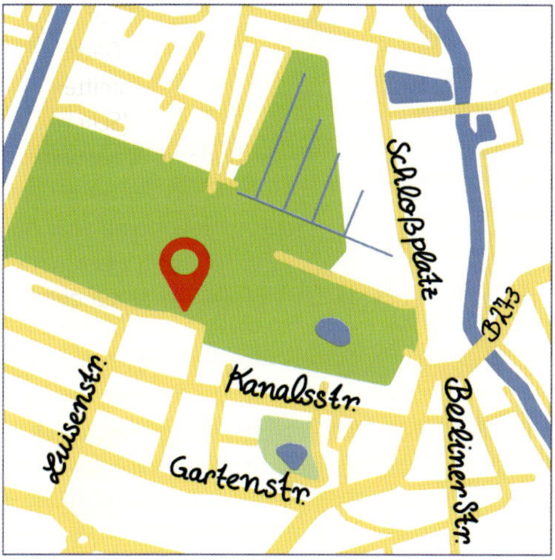

Adresse
Schloßplatz 1
16515 Oranienburg
Öffnungszeiten
Apr.–Okt. 9–18 Uhr
Okt.–März 10–16 Uhr

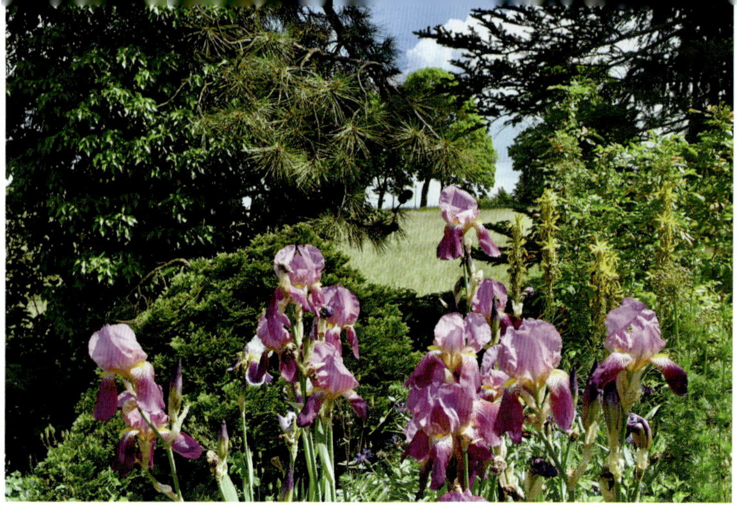

Schwertliliengarten

Seit 1975 werden in dem wunderbaren Garten der Familie Baumann in Biesenthal Taglilien gezüchtet, seit 1980 auch Schwertlilien. Zusammengetragen aus ganz Deutschland und mit Eifer gepflegt, präsentieren sich auf 2400 Quadratmetern kostbare und einfache Pflanzen in einem geordneten Chaos – Bauerngarten und exotischer Zuchtgarten treffen hier aufeinander.

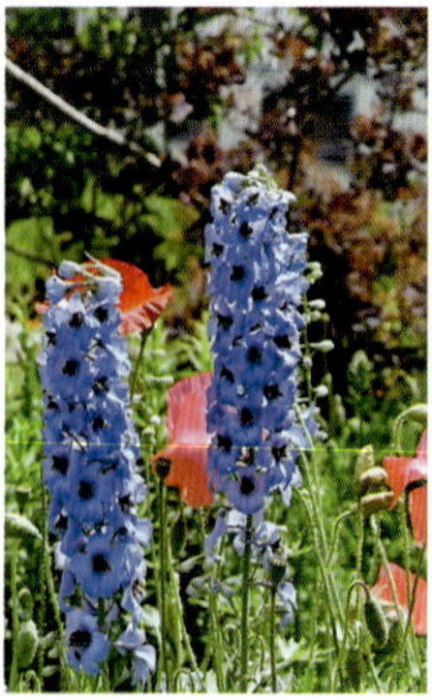

Leuchtender Rittersporn

Die Naturlandschaft des Barnimrandes mit ihren Feucht- und Moorgebieten verleiht diesem privaten Garten den Rahmen. Sie dient den unterschiedlichen Gartenräumen – wie in einem Gemälde – als Kulisse. Zudem bezieht die Gartengestaltung besondere Sichtachsen mit ein.

Über Treppen und hügelige Wege kann man den gesamten Garten erkunden, der sich terrassenförmig an einen Hang schmiegt. Unverhofft schaut man in kleine Schluchten, über gepflegte Rasenflächen hinweg in Teichlandschaften, und von dort aus gleitet der Blick gleich wieder in die blühende Gartenlandschaft. Es gibt Schattenbereiche mit seltenen Gehölzen, Funkien und Purpurglöckchen, wilde Wiesen und bunte Staudenbeete. Oft sind diese von Natursteinen eingefasst, so wie es auch der berühmte Gärtner Karl Foerster geliebt hätte.

Die Familie Baumann hat den Garten Stück für

Stück vergrößert und mit viel Herzblut verändert. Mittlerweile gibt es eine Scheune, mehrere Gartenhäuser, idyllische Sitzplätze und eine große Sammlung von Iris und Taglilien, zweitausend verschiedene Sorten sollen es sein. Mit sehr viel Leidenschaft züchtet das Ehepaar diese immer ein wenig exotisch wirkenden Pflanzen mit eigenwilligem Charakter und illustren Namen. Eine besondere Irisblüte trägt beispielsweise den Namen „Honky Tonk Blues". Die erfolgreichen Züchtungen stehen zum Verkauf, ebenso wie die liebevoll vermehrten, aus eigenen Samen gezogenen Pflanzen: Von Astilbe und Agave über Funkie und Knopfkraut bis zu Wolfsmilch und kaukasischem Vergissmeinnicht sind hier viele verschiedene Arten vertreten.

Besonders empfehlenswert ist ein Besuch im Frühsommer, und zwar möglichst zur Blüte von Mohn und Schwertlilie. Dann leuchtet auf einer großen Wiese eine wunderschöne dunkelrote Mohnsorte, die Hans Baumann von der Gartenausstellung in Rostock mitgebracht hat. Zusammen mit der gelben Sorte vom Staudenmarkt des Botanischen Gartens in Berlin und dem blauen Rittersporn aus dem Potsdamer Foerster-Garten ergibt sich eine üppige und überregionale Mischung, die einem den Atem verschlägt.

Liebevoll gestaltete Teichanlage

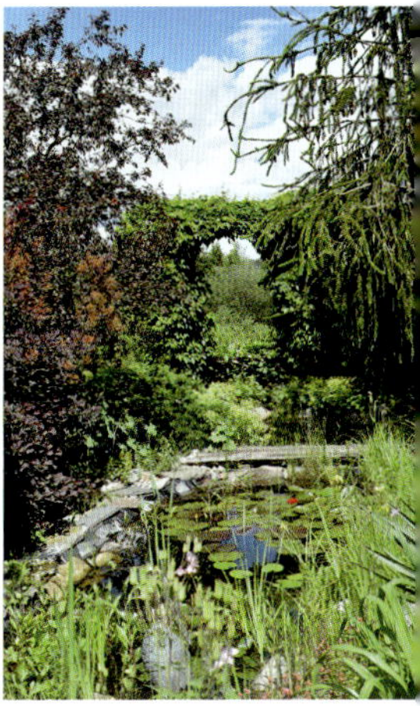

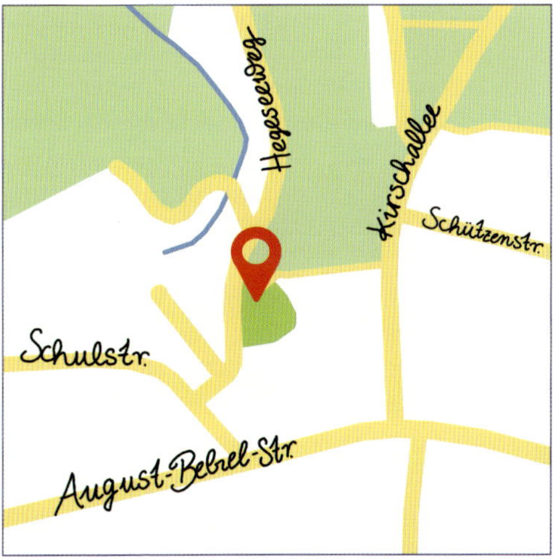

Adresse
Hegeseeweg 2
16359 Biesenthal
03337 – 2512
Öffnungszeiten
nur nach Voranmeldung

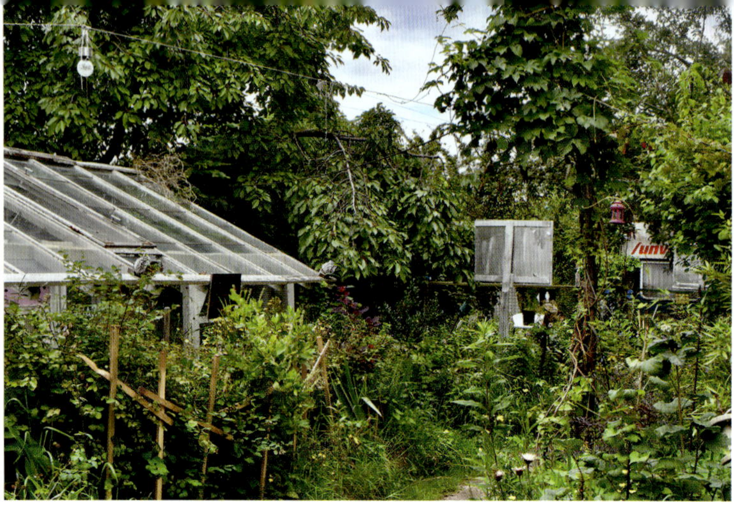

Garten der Villa Kuriosum

Zwischen Friedrichshain und Lichtenberg liegt der Garten der Villa Kuriosum, der mit seiner Pflanzenvielfalt zu einem lebendigen Kunstwerk geworden ist. Er ist ein botanisches Lehrstück, das mit unglaublich viel künstlerischer Kreativität und Fantasie gestaltet wurde – ein wirklich kurioser Garten, der Kunstliebhaber wie Pflanzenbegeisterte anlockt.

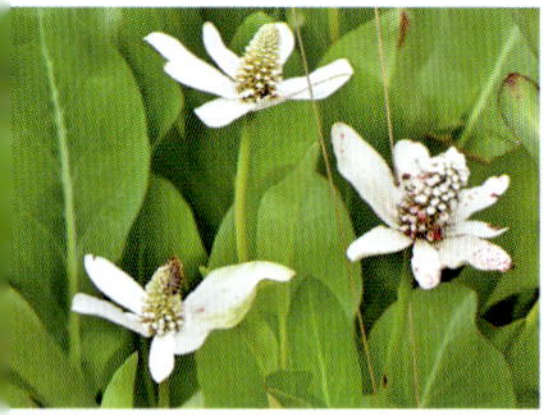

Eidechsenschwanz

Die Villa Kuriosum selbst wird als Ausstellungs- und Aufführungsstätte für Kunst- und Kulturveranstaltungen genutzt, und ihr Garten wird im Sommer zur Erweiterung der Bühne. Er ist ein Garten der Gegensätze, liebevoll gepflegt und gekonnt bepflanzt, aber trotzdem verwildert. Beinahe gleicht er einem botanischen Garten. Auf kleinen Schildern werden die Pflanzen und ihre Eigenschaften beschrieben. Skurrile Gartenaccessoires und Kunstobjekte ergänzen die Pflanzungen.

In der Sommersonne gedeihen Kletterrosen, Holunder und Himbeeren, ihre Beeren können bald geerntet werden. Tomaten sprießen in die Höhe. In schattigen Bereichen wachsen der Nieswurz und verschiedene Sorten Farne, grau- oder grünlaubig, zart- oder dickblättrig.

Jede Pflanzengruppe überzeugt mit einem starken Auftritt. So strahlen die Blätter des Hartriegels mehrfarbig und geben einer edlen Lilie das Geleit. Gelbe Sonnenhüte und Geißblattblüten führen in das sogenannte „Tal der scheinbaren Ruhe". Von einer kleinen Plattform, „dort, wo die Vögel zu Füßen nisten", wie ein Schild dem Besucher verrät, hat man eine wunderbare Sicht auf die Stadt. Daneben befindet sich ein mit Samentüten verkleidetes Gewächshaus. In einem kleinen Tümpel, der Molche beherbergt, wachsen Seerosen.

Eine Terrasse, auf der eine große Blüte aus alten Besenstielen zu bewundern ist, ermöglicht einen guten Überblick über den Garten. Von hier oben wirkt die Bepflanzung beliebig, aber die Pflanzen sind dem Standort gemäß ausgewählt und gedeihen gut.

Über die Streuobstwiese mit alten Apfel-, Birnen- und Mirabellenbäumen kann man in den hinteren Gartenbereich gelangen. Hier sind Bienenstöcke beheimatet, und eine große Sumpflandschaft gibt es auch. Wasserlinsen bedecken die Wasseroberfläche. Wilde Malven, Salbei „Berggarten", eine Sorte mit panaschiertem Blatt, und das Wiesenknöpfchen sorgen für Farbe.

Der Garten der Villa Kuriosum wird gerne als Lernort genutzt, da man hier neben botanischem Wissen auch Kenntnisse über die Pflanzeninhaltsstoffe und deren Verwendung in der Naturheilkunde sammeln kann.

Künstlerische Gewächshauswand

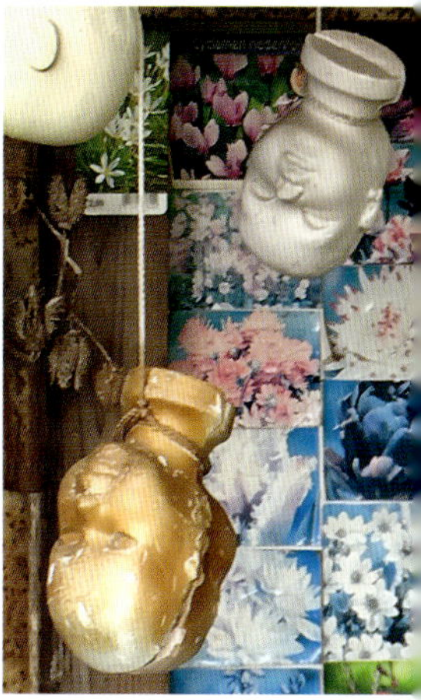

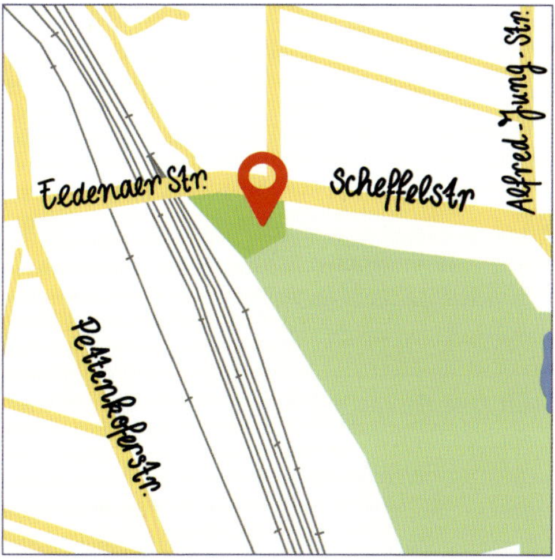

Adresse
Scheffelstraße 21
10367 Berlin
www.villakuriosum.net

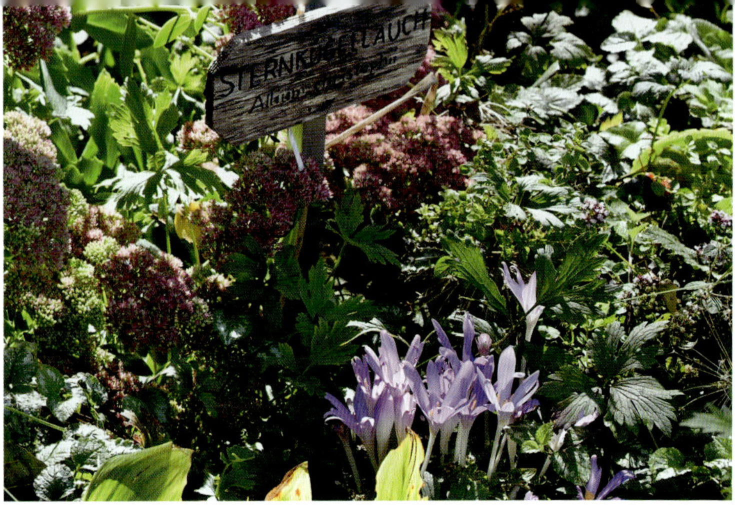

Naturgarten Malchow

Am nordöstlichen Stadtrand von Berlin, in Lichtenberg, liegt der Naturhof Malchow, zu dem die erste Naturscheune Berlins und viele geheime Gärten gehören. Hier paaren sich alte und neue Gartenkultur, und es gibt jede Menge Interessantes zu entdecken, zum Beispiel zwei Storchennester.

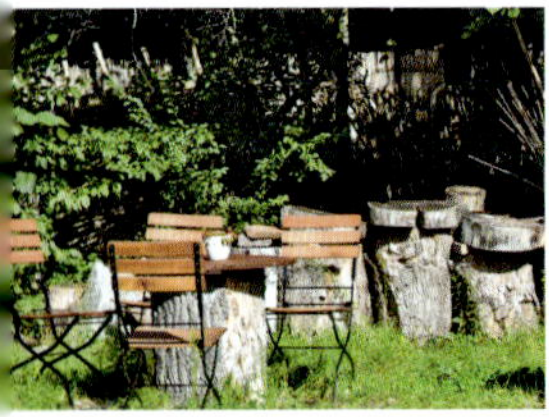

Storchencafé

Der Förderverein Naturschutzstation Malchow e.V. hat 1992 das Gelände eines ehemaligen märkischen Bauernhofs übernommen. Mittlerweile ist darauf ein Erlebnisgarten mit vielfältigen Lebensräumen entstanden, in dem es viel zu beobachten gibt.

Schon beim Eintreten ist man überwältigt von der Pracht der großen Blumenbeete, die zwischen den alten Backsteingebäuden liegen. Bunt gemischt stehen Lavendel, Chrysanthemen und Ringelblumen, ein pinkfarbener Phlox und Astern beieinander. Rosen, Herbstanemonen, Sonnenhut und Fetthennen schmücken das Beet im Herbst.

Im Hofladen werden leckeres, biologisch angebautes Obst und Gemüse von regionalen Anbietern verkauft, und die große Naturscheune, frisch renoviert, dient der Umweltbildung. Auf ihrem Dach befindet sich eines der zwei Storchennester der Naturschutzstation. Das andere findet man im Wiesengarten. Mit etwas Glück kann man hier Störche beim Nisten oder Rasten beobachten. Eine Kamera überträgt das Treiben der inzwischen selten gewordenen Tiere auf einen Bildschirm.

Im Garten selbst gibt es viele naturnahe Biotope. Ein großes Hügelbeet ist zugleich „Fledermaus-" und „Färberbeet". Fledermäuse ernähren sich von nachtaktiven Insekten, die sich an nachts blühenden Pflanzen wie Nachtkerze, Lichtnelke und Seifenkraut laben. Abseits von diesen Beeten wachsen Färberpflanzen wie Färberwaid, Kamille, Schöllkraut und Odermennig.

Im großen Wildgarten mit Streuobstwiese sind Steinhaufen und Totholzbereiche angelegt, die vielen Tieren wie Insekten, Kröten und Vögeln Schutz bieten. Es gibt Bienenbeuten, und dicht bei ihnen ist ein lehrreiches Wildblumen- und Kräuterbeet gepflanzt worden. Eine Nisthilfe für Insekten steht in unmittelbarer Nähe.

Neben der großen Teichlandschaft und einem morastigen Feuchtbiotop gehört auch ein Schmetterlingshaus zum Naturhof. In einem alten Gewächshaus hat man Pflanzen kultiviert, die besonders einheimischen Raupen und Schmetterlingen als Futterquelle dienen.

Die liebevoll renovierte Hofanlage und all die kleinen Gärten und Biotope laden den Besucher ein, Neues zu lernen und entspannt die Natur zu genießen.

Storchennest

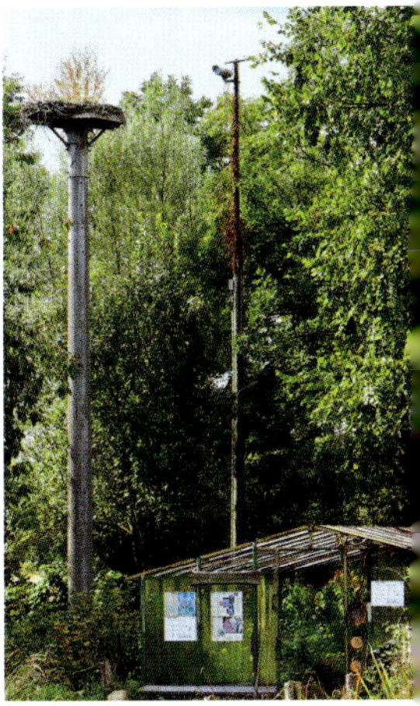

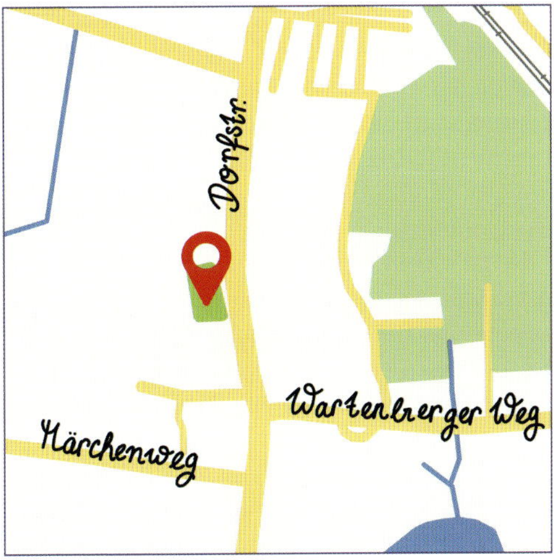

Adresse
Dorfstraße 35
13051 Berlin
www.naturschutzstation-malchow.de

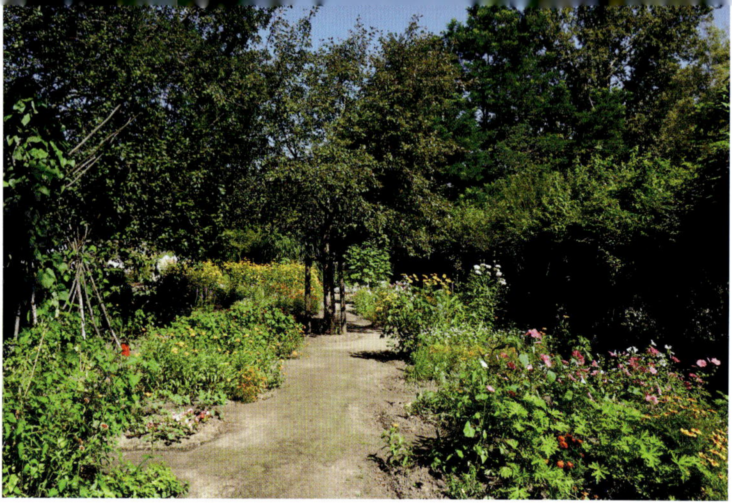

Landschaftspark Herzberge

Der Park Herzberge hat sich vom Gutshof der „Städtischen Irrenanstalt“ zu einem städtischen Landschaftspark und einem Vorzeigeobjekt urbaner Landwirtschaft entwickelt. Landschafts- und Tierschutz werden hier großgeschrieben, und in dem versteckten Gartenprojekt einer Schule kann man viel Blühendes entdecken.

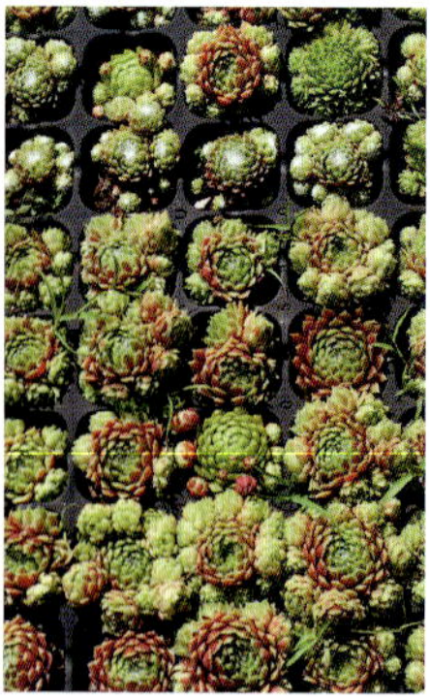

Dach-Hauswurz und Mauerpfeffer

Der Herzberg ist eigentlich eine Binnendüne, ein drei, vier Meter hoher Sandhügel aus der letzten Eiszeit. Das staatliche Klinikum Herzberge kultivierte das Gelände 1893 als Gutshof. Nach langem Verfall wurden die vorhandenen Brachen ab 2004 in einen Erholungspark umgewandelt, in dem auch urbane Landwirtschaft betrieben wird. Viele landwirtschaftlich genutzte Flächen und vernetzte Biotope wurden hier gestaltet.

Heute sorgen Pommersche Landschafe für die regelmäßige Mahd der Obstwiesen. Und in den neu angelegten Teichen haben Frösche, Kammmolche und Wechselkröten ein Zuhause gefunden. Im gesamten Park herrscht eine entspannte Stimmung. Weideflächen, so weit das Auge reicht. Die Streuobstwiesen duften, Grashalme wiegen sich leise im Wind, Rinder grasen, und Frösche sonnen sich gut getarnt auf Seerosen im Tümpel.

Wo sich Streuobstwiesen befinden, sind meistens auch Bienen nicht weit. Und tatsächlich: Vor Regen geschützt, stehen Bienenbeuten unter einem Unterstand zwischen zwei Bäumen, über dem eine alte Egge aufgehängt wurde. Etwas weiter sieht man Blüten strahlen, orange und rote Dahlien. Die sind nicht wild gewachsen, sondern wurden liebevoll angepflanzt.

Zwischen den Wiesen schimmern die Gewächshausdächer einer Gärtnerei auf. Hier gibt es einen kleinen angelegten Schulgarten. Schmale Wege ziehen sich durch Beete mit Sonnenhut, Malven und Frauenmantel, eine blaue Winde rankt sich an einer selbstgebauten Kletterhilfe empor. Auf einer Terrasse wird Gemüse angebaut. Weiter unten stehen Palmlilien, Ziersalbei und Sonnenbraut, der Phlox bringt Farbe ins Sommerbeet. Auch vor den Gewächshäusern sind große Staudenbeete zu bewundern, Monokulturen aus Cosmeen, Sonnenblumen und Dahlien.

Der Steingarten ist besonders schön. Ein kleines Pflanzdach ist mit Dach-Hauswurz und Mauerpfeffer begrünt. Viele winzige Sukkulenten in Töpfchen wurden hier aufgereiht, fast erscheinen sie wie ein Kunstobjekt. Da das Unerwartete auch meist das Schönste ist, ist der Besuch in dieser bezaubernden Gärtnerei für jeden Gärtner ein Genuss.

Unterstand mit Bienenbeuten

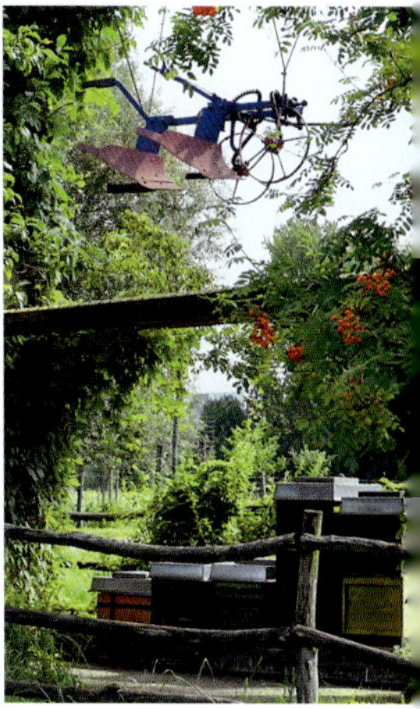

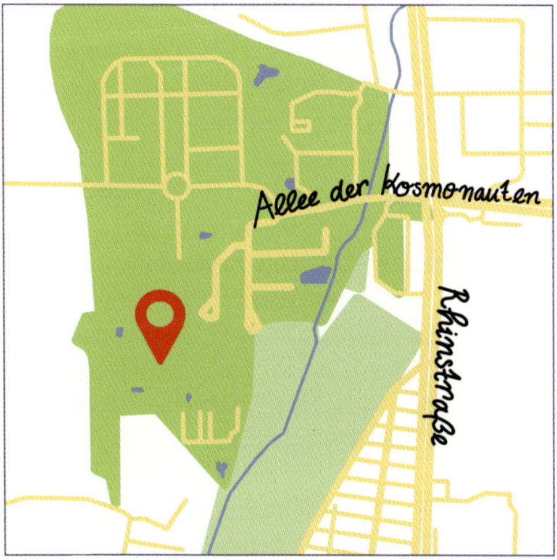

Adresse
Allee der
Kosmonauten 16
10315 Berlin

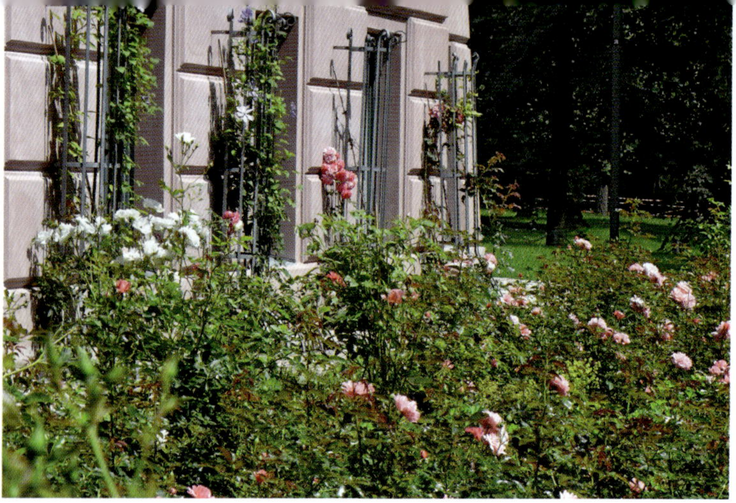

Schlosspark Biesdorf

Wie ein Dornröschenschloss liegt es zwischen uralten Bäumen im hügeligen Park: das Schloss Biesdorf. Der Park selbst ähnelt einem Märchengarten, lichte und schattige Wiesen wechseln sich ab. Man kann den Wegen durch diese romantische Anlage folgen oder in einem großen Lesegarten entspannen.

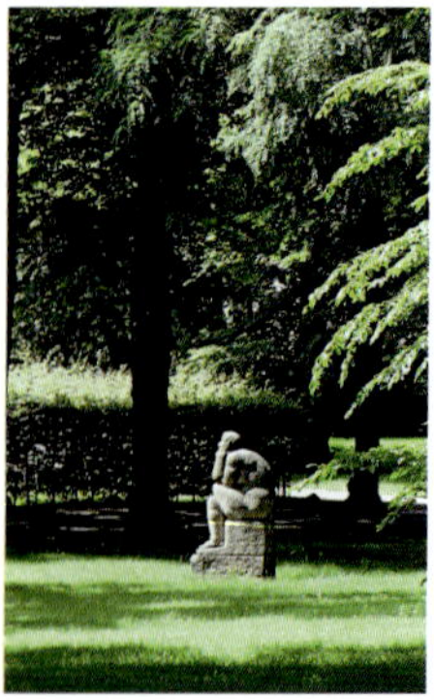

Skulptur im romantischen Garten

Erbaut wurde die Turmvilla im Auftrag des Gutsbesitzers Hans Hermann Freiherr von Rüxleben im Jahre 1868, auch der Park ist zu dieser Zeit geplant worden. Bald gingen Schloss und Grünanlage in den Besitz von Wilhelm von Siemens über, der den Berliner Stadtgartendirektor Alfred Brodersen beauftragte, auf dem vier Hektar großen Areal einen englischen Landschaftsgarten anzulegen. Das gesamte Gelände wurde künstlerisch gestaltet. Feine Höhenmodellierungen, geschwungene Wege und gestaltete Sichtachsen leiten den Besucher heute noch durch den mit altem Baumbestand bestückten Park. Wunderschöne Naturbilder sind hier entstanden. Langgraswiesen mit Schafgarbe, Wildem Fenchel und Goldruten wechseln sich mit sorgfältig gepflegten, kurz gehaltenen Rasenflächen ab. Eine beeindruckende Lindenallee, die Alfred-Brodersen-Allee, zieht sich von der Straße Alt-Biesdorf bis zum Portal des Schlosses und an ihm vorbei bis in den Park hinein.

Nordwestlich vom Schloss ist ein großer neuer Staudengarten geschaffen worden, ein Hortensiengarten: Tellerhortensien und weiße und rosa Bauernhortensien spielen hier die Hauptrolle, begleitet werden sie von einer edlen gefüllten Beetrose – ein wirklich schönes Ensemble.

Der Hortensiengarten gehört zum alten Teehaus, das ausschließlich aus Baumstämmen und Ästen errichtet wurde. Von hier schaut man direkt zum Lesegarten, der ehemals als Tennisplatz konzipiert wurde und in dem sich vor einer Hainbuchenhecke weiße Bänke für eine Lesestunde mit wundervollem Ausblick reihen.

Umrundet man das Schloss – was nicht nur wegen der Architektur, sondern auch wegen der Beflanzung empfehlenswert ist, denn die Fassade ist vollständig von großen Flächen mit Beet-, Ramblerrosen und Clematis umgeben –, gelangt man zum Eiskeller. Das aus altem, schwerem Sandstein doppelt gemauerte Relikt kann über zwei Freitreppen erreicht werden und ist eine Besonderheit. Früher diente es zur Lagerung verderblicher Lebensmittel, heute hat man von hier eine grandiose Sicht auf das Schloss mit seinen gemauerten Loggien und den Fontänenteich mit Holzparasol.

Holzparasol

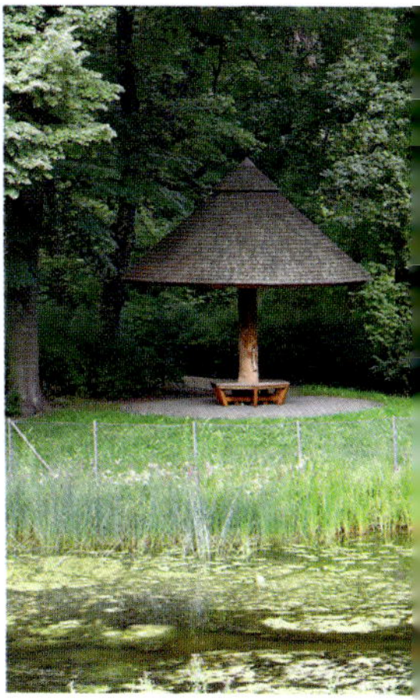

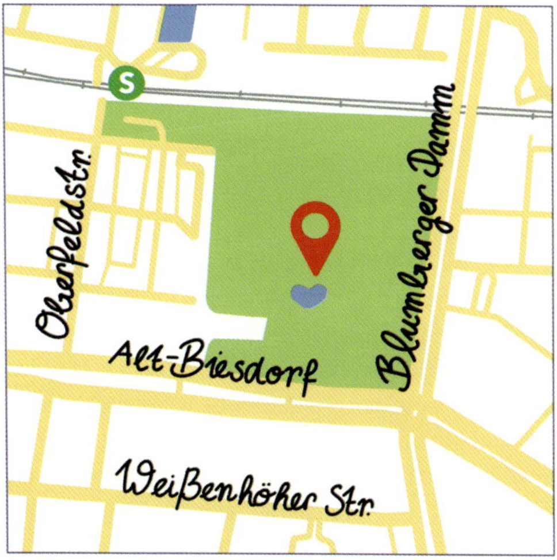

Adresse
Alt-Biesdorf 55
12683 Berlin

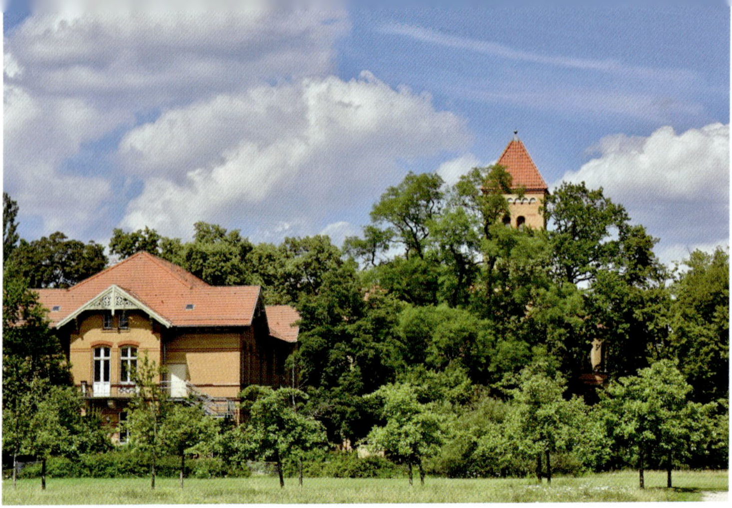

Wuhlgarten

Am heutigen Unfallkrankenhaus Marzahn befindet sich der Wuhlgarten. Neben dem Gelände des ehemaligen Epilepsiekrankenhauses hat man einen Landschaftspark geschaffen, der auch an die schrecklichen Gräueltaten erinnern soll, die hier während der NS-Zeit stattgefunden haben.

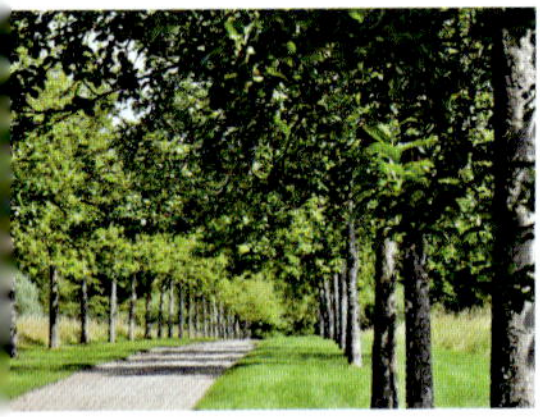

Obstallee durch die Wiesen

Die Wuhle ist ebenso wie die Panke ein Nebenfluss der Spree. Sie entspringt auf der eiszeitlichen Hochfläche des Barnim und folgt in ihrem Verlauf ungefähr 15 Kilometer einer glazialen Rinne von Ahrensfelde bis nach Köpenick. Dort mündet sie in die Spree. Nördlich vom Wuhletal, bevor sich das Gebiet in den großen Landschaftspark Wuhletal öffnet, liegt der Wuhlgarten.

1893 eröffnete hier das Epilepsiekrankenhaus, das in einem großen Gebäudekomplex im Stil der Neorenaissance untergebracht war. Die damals geschaffenen Parkanlagen dienten therapeutischen Zwecken und sind heute noch erhalten oder inzwischen wieder renaturiert worden. Zur Wuhle hin fällt das sich anschließende Gebiet ab. Es bietet Gelegenheit für einen herrlichen Naturspaziergang.

Das geradlinige Wegesystem erstreckt sich über schöne, nach historischem Vorbild angelegte Naturwiesen. Den Blick kann man hier weit über das hügelige Land schweifen lassen. Auf einem abgegrenzten Steinplatz mit einer Buchshecke wurden Schautafeln aufgestellt, die über die Geschichte des Areals informieren. Schönes und Schreckliches sind an diesem Ort eng miteinander verbunden, denn das frühere Krankenhaus wurde in der NS-Zeit zum Lager für „körperlich und geistig Behinderte". Von hier wurden diese gemäß dem menschenrechtsverletzenden „Euthanasie-Gesetz" in die Tötungsanstalten weitertransportiert.

Über naturbelassene Feuchtwiesen mit Schafgarben, mannshohen Disteln und wildem Phlox gelangt man bis hinunter an die Wuhle. Vollkommen allein kann man durch schaurig-schönes Unterholz am Flüsschen entlangwandern.

Auch sollte man das ehemalige Krankenhausgelände erkunden. Zwischen den Gebäuden sind zahlreiche einheimische Bäume angepflanzt. Der Bestand aus Ahornen, Eschen, Kastanien, Eiben, Robinien und vielen Nadelhölzern dürfte mehr als hundert Jahre alt sein. Exotische Gehölze wie Stieleiche, Feldulme, Tulpenmagnolie und ein japanischer Schurbaum wurden hinzugefügt. In den roten Ziegelhäusern sind Wohnungen entstanden, und viele Menschen, die hier leben, tragen zur Pflanzenvielfalt in dem schönen Garten bei.

Wilde Disteln

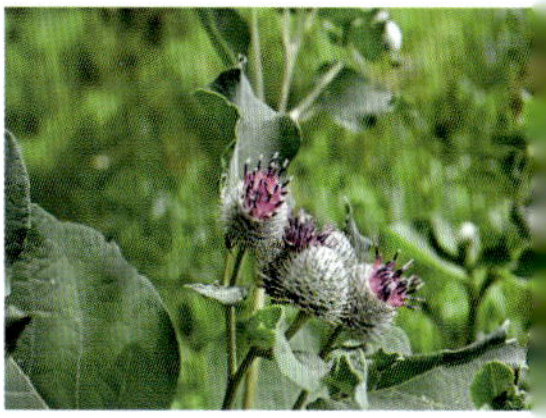

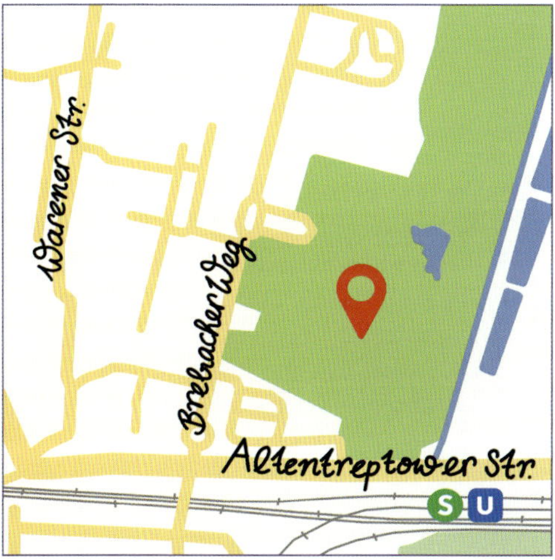

Adresse
Brebacher Weg 15
12683 Berlin

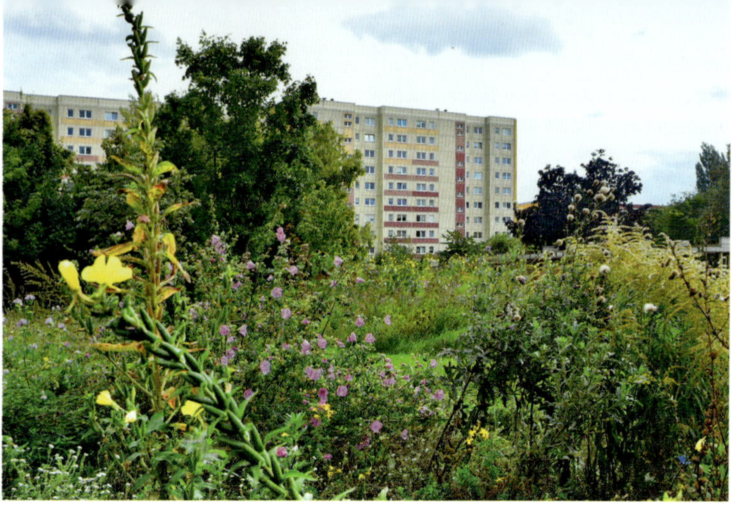

Kiezpark Fortuna

Unglaublich, aber wahr: Mitten in einer Hellersdorfer Plattenbausiedlung hat die Glücksgöttin Fortuna ihre Hand nicht nur bei der Gestaltung eines geheimen Gartens, des Kiezparks Fortuna, im Spiel gehabt. Sie hat höchstwahrscheinlich auch dafür gesorgt, dass alle Pflanzen in diesem bunten Paradies fabelhaft gedeihen.

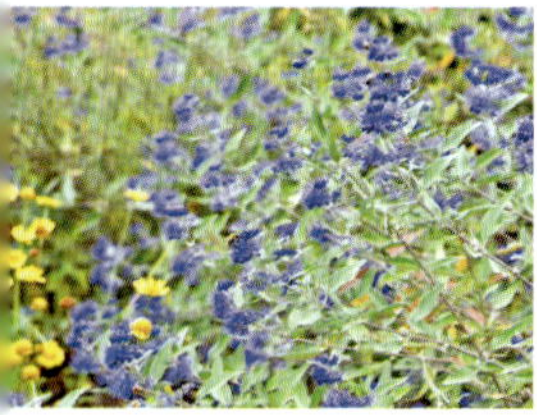

Blaue Bartblumen

Nachdem im Jahr 2005 zwei Schulen auf dem zehn Hektar großen Areal zwischen Oberweißbacher, Schwarzburger und Sitzendorfer Straße abgerissen wurden, wuchs hier lange Zeit gar nichts. Durch das Engagement der Anwohner hat sich die Brache jedoch seit 2010 in einen wahren Traumgarten verwandelt. Elegante Gartenarchitektur trifft hier auf naturnahe Staudenbeete. Und jeder ist dazu eingeladen, mitzugärtnern.

Wie transparente Blickschutzmauern wiegen sich hohe Gräser im Wind, Chinaschilf, Pfeifenputzergras und graulaubiges Seggengras stehen in großen schmalen Beeten. Genauso imposant sind die Hügel mit Wildblumen. Extensive Naturwiesen wurden zwischen den Hochhäusern etabliert, um die Biodiversität in der Stadt zu fördern. Melde, Wegerich, Malve, Johanniskraut, Königskerze und Goldrute gedeihen hier wie auf dem Land. Seltene Baumarten wie Rotahorne und weiße Maulbeerbäume sind zu Dreiecken und Karrees gruppiert. Eine hölzerne Pergola mit Häuschen teilt den Garten in zwei Bereiche. Davor kann man sitzend auf die Schreberbeete blicken, die Kräuterernte in den Hochbeeten vornehmen oder am Teich vorbei zur Obstbaumwiese wandern.

Die Anwohner haben angepflanzt, was ihnen gefällt: Sonnenhut, Sonnenblumen, Astern, Fetthennen und Cosmeen. Überall erstrahlen bunte Beete. Große Steine und ein kleiner Bachlauf, hohe Gräser, Blutweiderich und Bambus verleihen der großen Teichlandschaft eine asiatische Note. Viele unterschiedliche Sorten von Seerosen verschönern die Wasseroberfläche.

Teichlandschaft

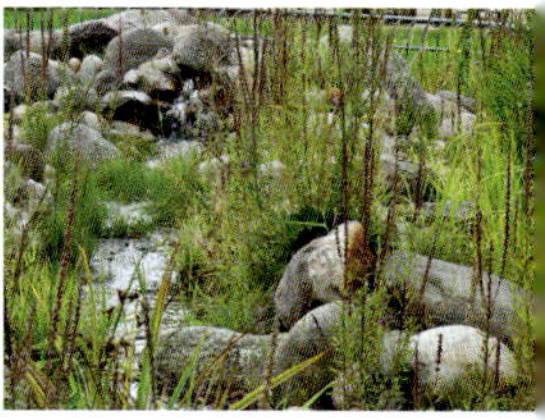

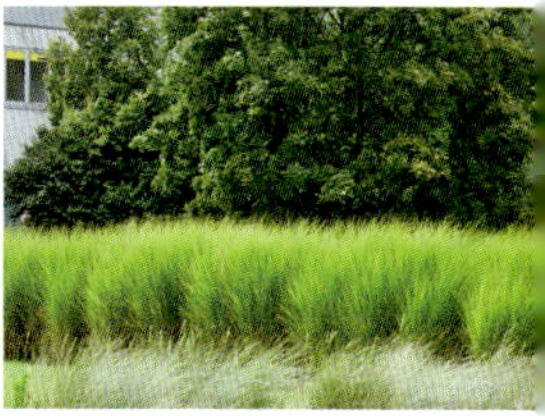

Gräsergarten

Ganz alteuropäisch geht es auf der großen Obstwiese zu, ungefähr 15 Obstsorten gedeihen hier, unter anderem Kornelkirsche, Apfelquitte, Bühler Frühzwetschge, Stuttgarter Gaishirtle-Birne, Blutbirne, Mirabelle von Nancy und Rote Sternrenette.

Und wieder hat die Glücksgöttin ihre Hand im Spiel gehabt: 2013 wurde der Garten bei der Verleihung des Deutschen Landschaftsarchitektur-Preises ausgezeichnet.

Ist es nicht auch ein Glück, wenn man die Zeit findet, in diesem schönen Garten auf einer der aufgestellten Holzliegen einen Moment auszuruhen?

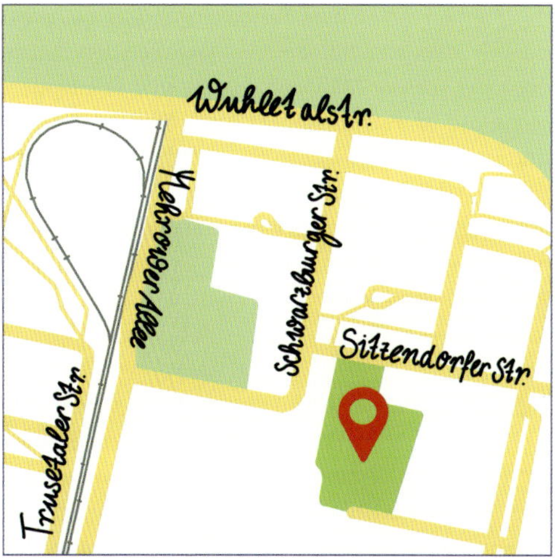

Adresse
Schwarzburger Straße
12687 Berlin
www.fortuna-kiezpark.de

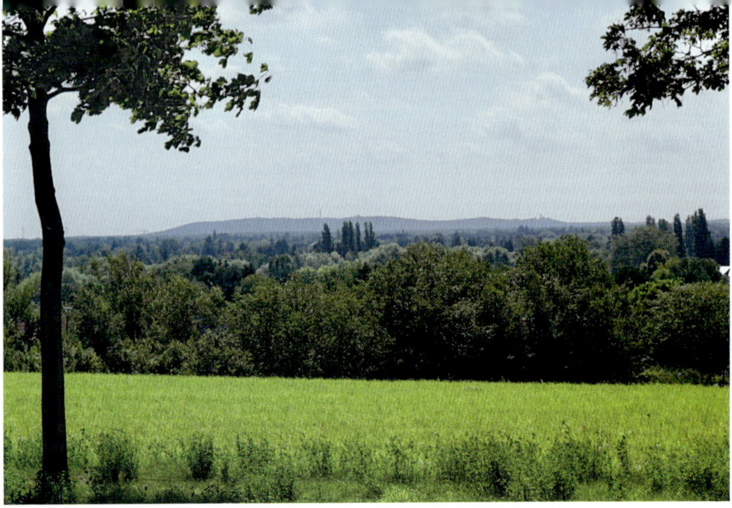

Berliner Balkon

Einen außergewöhnlichen Blick über das Berliner Urstromtal kann man vom sogenannten Berliner Balkon aus genießen. Von Alt-Biesdorf kann man hoch oben auf dem Barnimhang nach Mahlsdorf wandern, ohne dabei einer Menschenseele zu begegnen. In der Ferne sieht man dann die Müggelberge und erahnt vielleicht die Stadt.

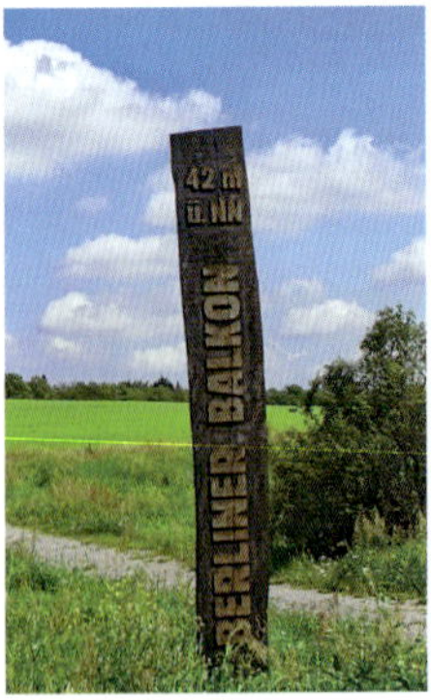

Stele „Berliner Balkon"

Der Balkon im Allgemeinen ist den Berlinern seit jeher heilig – auf ihm ist man ungestört, kann man durchatmen, spürt man Freiheit. Und das gilt nicht nur für den eigenen Vorbau. Der Berliner Balkon entstand vor vier Millionen Jahren, und seit langem schon ist er Aussichtspunkt und Grenze zwischen drinnen und draußen, zwischen Stadt und Land und macht seiner Bezeichnung alle Ehre. Von der Hochebene des Barnim aus, in einer Höhe von 57 Metern, hat man über einen steilen Hang hinweg den besten Blick über die Berliner Landschaft. Der Barnimhang ist an dieser Stelle unbebaut – das ist einzigartig in der Stadt.

Niemand stört einen hier beim Nachdenken, auch nicht die kleinen bunten Punkte, die sich auf der weit entfernten Bundesstraße bewegen. Das Einzige, was man an diesem Ort hört, ist das Trällern der Lerchen oder vielleicht auch mal der Ruf eines Kuckucks, ansonsten erfreut man sich an den unzähligen Mohnblüten am Wegesrand oder, je nach Jahreszeit, den wilden Malven, dem wilden Phlox, der Schafgarbe oder den Körben der wilden Möhre. Besonders als Stadtbewohner labt man sich am endlosen Himmel, den Getreidefeldern und dem weiten Grün. Manchmal changieren die Wegbegleiter in der Wiese ins Gelbe: Rainfarn, Goldrute und gelbe Platterbsen können dann zu den eigenen Füßen entdeckt werden. Mehr Abwechslung tut aber auch nicht not.

Schaut man über die Landschaft, kann man den Elsensee und die Kaulsdorfer Seen erblicken. Am Horizont erscheinen die Müggelberge.

Ein Aussichtspunkt mit einem Holzkunstwerk und Sitzgelegenheiten erinnert an die Bockswindmühle, die von 1808 bis 1936 auf dem Barnimhang stand. Endlich hat man Gelegenheit, die Füße hochzulegen – beinahe wie auf dem eigenen Balkon. Mit dieser grandiosen Aussicht kann man jede Jahreszeit genießen – ob den Winter mit seinen weißen Landschaften, den Frühling mit seiner Farbenpracht, den Sommer mit seinem einzigartigen Geruch oder den Herbst mit seinen bunten Feldern und Bäumen.

Goldrute und Fenchel

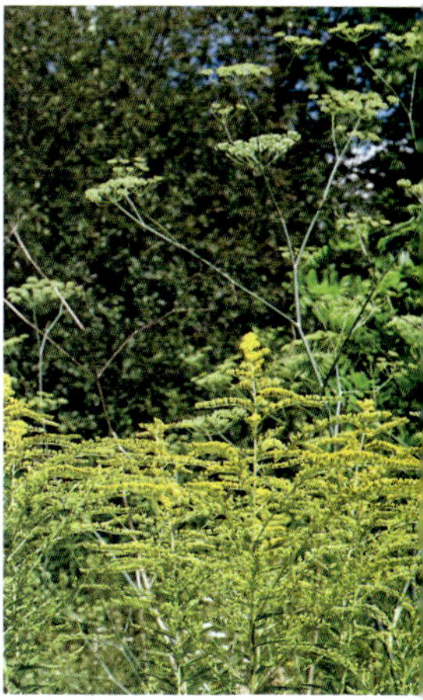

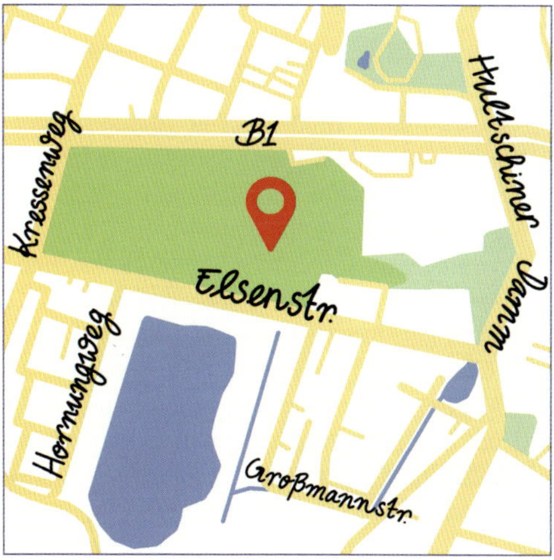

Adresse
zwischen B1 und Elsenstraße
12623 Berlin

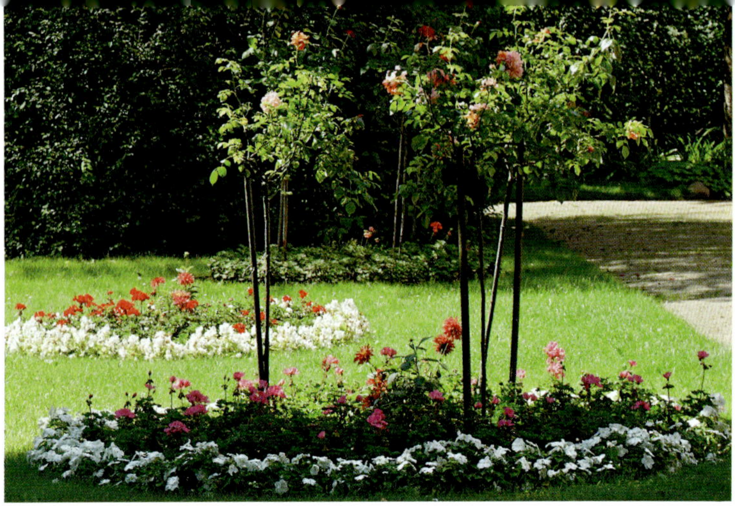

Park der Gründerzeit

Das Gutshaus Mahlsdorf beherbergt nicht nur ein berühmtes Gründerzeitmuseum, sondern verfügt auch über einen eleganten Landschaftspark. Der Sammlerin Charlotte von Mahlsdorf ist es zu verdanken, dass in diesem Kleinod heute Geschichte erlebbar ist und der wunderbare Garten wiederhergestellt wurde.

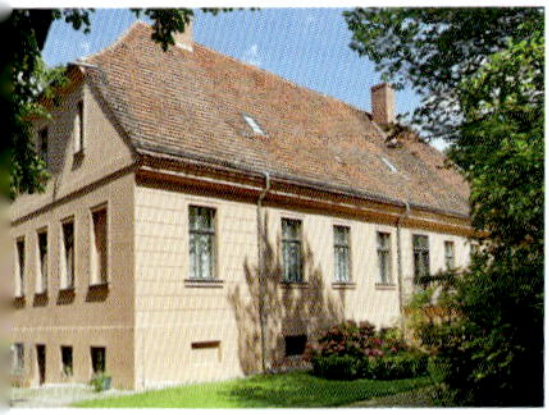

Gründerzeitmuseum

Seit 1815 befand sich das ländliche Gutshaus in bürgerlichem Besitz. Erst 1869 wurde es in eine spätklassizistische Landvilla mit dazugehörigem Parkareal umgestaltet. Der Garten der früheren ländlichen Gutsanlage mit Wirtschaftshof, Ställen, Scheunen und einer Obstplantage wurde dann in den 1880er-Jahren von der Familie Schrobsdorff in einen Landschaftspark verwandelt.

Nachdem die Familie das Gut verkauft hatte, rettete es Charlotte von Mahlsdorf (1928–2002), die als Lothar Berfelde geboren wurde, 1956 vor dem Abriss und brachte darin ihr privates Gründerzeitmuseum unter. Zeit ihres Lebens hatte Charlotte von Mahlsdorf vollständige Zimmereinrichtungen und andere Gegenstände gesammelt, die nun den passenden Rahmen bekamen.

Seitdem der Park 1996 nach historischen Plänen von 1906 rekonstruiert wurde, bilden Garten und

Wohnhaus wieder eine stimmige Einheit. Eine lange Auffahrt führt zum Eingangsbereich des Guts, im ehemaligen Wirtschaftshof stehen eine mächtige Kastanie und Rosenbüsche. Ein Heckenplatz mit Bänken an einer Seite des Gebäudes lädt zum Plaudern ein. Von hier gelangt man zum kleinen Pleasureground. Runde Teppichbeete mit Buchs und mächtigen Bauernhortensien flankieren die Treppe an der Terrasse. Auch auf dem Rasen sind kleine, elegante Beete angelegt, mit zauberhaften orange blühenden Stockrosen in der Mitte.

Siebzig Laub- und Obstbäume sowie sechshundert Sträucher sind neu gepflanzt worden und umgeben die Wege und das Gebäude kulissenartig. Geschwungene Wege führen durch wilde Wiesen und ermöglichen immer wieder einen fantastischen Blick in den Park, der mit größerer Entfernung zum Haus immer natürlicher wird.

Dr. Klaus-Henning von Krosigk, der Begründer der Gartendenkmalpflege in Berlin, betont, der Garten sei auch aus Verpflichtung gegenüber dem Lebenswerk Charlotte von Mahlsdorfs erneuert worden: „Sie war für uns der Schlüssel zum Garten und hat die historische Grundlage geliefert."

Heute fehlt nur noch der kleine Fontänenbrunnen, der die Anlage einst zierte.

Parklandschaft

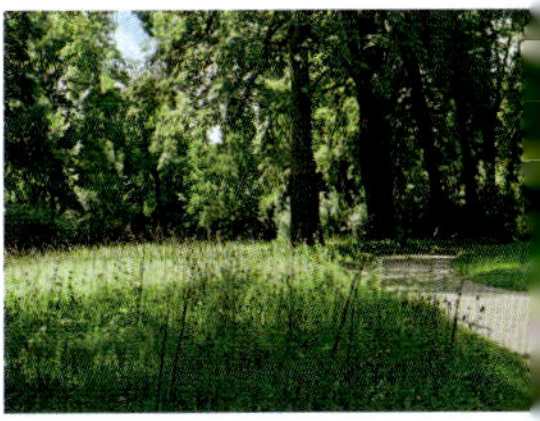

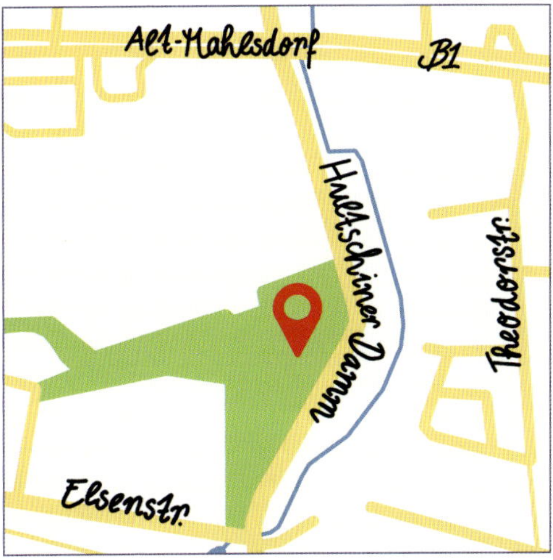

Adresse
Hultschiner Damm 333
12623 Berlin

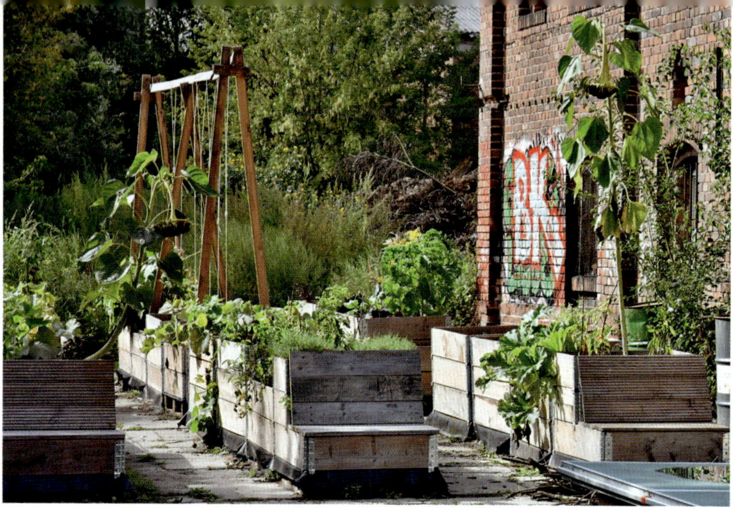

Gutsgarten Hellersdorf

Nahe den Plattenbauten einer Großsiedlung in Hellersdorf liegen die alten Reste des Guts Hellersdorf. Hier, weit entfernt vom Berliner Moritzplatz, haben die Gründer des Prinzessinnengartens, die Mitglieder der „Nomadisch Grün GmbH", ein weiteres grünes Urban-Gardening-Projekt in Angriff genommen.

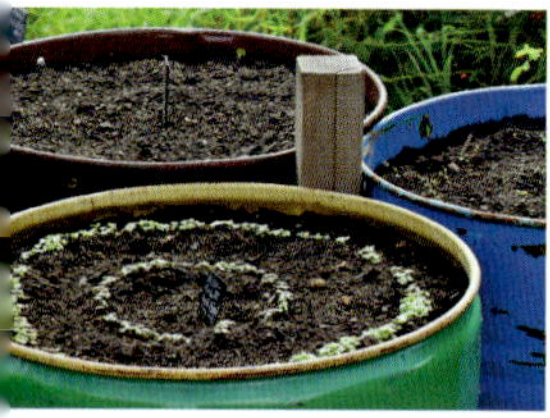

Künstlerische Ansaat

Der Gutshof Hellersdorf existiert schon seit 1325. Im frühen 19. Jahrhundert wurde er zum Rittergut ausgebaut. 1886 erwarb die Stadt Berlin das Areal. Später gehörte es zum Zusammenschluss „Berliner Stadtgüter GmbH". Zur DDR-Zeit wurde es in eine volkseigene Landwirtschaftliche Produktionsgenossenschaft umgewandelt, und heute wird das städtebauliche Potenzial der großen Anlage wieder interessant.

Zwischen verfallenen, aber denkmalgeschützten Backsteinhäusern hat man eine kleine Bühne errichtet, aus Lautsprechern tönt entspannende Musik, in einem alten Bauwagen werden Erfrischungen verkauft. Ansonsten ist es hier ruhig, nur ein Radweg verläuft hinter dem Zaun mit den großen Holzhochbeeten durch die unberührte Natur des Beerenpfuhlgrabens. Wilde Rosen und Holunder umgeben den Garten. Ab und zu hört man Blätter rascheln oder Vögel singen. In den meisten Hochbeeten wird Gemüse angebaut, alte farbige Ölfässer beherbergen Rhabarber oder Blühendes. Geradezu künstlerisch ist in einem der Fässer Saatgut für Asia-Salat in Form einer Spirale ausgebracht worden. An der großen Backsteinwand des stattlichen Gutshauses sind weitere Hochbeete wie die Güterwagen eines Zuges aufgereiht. Bohnen ranken sich an Gerüsten empor, Salat, Kohl und Sonnenblumen sind über ihre normalen Höhen hinausgewachsen.

Gut tafeln lässt es sich im wahrsten Sinne des Wortes an alten Schultafeln, die zu Tischen umfunktioniert wurden. Auch Garten-Workshops nach Prinzessinnengarten-Manier lassen sich hier gleich ankündigen. Ob Pestoherstellung aus selbstgeernteten Kräutern, Siebdruck oder Imkerführungen – an Angeboten und Ideen mangelt es nicht. Und es gibt einige interessante und innovative Projekte: In der Probephase befindet sich beispielsweise das Produzieren von bester Komposterde aus Obst- und Gemüseabfällen der Berliner Tafel.

Geforscht wird im Auftrag der Freien Universität Berlin und des Botanischen Gartens, der sogar die Pflanzenkohle dazu beisteuert. Und die Tafel spart das Geld für die Entsorgung der Abfälle.

Offene Gartenarbeitstage und das Freiluftkino erfreuen sich bei willigen Gärtnern und bei Kindern großer Beliebtheit – auf dass der Gutsgarten wachse und gedeihe!

Kürbisse

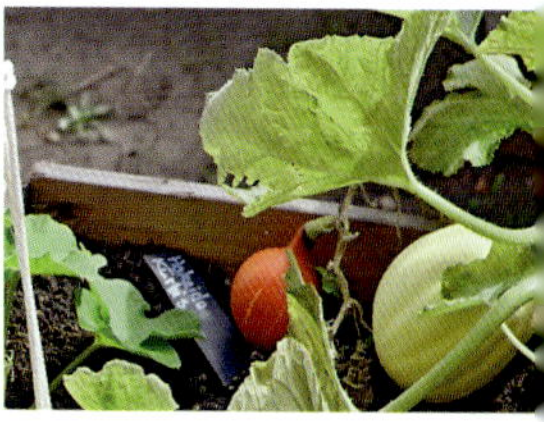

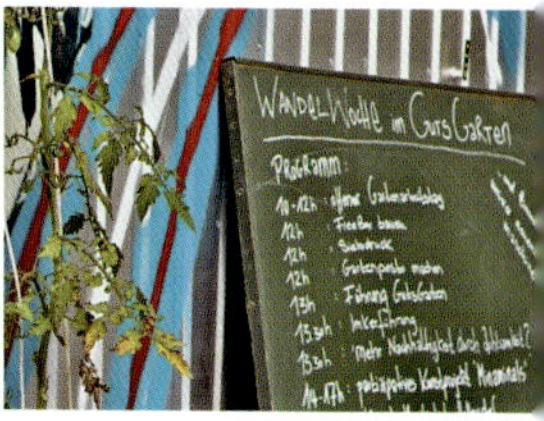

Tagesprogramm

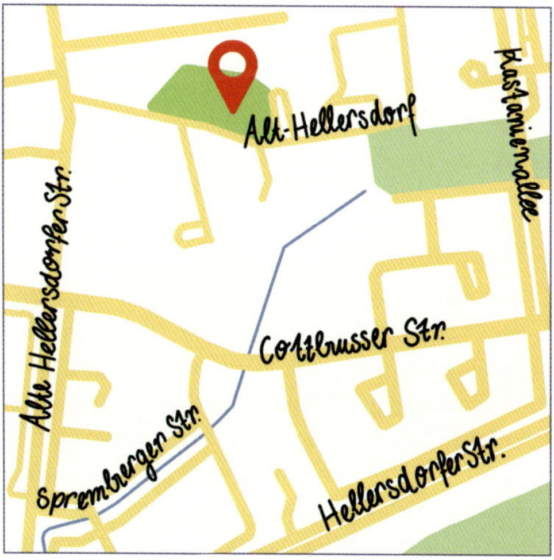

Adresse
Alt-Hellersdorf 17
12629 Berlin
www.guthellersdorf.net
Öffnungszeiten
offene Gartenarbeitstage:
Do 15–19 Uhr
Sa 10–14 Uhr

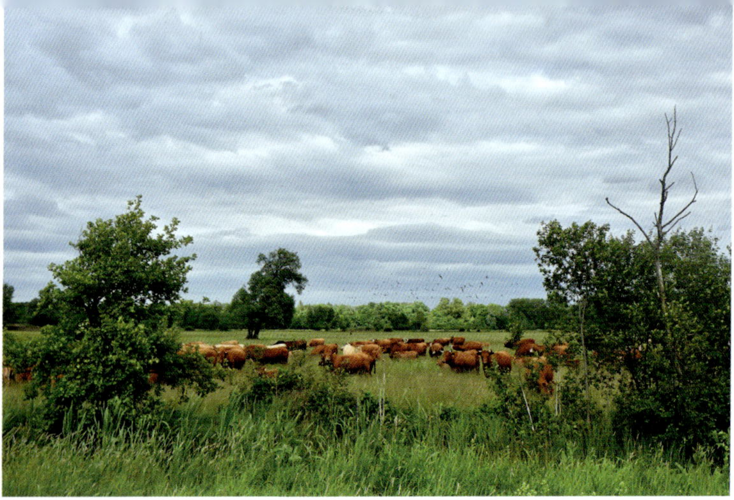

Gosener Wiesen

Es ist schon erstaunlich: Das größte Berliner Naturschutzgebiet ist den meisten Berlinern gar nicht bekannt. Offiziell heißt es „Naturschutzgebiet Müggelspreeniederung Köpenick". Das sagt zwar schon etwas über seine ungefähre Lage aus, jedoch noch nichts über seine Schönheit und Artenvielfalt.

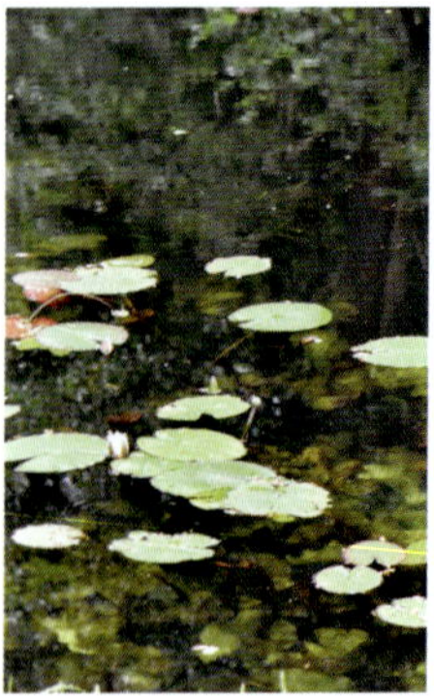

Seerosenfließ

Die Gosener Wiesen, ein rund vierhundert Hektar großes Gebiet, werden durch den Fluss Kappe und den Kaniswall begrenzt. Der Gosener Kanal, die vielen Arme des Großen Stroms und der Alten Spree haben hier eine Art Binnendelta gebildet. Der Kaniswall, immerhin 41 Meter hoch, ist der südlichste Ausläufer des Barnim. Benannt wurde er nach dem Fischer Kanis, der laut Theodor Fontane auf dem Wall gelebt haben soll – aber das ist nur Fontanes dichterischer Freiheit entsprungen. Belegt ist dagegen, dass hier ab dem 17. Jahrhundert mehrere Generationen der Familie Blume wohnten.

Vom Kaniswall hat man einen fantastischen Blick über die naturbelassenen Feuchtwiesen und das erstaunlich hügelige Gelände. Wo die Wiesen bewirtschaftet sind, schaut schon mal eine neugierige Rinderherde zwischen Sumpflilien über den Zaun. Auch dem Freilandlabor Kaniswall, einer unerschöpflichen Informationsquelle, sollte man einen Besuch abstatten.

Über 650 Farn- und Blühpflanzen wachsen auf den Wiesen, darunter das seltene breitblättrige Knabenkraut, eine wilde Orchideenart und die wilde Kuckuckslichtnelke. Es gibt viele Sumpfblumen und auf den Trockenwiesen große Seggenbestände. Totholzbüsche bieten Bibern und Fischottern Unterschlupf und Baumaterial.

Nahe dem Kaniswall kann man die einsam gelegene Fischerei Löcknitz besichtigen, die schon im Brandenburgischen liegt. Auf 2500 Hektar Wasserfläche werden Karpfen, Hechte, Schleien, Barsche und Zander gefischt. Die Fische werden verkauft und auf Wunsch sofort zubereitet. Im Sommer kann man im Garten des ungewöhnlichen Fischrestaurants sitzen, in dem Seemannsdeko und blühende Pflanzen eine skurrile Einheit bilden. Und der Fisch ist einfach köstlich!

Die Überschwemmungslandschaft erkundet man am besten per Kanu, so lässt sich die Urwüchsigkeit dieses Gebiets erleben. Dort, wo sich ein Baumkronendach über den Gewässern schließt, fährt man über eine fast geschlossene Wasserlinsendecke. An besonnten Stellen findet man Seerosen und eine krautige Unterwasserflora. Besonders sehenswert ist der Sumpffarn, den es in Berlin und Brandenburg nur noch sehr selten gibt.

Fischerei Löcknitz

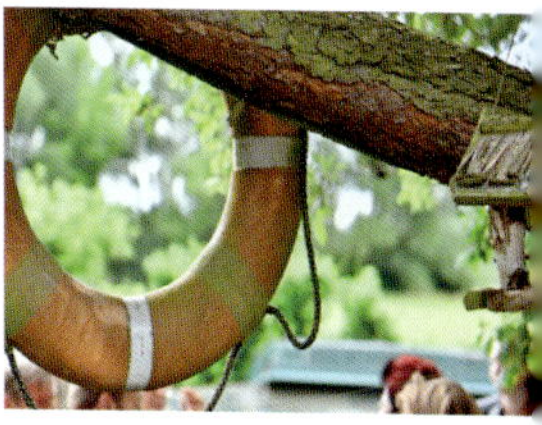

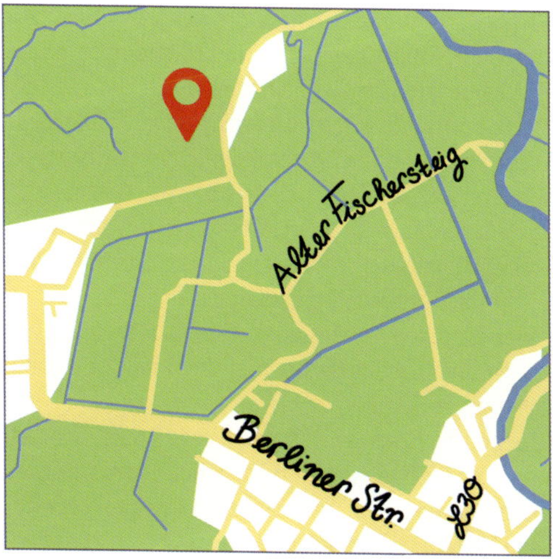

Adresse
Am Kaniswall
12559 Berlin
www.nabu.de
www.freilandlabor-kaniswall.de
Fischerei Löcknitz:
Alter Fischersteig 1
15537 Gosen-Neu Zittau

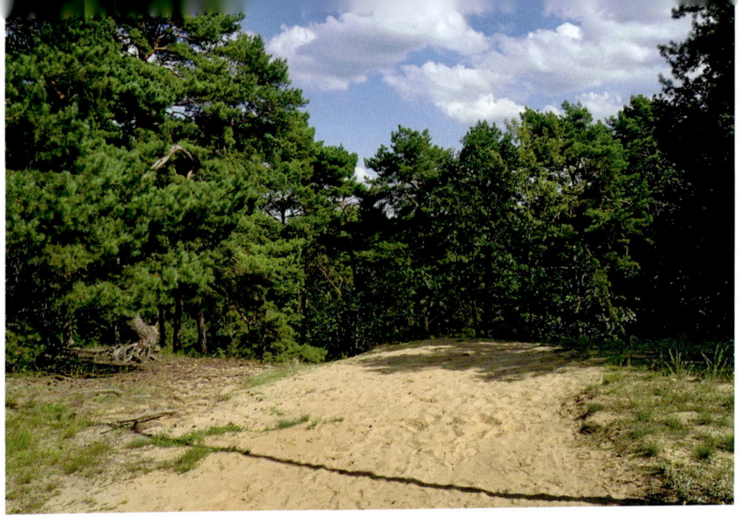

Woltersdorfer Dünenzug

Nicht nur an Nord- und Ostsee gibt es Dünen, auch Berlin hat welche vorzuweisen. Der Wilhelmshagen-Woltersdorfer Dünenzug in Rahnsdorf besteht aus Flugsand, der sich seit der letzten Eiszeit angesammelt hat. Man kann hier ein faszinierendes Naturschutzgebiet mit besonders wilden Gärten und trockenheitsliebenden Pflanzen entdecken.

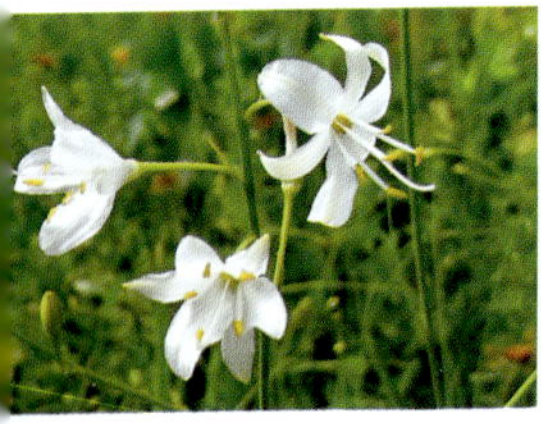

Graslilie

In Rahnsdorf hat die Natur ein großes Dünen- und Hügelgebiet geschaffen, der Schonungsberg, der Eichberg und die Grenzberge gehören dazu. Am höchsten – mit sagenhaften 68,2 Metern – sind die Püttberge, die sich wie ein Keil durch die Ortsteile Rahnsdorf und Wilhelmshagen ziehen. Vier Kilometer lang und über einen Kilometer breit ist dieser Binnendünenkomplex innerhalb des Berliner Urstromtals, das sind 190 Hektar. Offene Sandstellen, Trockenrasengesellschaften und trockene Wälder bieten hier seltenen und gefährdeten Tier- und Pflanzenarten einen Lebensraum. Dünen mit Fluren aus Silber- und Straußgras wechseln sich mit Heidelandschaften ab.

Schon beim ersten Betreten dieses Areals, das sich mitunter auch waldreich gibt, nimmt man die etwas andere Atmosphäre wahr. Flache, skulptural gewachsene Kiefern finden sich hier. Spitzes blaugraues Seggengras wächst auf dem trockenen, mageren Sandboden. In der Luft fliegen feine Sandkörner. Und wo die Sonnenstrahlen den Boden erreichen, ist es schwülheiß, denn der Sand heizt sich schnell auf. Hinter dem Grat der Düne blitzt immer mal wieder der malerische Wilhelmshagener Kirchturm hervor. Magergraswiesen locken Insekten und Schmetterlinge an. Einige besondere Pflanzenarten kann man hier bestaunen, da der Sand der Dünen kalkhaltiger ist als die übrige Berliner Streusandbüchse. Besonders schützenswert sind das Katzenpfötchen, die Graslilie und der Rautenfarn.

Möchte man seine Erkundungstour ein wenig ausdehnen, um einen Überblick über einen Teil des Berliner Urstromtals zu gewinnen, überquere man die Woltersdorfer Schleuse am Flakensee und besteige den Kranichsberg. Hier befindet sich ein 25 Meter hoher Aussichtsturm, der noch dazu liebevoll mit Filmplakaten, Kulissenteilen und historischen Aufnahmen alter Kinofilme dekoriert ist, die in der Woltersdorfer Umgebung in den 1920er-Jahren gedreht wurden. Die Aussicht von der Spitze des Turms ist phänomenal: Wie eine Landkarte liegen die Wälder und Seen Berlins und Brandenburgs vor einem, und man erahnt, welche Kräfte hier in der Eiszeit gewütet haben müssen.

Blick vom Kranichsberg

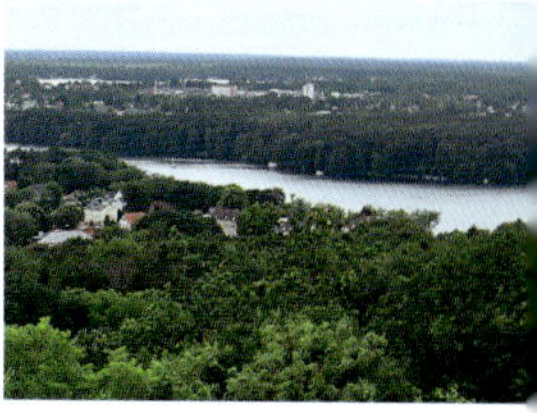

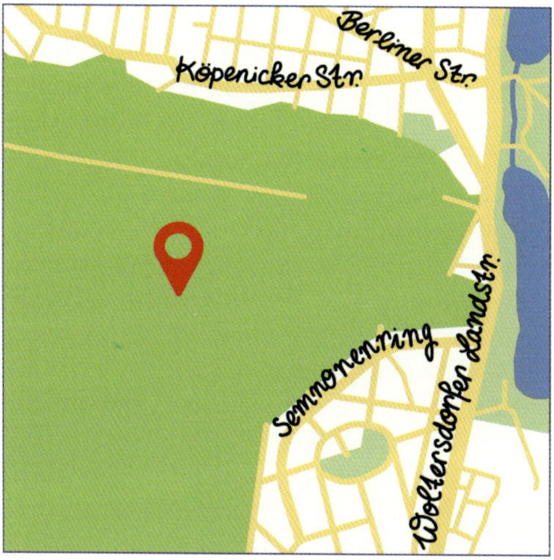

Adresse
Zugang über die
Köpenicker Straße 43
15569 Woltersdorf

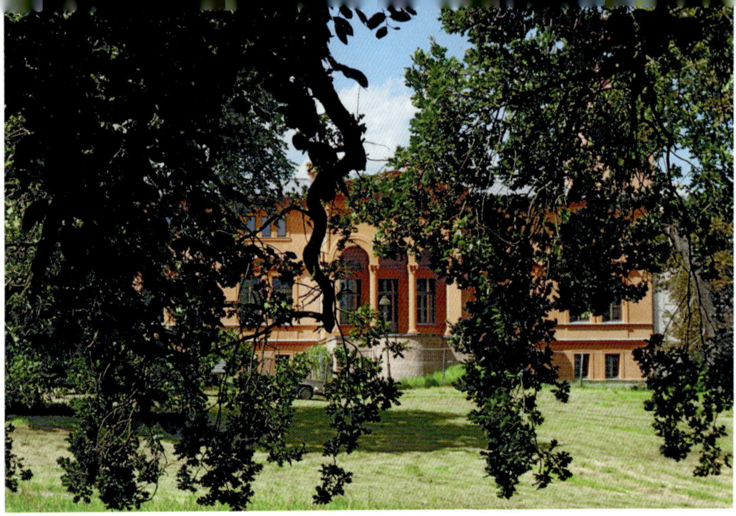

Lenné-Garten

Der Gartenkünstler Peter Joseph Lenné hat viele kleine Parks rund um Berlin erschaffen, und es ist immer wieder eine Wohltat, in einer seiner Grünanlagen über geschwungene Wege zu spazieren. Der Garten des Schlosses Dahlwitz in Hoppegarten ist mittlerweile etwas in die Jahre gekommen, aber mit seinen vielen Wasserläufen wirkt er wie ein kleines Venedig.

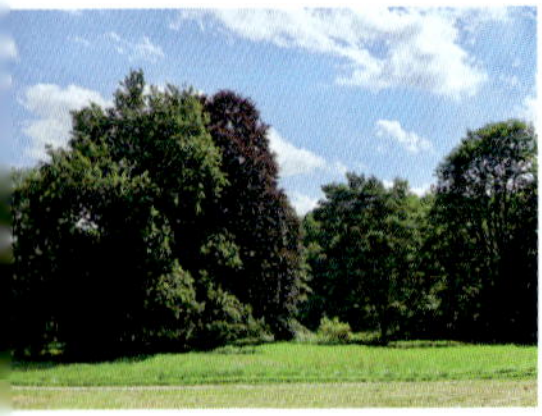

Blick auf den Pleasureground

Schloss Dahlwitz war ursprünglich ein Rittersitz, als aber der frischverheiratete Gutsbesitzer und spätere Mitbegründer der Galopprennbahn in Hoppegarten Heinrich von Treskow das Anwesen erwarb, ließ er darauf ein Schlösschen im Stil der Potsdamer Turmvillen errichten. Den dazugehörigen vier Hektar großen Park hatte Lenné schon 1821 für den preußischen General Graf Hacke geplant und gestaltet. Das Schloss wurde erst 1856 fertiggestellt.

Lennés Plan sah vor, nicht nur den Park herzurichten, sondern auch die jenseits der Allee gelegenen Nutzgärten, Feuchtgebiete und Wirtschaftsflächen zu verschönern. Das Neuenhagener Mühlenfließ begrenzte den Park, und große Entwässerungsgräben wurden nötig.

Heute fällt der Pleasureground auf der dem Schloss zugewandten Seite des Parks zum Fließ hin ab. Er ist sparsam bewachsen. Man hat von hier jedoch einen guten Überblick über die gesamte Anlage. Gab es hier früher noch Teppichbeete, lockern heute typische Lennésche Baumgruppen die Rasenfläche auf. Erlen, Eichen und Platanen, die Lieblingsbäume Lennés, fehlen ebenso wenig wie Blutbuchen. Auch die ursprüngliche Bepflanzung aus Weiden, Linden und Kastanien ist noch vorhanden. Die Sichtachsen sind weitestgehend erhalten und gepflegt worden, darunter eine zum Schloss und eine zu den alten Gehölzgruppen.

Die Entwässerungskanäle sind kleinen Grachten ähnlich. An ihren Rändern wachsen Schilfgräser, Trauerweiden und das schöne Indische Springkraut in mächtigen Büscheln. Kleine Brücken schaffen eine romantische Atmosphäre, und der hintere Gartenbereich ist mystisch verwachsen.

Indisches Springkraut

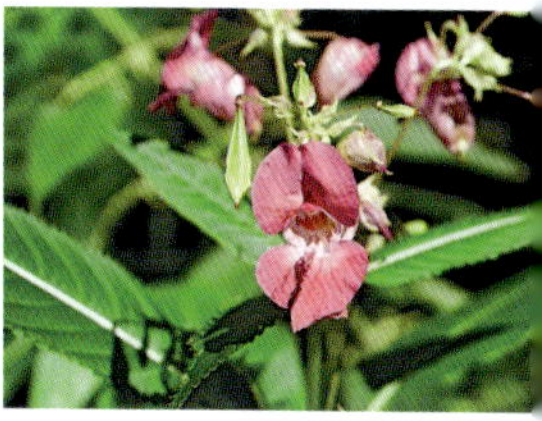

Der malerische Park ist sehr gepflegt, Wildblumenwiesen wechseln sich mit gemähten Flächen ab. Mit Blick auf das Schloss, dessen alte Stuckelemente und außergewöhnlicher roter Anstrich wiederhergestellt wurden, kann man entspannt über die Promenadenwege durch den verlassenen Park flanieren und die vollkommene Ruhe genießen, die nur vom Summen der Insekten unterbrochen wird.

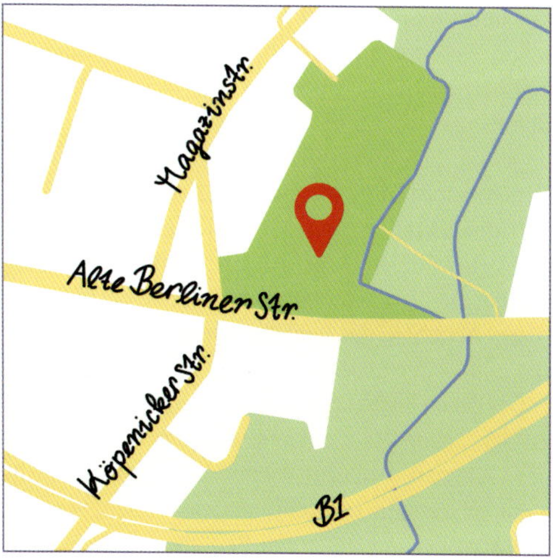

Adresse
Alte Berliner Straße 65
15366 Hoppegarten

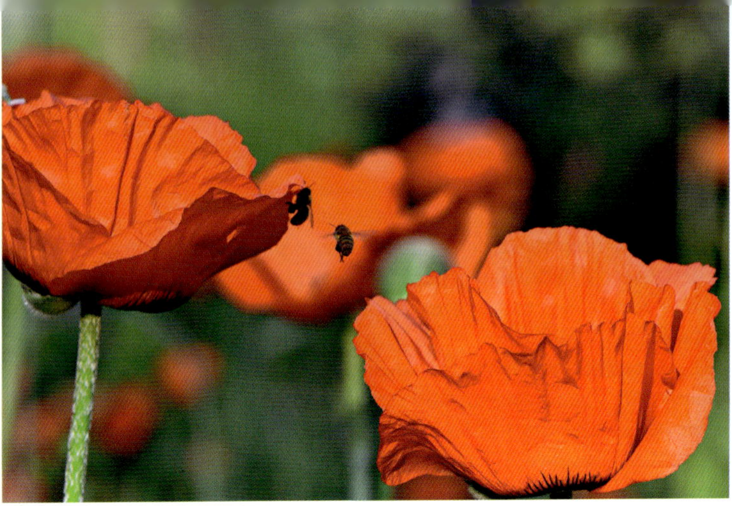

Bienengarten

Bienen sind faszinierende Tiere. Sie leben in gut funktionierenden Sozialstrukturen, und sie können sogar handzahm werden. Möchte man mehr über sie erfahren, sollte man einen Bienengarten besuchen. In Schöneiche kann man sich im Garten der Imkerei am Pflanzgarten umfassend über diese Insekten informieren.

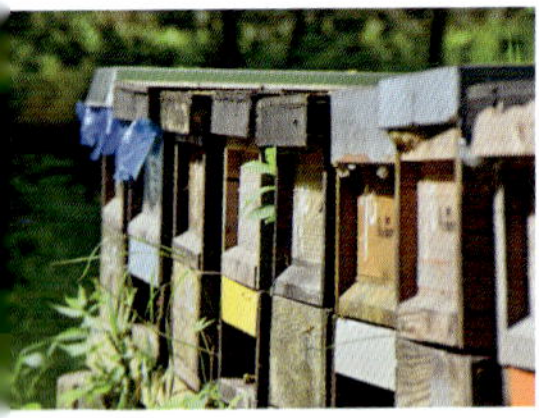

Bienenbeuten

Der Imker Marc-Wilhelm Kohfink, dessen Familie sich schon seit hundert Jahren mit der Bienenhaltung beschäftigt, hat den Wechsel vom Hobbyimker zum Berufsimker vollzogen. Er bewirtschaftet seit 1999 ungefähr 120 Völker der Rasse „Carnica". Sein Unternehmen ist seit 2007 biozertifiziert und hat 12 bis 15 Honigsorten im Angebot. Im Keller seines Hauses in Treptow-Köpenick befindet sich die Imkerei. Hier werden die Waben ausgeschleudert und der Honig in Gläser abgefüllt, das Bienenwachs wird eingeschmolzen und weiterverwertet.

Der kleine Bienengarten ist ein schattiger Ort direkt an den Schöneicher Feldern, an dem ein geschäftiges Summen herrscht. Bienen leben heute nicht mehr in riesigen traubenförmigen Körben, sondern in Magazinen, sogenannten Beuten. Das sind einfache Kisten, auch Zargen genannt, in die Holzrahmen eingesteckt werden. Betriebsam fliegen die kleinen

Insekten aus diesen Kisten hinaus und wieder hinein. Es macht Spaß, sie zu beobachten.

Ein Bienenvolk besteht aus ungefähr dreißig- bis fünfzigtausend Bienen. Jede von ihnen hat eine spezielle Aufgabe. Drohnen sind die männlichen Bienen, und ihre einzige Bestimmung ist es, die Bienenkönigin zu begatten. Die Arbeiterinnen übernehmen alle übrigen Tätigkeiten: Sammelbienen sammeln Nektar, Baubienen bauen die Waben, Stockbienen lagern Honig und Pollen ein, Ammenbienen versorgen die Larven.

Die Waben dienen den Bienen als kleine Wohnungen. Baubienen schwitzen aus ihren Drüsen kleine Wachsschuppen aus, die sie dann mit ihren Kauwerkzeugen zu Klümpchen zerkauen und an die Waben heften. Waben werden für unterschiedliche Bedürfnisse in verschiedenen Größen hergestellt. Die Waben für die Brut der Arbeiterinnen unterscheiden sich beispielsweise von denen für die Drohnenlarven. Doch alle Waben bilden auf wundersame Weise ein Hexagon, und sie füllen die verschiedenen Holzrähmchen in den Magazinen aus. Da es unterschiedliche Bereiche für das Einlagern von Honig und die Brutpflege gibt, sind die Pflege der Bienen und die Honigernte sehr einfach. Der Imker hat von oben Zugriff auf die einzelnen Rahmen in den Magazinen und kann zugleich sehen, wie es seinen Bienen ergeht.

Geschäftiges Treiben in der Beute

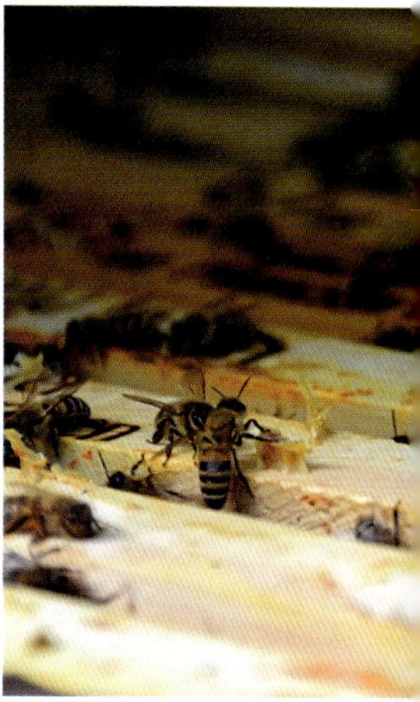

Die sogenannten Spürbienen erkunden, wo sich Pollen, Nektar und Honigtau befinden. Haben sie eine ergiebige Nektarquelle entdeckt, teilen sie den anderen Bienen den Ort ihres Fundes mittels eines Schwänzeltanzes mit. Der Blütennektar wird im Honigmagen gesammelt und im Stock von Biene zu Biene weitergereicht. Dadurch wird er eingedickt und kann dann in den Honigwaben gelagert werden.

Pollen sind das überlebensnotwendige Futter für die Bienen, der einzige Eiweißlieferant. Die Bienen bestäuben sich in den Blüten ausgiebig mit dem kostbaren Puder. Da sie es lose nicht transportieren können, vermengen sie es mit etwas Honig aus dem Magen zu kleinen Klümpchen. Die transportieren sie in den kleinen Borsten an ihren Hinterbeinen, den „Pollenhöschen", in die Beute.

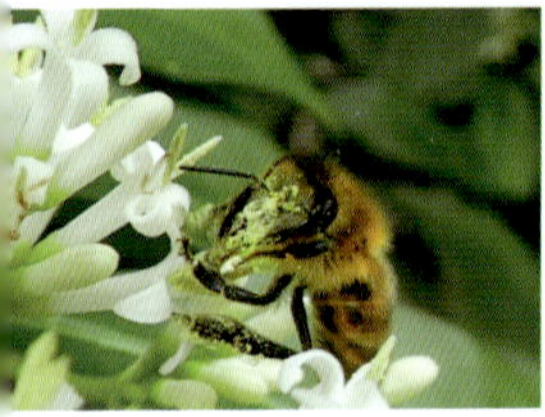

Biene beim Pollensammeln

Über Bienen wird zurzeit viel diskutiert. Siebzig Prozent der Nutzpflanzen können nur durch die Bestäubung von Insekten – zum Großteil Bienen – Früchte bilden, die wichtiger Bestandteil unserer Nahrung sind. Die Biene ist deshalb das drittwichtigste Nutztier in der Landwirtschaft, trotzdem ist der Bienenbestand seit ein paar Jahren bedroht. Das Bienenaufkommen ist in den Industrieländern um dreißig Prozent geschrumpft. Doch was sind die Gründe dafür? Monokulturen in der Landwirtschaft versorgen die kleinen Tierchen nur über einen kurzen Blühzeitraum und nur mit einer Pflanzensorte. Pestizide, mit deren Hilfe ein größerer Ertrag erwirtschaftet wird, stehen im Verdacht, die Bienen abhängig zu machen. Diese fliegen gezielt nur behandelte Pflanzen an, verlieren die Orientierung und können nicht mehr ausreichend Nektar für den Wintervorrat anlegen.

Geschwächte Tiere sind für die Varroamilbe anfällig, die sich in den Larvenwaben niederlässt und sich vom Blut der Jungbienen ernährt. Varroamilben übertragen sich durch kranke Bienen auf andere Völker. Ein unbehandeltes Bienenvolk stirbt nach ungefähr zwei bis drei Jahren, da sich die Milbe rasant vermehrt.

Blick in den Bienengarten

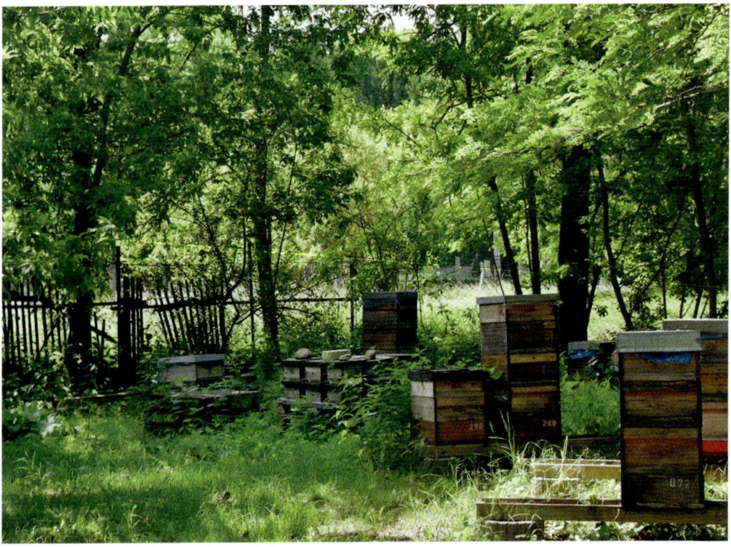

Zum Glück findet man heute in vielen Gemeinschaftsgärten der Großstädte wieder Bienenvölker. In städtischen Gebieten ist die Biodiversität, die Artenvielfalt, am größten. Auch private Gartenbesitzer legen wieder zunehmend Naturgärten an, in denen viele bienenfreundliche Pflanzen wachsen, die zur Rettung der Bienenvölker beitragen. Als bienenfreundliche Großgehölze gelten unter anderem Ahorn, Robinie, Linde und Akazie. Winterlinge, Schneeglöckchen, Anemonen und Lungenkraut gehören im Frühjahr genauso dazu wie Silberkerzen, Goldruten, Sonnenhüte und Astern im Herbst.

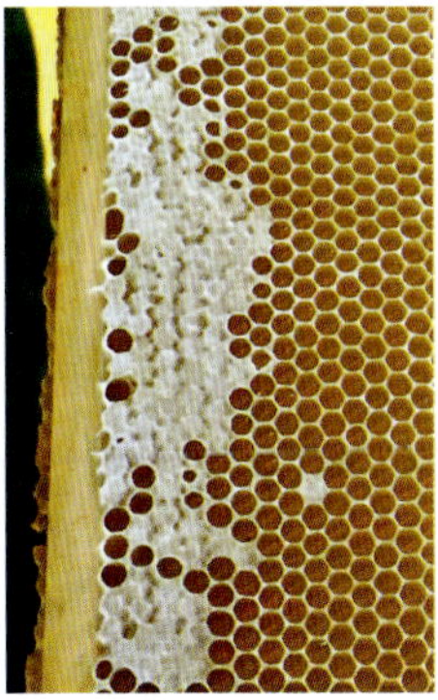

Bienenwaben

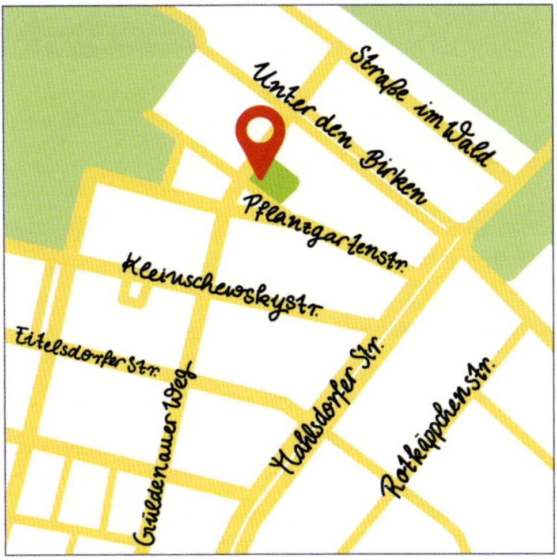

Adresse
Zugang über die Imkerei
in Treptow-Köpenick:
Pflanzgartenstraße 37
12555 Berlin
030 – 65260787
www.imkerei-kohfink.de

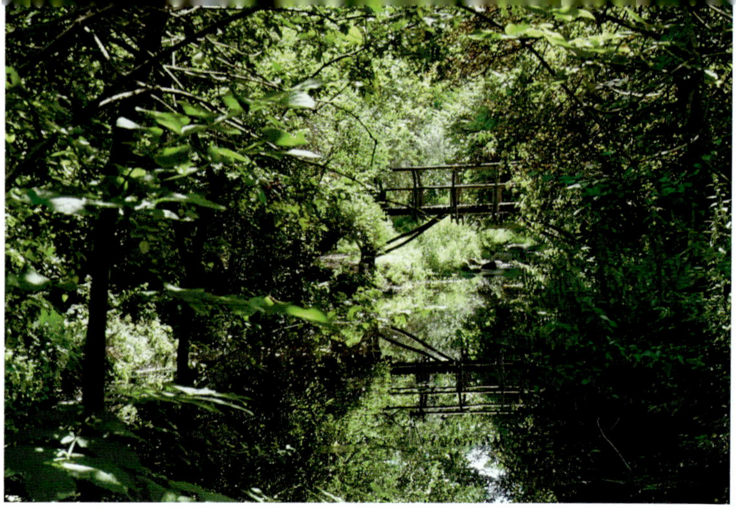

Kleiner Spreewaldpark

Nicht nur im Spreewald kann man mit einem Kahn auf kleinen Kanälen romantisch durch die Natur schippern, auch in Schöneiche ist das möglich. Überraschenderweise findet man im Kleinen Spreewaldpark auch einen kleinen Naturlehrpfad mit ausgewählten Pflanzen und einen imposanten Kräutergarten. Kunstwerke säumen die Wege und Wiesen.

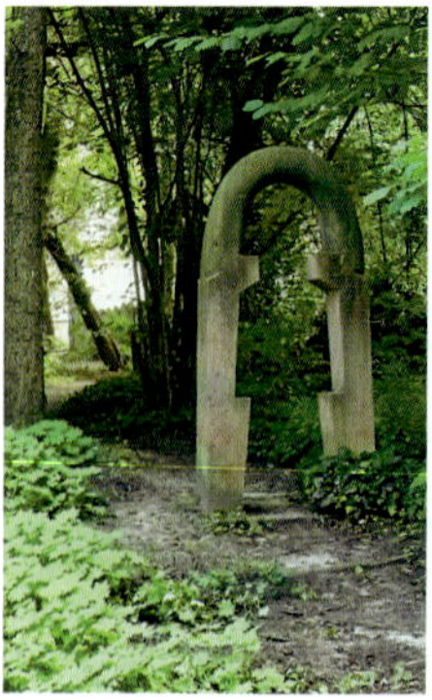

Kunst im Park

Das Fredersdorfer Mühlenfließ durchzieht die gesamte Gemarkung Schöneiche, von der Barnimhochfläche kommend und in den Müggelsee mündend. 1926 wurden zur Freude der Besucher der Ausflugsgaststätte „Waldschloß" künstliche Kanäle als Nebenflüsse des Mühlenfließes in einem Erlenbruchwald in Schöneiche angelegt. Bis 1990 wurde hier auch ein Freibad betrieben, die Gebäude mit den Umkleidekabinen sind noch erhalten. Dann verfiel die Anlage. Doch in den 1990er-Jahren wandelte man das ehemalige Freibad und die geheimnisvolle Fließlandschaft zu einem vier Hektar großen Park um.

Wer die Natur des Kleinen Spreewalds selbst erkunden möchte, kann schmalen Pfaden folgen, dem Wasserpfad, dem Kunstpfad, dem Naturlehrpfad, dem geologischen Pfad oder dem Pfad der Sinne. Natürlich kann man sich auch einfach auf dem Wasser durch den Park treiben lassen. Überall wurden kleine botanische Schilder aufgestellt, die auf Pflanzen aufmerksam machen, aber die meisten Pfade führen durch wucherndes Grün.

Inzwischen haben sich am ehemaligen Freibad unterschiedliche Schilfarten, Weiden und Erlen angesiedelt, es gibt mittlerweile auch eine richtige Fauna mit Süßwasserkrebsen und verschiedenen Fischarten. Zur Laichzeit tummeln sich hier unterschiedliche Lurchspezien. Inmitten des grünen Bades haben Enten ihre Nistinsel.

Ein Glanzpunkt ist der Kräutergarten. Terrassenförmig angelegt, wartet er als kleines trockenes Biotop mit vielen Pflanzen auf. Ein Insektenhaus gibt wilden Bienen, Hummeln und Käfern ein Zuhause, sein Dach ist wundersam bewachsen. An wilden Disteln, Sonnenhut und Malven laben sich die kleinen Tierchen. Außerdem findet man hier Brombeeren zum Naschen. Ein wildes Beet, das von etwas Buchsbaum gezähmt wird, enthält Mauerpfeffer, Scharbockskraut und Frauenmantel. Rosmarin, Salbei, Thymian und Ysop duften. Eingerahmt von wärmenden Steinen, haben sie hier das richtige Klima. Nebenan plätschert das Fließ, und man kann einen Blick auf die lichtdurchfluteten, mächtigen Erlen werfen – ohne aufzuschauen, denn sie spiegeln sich im klaren Wasser.

Kräutergarten

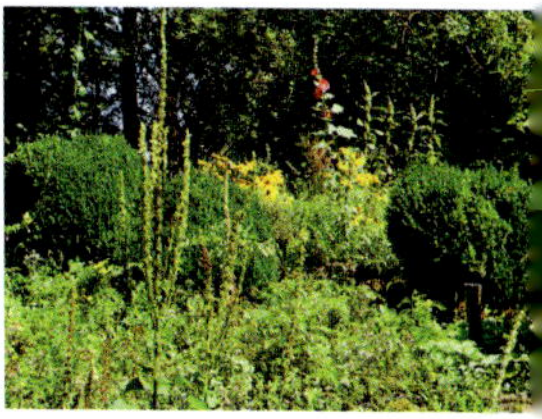

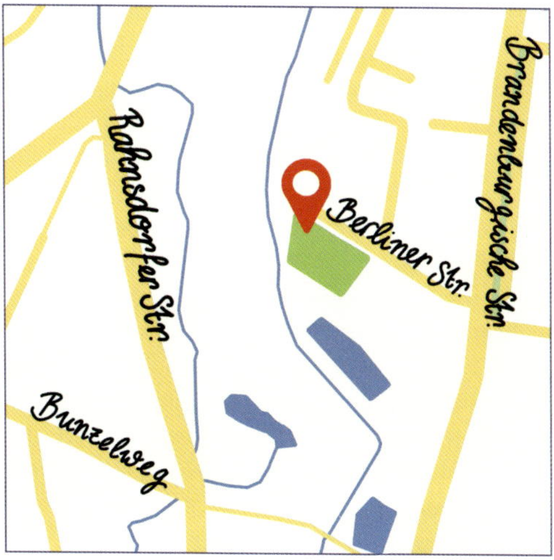

Adresse
Berliner Straße 1a
15566 Schöneiche
Öffnungszeiten
Apr.–Sept. 8–20 Uhr
Okt.–März 8–18 Uhr

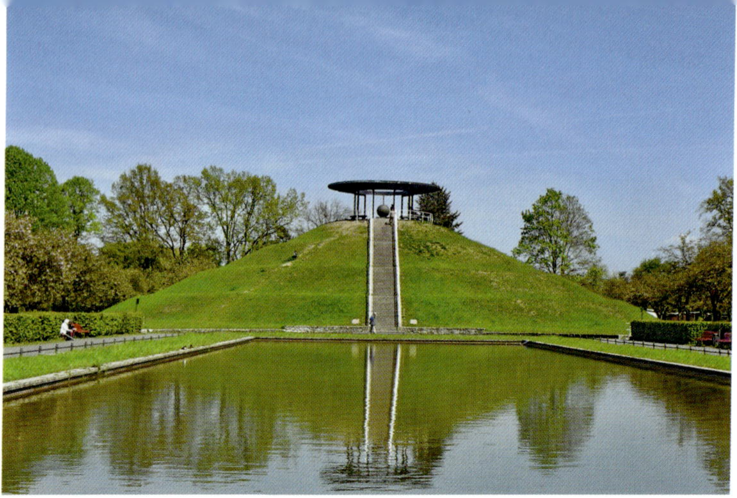

Lilienthalpark

Die Berliner reden nur vom Fliegeberg, wenn sie den Lilienthalpark und seine zwölf Meter hohe Aufschüttung meinen. Man könnte ihn aber auch Kirschblütenpark nennen, denn auf dem „Landeplatz" rund um den Berg sind Japanische Nelkenkirschen angepflanzt. Ganze Alleen und kleine Wäldchen von Kirschbäumen färben die Anlage im Frühjahr rosa.

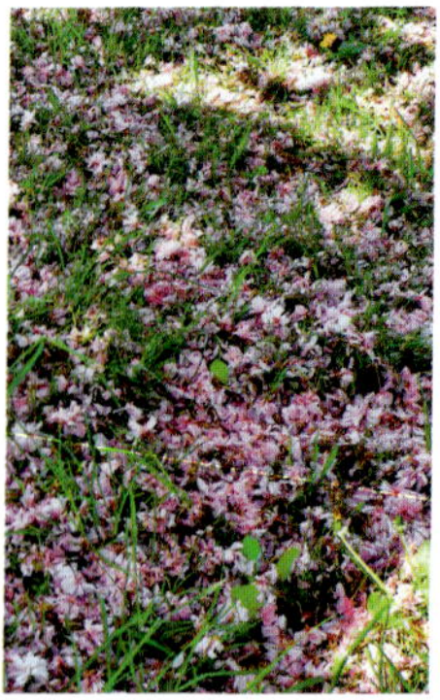

Blütenschnee

Otto Lilienthal wohnte ab 1886 in Lichterfelde. Nachdem er sich mehrere Jahre mit der Theorie des Fliegens beschäftigt hatte, beschloss er 1894, einen Berg zu errichten, um Flugübungen zu unternehmen. Dazu nutzte er den Abraum der Ziegelei, die sich früher auf dem Gelände des heutigen Lilienthalparks befand. Zusammen mit seinem Bruder versuchte er sich an Flügen mit selbstgebauten Fluggeräten. Es gelang ihm wohl mitunter, bis zu achtzig Meter weit zu gleiten. Leider kostete ihn diese Leidenschaft 1896 das Leben. Der Berg verwahrloste, die Ziegelei schloss, und deren Aushubgrube lief voll Wasser.

1903 wurde aus dem Ziegeleigelände ein Park, aus der Wassergrube ein Karpfenteich, und auf dem Fliegeberg eröffnete eine Ausflugsgaststätte. 1930 wurde der Park dann saniert, der Berg von Gehölz befreit und terrassenförmig umgestaltet.

Auch heute noch präsentiert sich der ungefähr acht

Hektar große Lilienthalpark sehr klar und schlicht. Der ehemalige Flughügel und das große Fischbecken mit Kois und Goldfischen bilden die Mittelachse der Anlage. Zu beiden Seiten des Teichs und am Fuß des Bergs hat man Kirschbaumalleen gepflanzt. Die Japanischen Blütenkirschen verleihen dem Park Farbe, Exklusivität und etwas asiatisches Flair. In Farbnuancen von Hellrosa bis Dunkelpink leuchten die Bäume an einem sonnigen Tag im Frühjahr mit dem strahlend blauen Himmel um die Wette, die Blüten hängen dann in schweren Trauben von den Ästen herab. Im Herbst färben sich die Blätter bronzen. Kleine Staudenbeete und wundervolle Forsythiensträucher grenzen den Park zur Straße ab.

Hat man die Treppenstufen zum Fliegeberg erfolgreich erklommen, kann man sich über den besonderen Blick über den „Kirschpark" und die Stadt freuen. Auf dem Gipfel selbst sind eine kleine runde Säulenhalle und ein Denkmal für Otto Lilienthal in Form einer Weltkugel errichtet worden. Wenn man die Kirschen ausreichend bewundert hat, kann man den anderen Besuchern dabei zuschauen, wie sie Drachen, Modell- und Papierflugzeuge starten lassen.

Kirschbaum

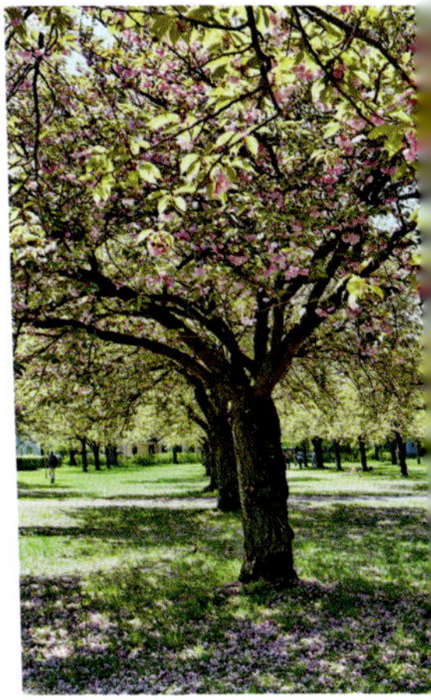

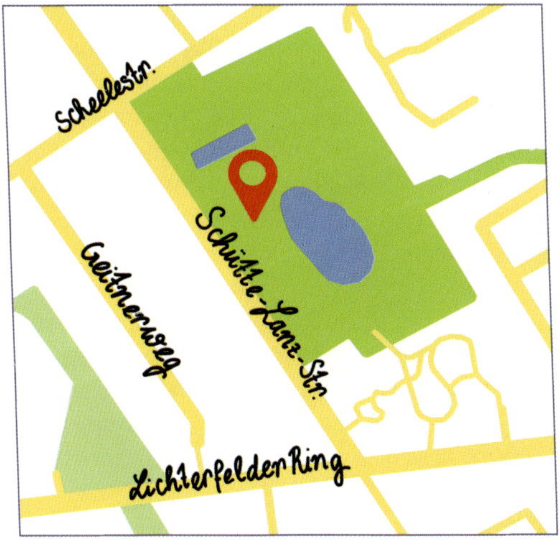

Adresse
Schütte-Lanz-Straße 41
12209 Berlin

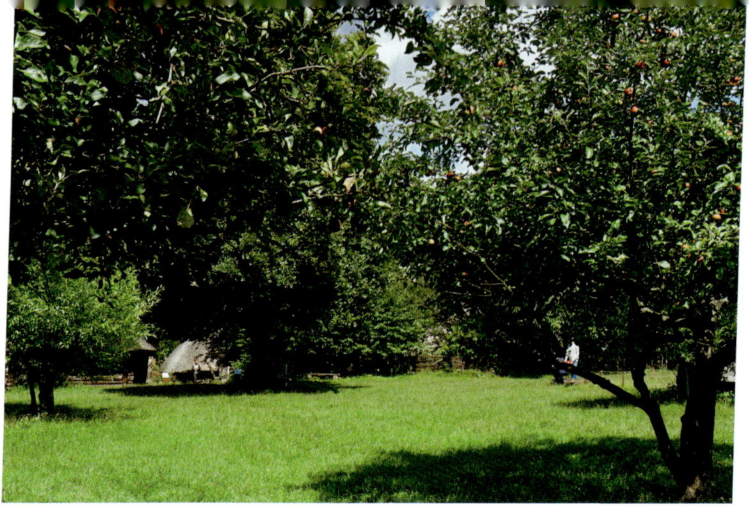

Mittelaltergarten Düppel

Im Museumsdorf Düppel im Berliner Süden kann man den Alltag der ersten Berliner mit allen Sinnen nacherleben. Abgesehen von mittelalterlichen Hausmodellen und alten Haustierrassen, kann man hier fantastisch gepflanzte und natürlich gewachsene Gärten entdecken. Viele der kultivierten Pflanzen hat man schon im Mittelalter angebaut.

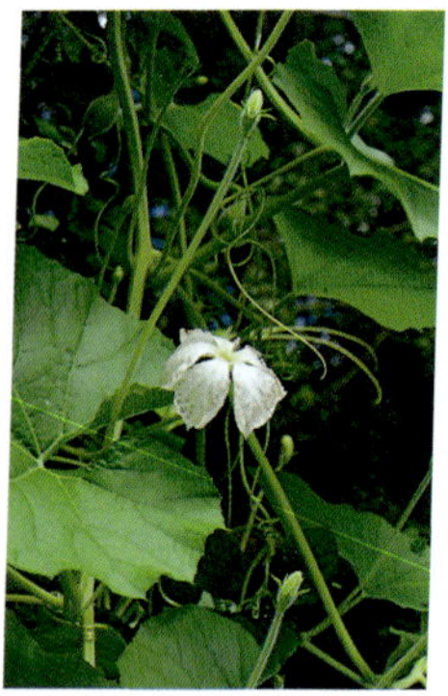

Blüte des Schlangenkürbis

In den 1960er-Jahren begann alles mit dem archäologischen Projekt „Ausgrabung eines frühmittelalterlichen Dorfs im Düppeler Bruch". In ehrenamtlicher Arbeit wurde auf acht Hektar rekonstruiert, was hier laut archäologischer Funde in früheren Zeiten angelegt worden war: Um 1230 hatte sich aus einer Raststation ein Dorf mit angrenzenden Ackerflächen entwickelt.

Verborgen in einem Birkenwäldchen, stehen heute um einen Dorfanger mehrere Lehmhütten mit Strohdächern, die von Bauerngärten und Wiesen umgeben sind. Schafe und Ochsen weiden in unmittelbarer Nähe der Museumsbesucher. Die Atmosphäre ist sehr idyllisch.

Obwohl Hildegard von Bingen schon im 12. Jahrhundert erste Zierpflanzungen von Lilie, Rose und Veilchen beschrieb, waren Gärten früher reine Nutzflächen. Die Gärtnerinnen des Museumsdorfes versuchen, die damals angebauten Pflanzen wieder zu kultivieren. So findet man im Museumsgarten neben Obstbäumen Arznei- und Kräuterpflanzungen. Auch wird hier der Flaschenkürbis gezogen, der aufgrund seiner skurrilen Form ausgehöhlt als Aufbewahrungsgefäß genutzt wurde. Indes wurde aus Flachs Leinen gesponnen und Öl gepresst.

Neben den vielen Obstbäumen wie Kirsche, Pflaume und Quitte gedeiht hier auch eine alte Apfelsorte, der „Borsdorfer Apfel", 1175 das erste Mal schriftlich erwähnt, und die seltene Moschus-Erdbeere. Sogar Fenchel, aus dem ein Margen-Darm-Tee zubereitet werden kann, blüht üppig hinter den Häusern. Hier hat man auch Färberpflanzen gesetzt, die zum Färben von Wolle verwendet wurden. Die Wurzel des Färberkrapps verleiht eine rote, Färberwaid dagegen eine gelbe Farbe. Fermentiert man den Sud mit Urin, kann damit ein blauer Farbton hergestellt werden. Färberkamille färbt in unterschiedlichen Gelbtönen. Und mit der Weberkarde, einer Distelart, die an der Blüte feste Stacheln besitzt, kämmten die Weber die Wollgarne aus.

Zwar wurde die Bienenhaltung im Mittelalter noch nicht betrieben, aber eine Ausstellung informiert darüber, wie aus dem Honigsammeln, dem man seit der Jungsteinzeit nachging, die Imkerei hervorging.

Färberkamille mit Resultat des Färbens

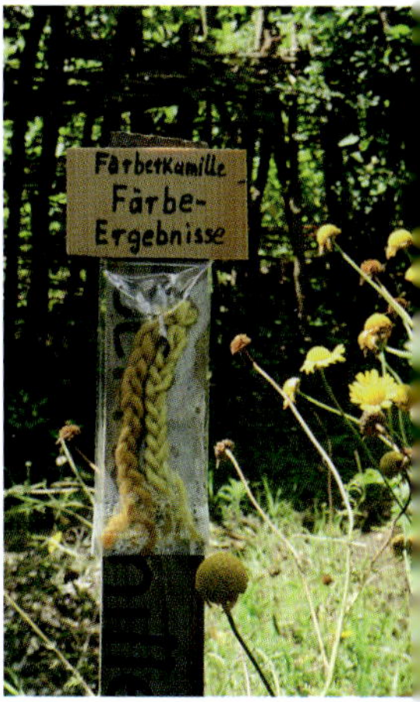

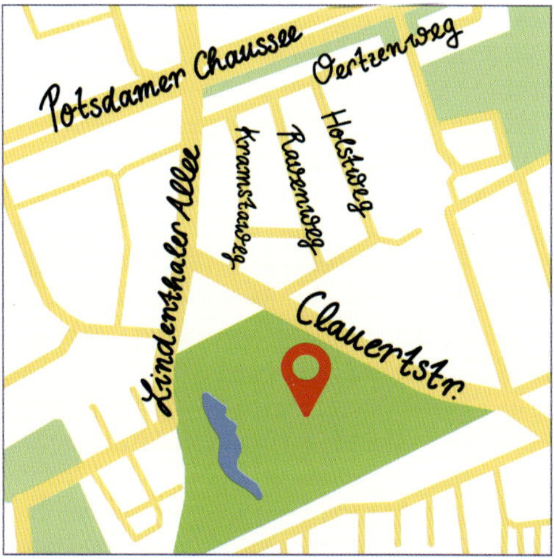

Adresse
Clauertstraße 11
14163 Berlin
www.dueppel.de
Öffnungszeiten
Apr.–Okt. Sa/So
10–18 Uhr

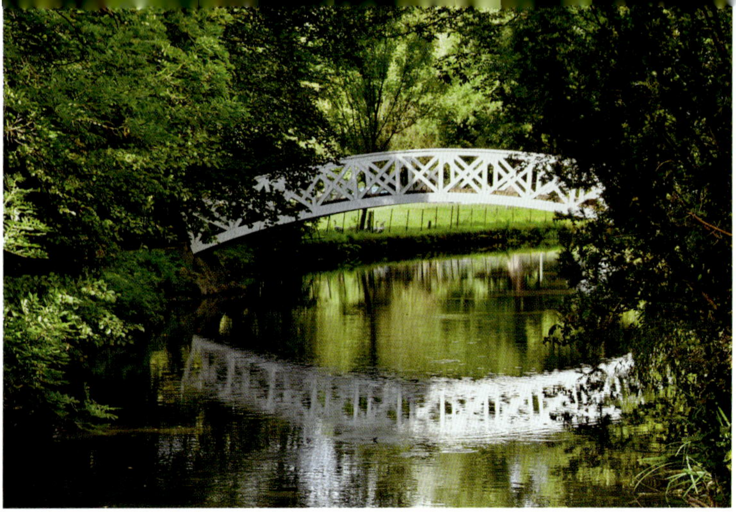

Schlosspark Blankensee

Man nennt den Schlosspark Blankensee auch „Sudermanns Refugium", und wie ein Rückzugsort ist er auch gestaltet. Die romantische Park liegt inmitten von alten Baumbeständen an den Seitenarmen der Nieplitz im Naturpark Nuthe-Nieplitz. Der schöne Blankensee ist nicht weit entfernt.

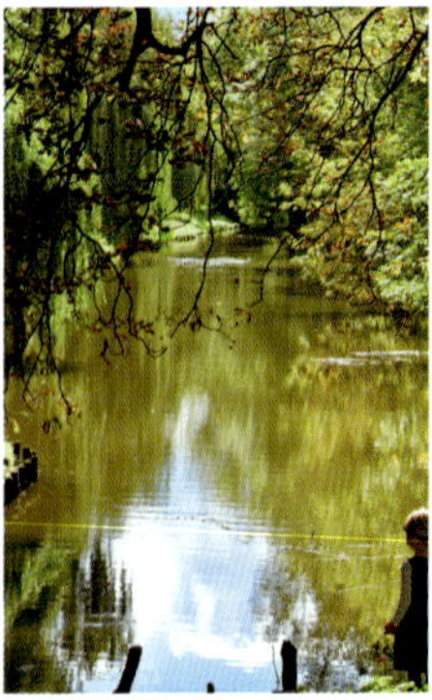

Lichtspiele am Venusteich

Das Herrenhaus im Baustil des märkischen Barock existiert schon seit dem frühen 18. Jahrhundert. Es ist auf den Fundamenten einer alten deutschen Burg für den sächsischen Kreishauptmann Christian Wilhelm von Thümen erbaut worden. Der Schriftsteller Hermann Sudermann erwarb das Schlösschen mit Park 1902 und nutzte es bis 1928 als privates Refugium.

Im frühen 19. Jahrhundert war das Gutshaus noch von Wirtschaftsgebäuden umgeben, Obstbäume und Gemüsebeete rahmten die geraden Wege. Peter Joseph Lenné skizzierte dann 1832 einen Gegenentwurf: Sträucher und Bäume sollten die Wirtschaftsgebäude kaschieren, zwei durch geschwungene Wege miteinander verbundene Gartenräume sollten im Stil eines Landschaftsgartens erschaffen werden. Viel wurde davon nicht umgesetzt. Hermann Sudermann, der kostbaren Marmor sehr schätzte, stattete den Park mit Skulpturen, malerischen Brücken und Gartenarchitekturen im Stil des Historismus aus. „Ein südliches Stückchen Welt" sollte hier, so der Dichter, entstehen.

Durch eine dreiteilige Toranlage tritt man heute auf die Lindenallee, die sogenannte Kaiserallee, die zum Herrenhaus und zur Nieplitzbrücke führt. Sechs Römer-Büsten ragen über eine Eibenhecke am Wegesrand und begrüßen die Ankommenden.

Auf beschatteten, dunklen Wegen und über malerische Brücken gelangt man zur romantischen Venusinsel. Die Nuthe wurde hier zu einem kleinen See ausgeweitet, in dessen Wasser sich nun die umliegende Natur spiegelt.

Eingewachsene Mamorstatue

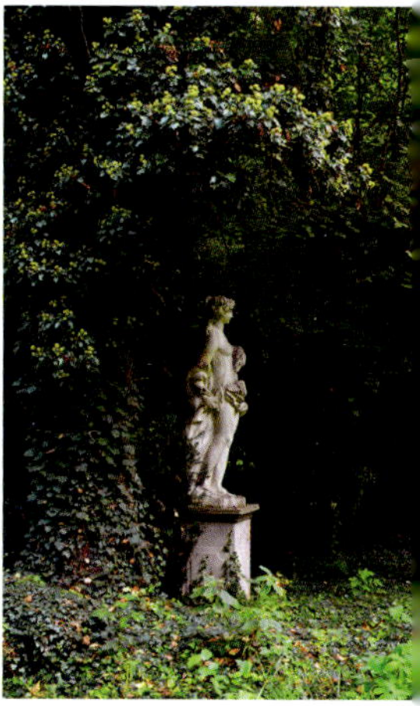

Die in früheren Zeiten angelegten Sichtachsen sind immer noch erhalten, und auf Wegen zwischen Farnen, Moos und Efeu kann man in den hinteren Teil des Gartens wandern.

Das südländische Flair genießt man am besten auf der großen, lichten Rasenfläche, die durch eine Vielzahl von Skulpturen geschmückt wird. Von hier hat man eine wunderbare Sicht auf den römisch anmutenden Rundtempel mit Wasserbecken.

Am liebsten würde man in ein kleines Ruderboot steigen und den stillen, stimmungsvollen Park vom Wasser aus erkunden. Auch wenn er keine besonderen Pflanzungen aufweist, ist der Garten vielfältig gestaltet und noch heute ein kunsthistorisches Kleinod.

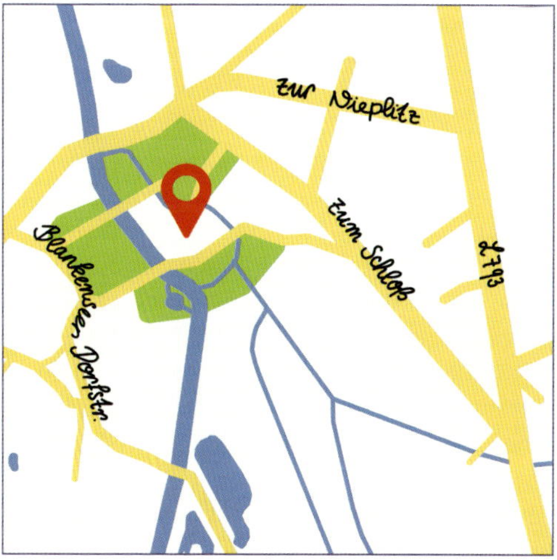

Adresse
Zum Schloß 19
14959 Trebbin

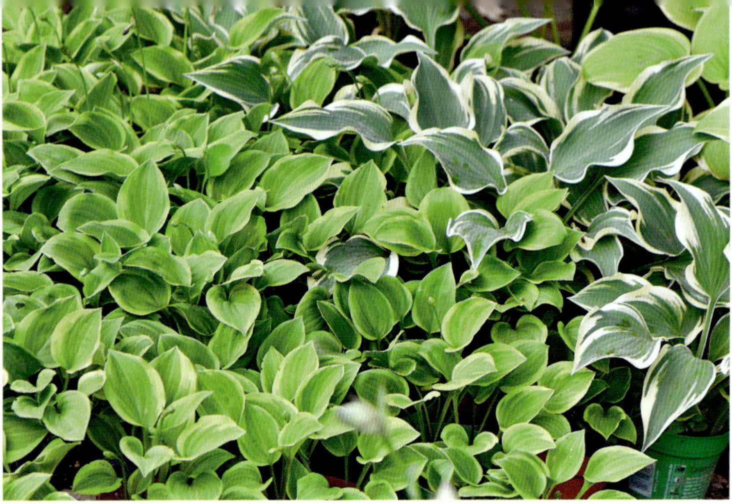

Hostagarten

Hostas, Funkien oder Herzblattlilien nennt man die krautigen Pflanzen, die sich großer Beliebtheit erfreuen. Sammelt man diese Gewächse, sollte man dem Hostagarten von Manfred Entemann unbedingt einen Besuch abstatten. Die Gärtnerei, eigentlich ein kleiner Garten, in dem man fast zweihundert verschiedene Arten Funkien bestaunen und kaufen kann, befindet sich in Teltow.

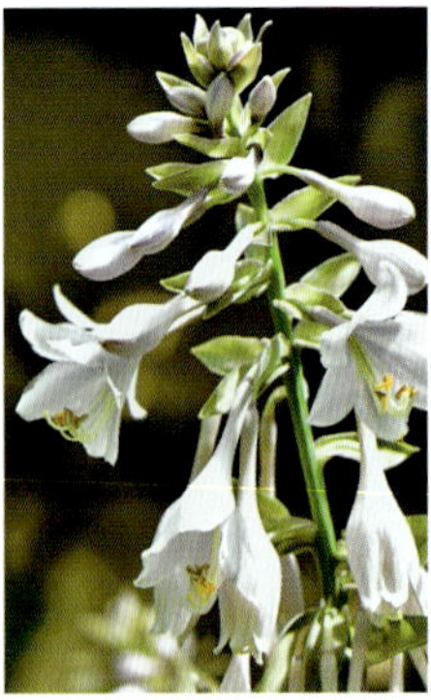

Glockenblüten

Funkie ist die deutsche Bezeichnung für die Gattung Hosta, die aufgrund ihrer Blattrundung im Volksmund auch Herzlilie genannt wird. Ihren Namen verdankt sie dem österreichischen Botaniker Nicolaus Thomas Host (1761–1834). Die meisten der rund vierzig Wildarten stammen aus Japan, einige sind in China und Korea heimisch. In Japan nennt man die Stauden „giboshi", dort werden sie wegen ihres fast grafisch wirkenden Blattaderverlaufs bereits seit Jahrhunderten als Zierpflanzen kultiviert.

Die verschiedenen Sorten der Funkie weisen ein äußerst breites Spektrum an Blattformen auf: Es gibt Exemplare mit kleinen, großen, runden, schmalen und herzförmigen Blättern und mit vielen unterschiedlichen Musterungen im Farbspektrum von Rauchblau über Orangegelb bis zu Pistaziengrün. Einige haben beinahe weiße, viele andere aber auch panaschierte, also mehrfarbige Blätter. Der Blattaderverlauf bietet weitere Variationsmöglichkeiten. Die Glockenblüten sind überwiegend lila, hell- oder dunkellila, aber es gibt auch einige weiß blühende Sorten. Die Blüten der meisten Arten sind eher unspektakulär.

Im geheimen Hostagarten von Manfred Entemann stehen unterschiedliche Funkiensorten einträchtig nebeneinander, solche mit kleinen und großen, hellen und dunklen Blättern. Laubenartige Holzveranden, die mit Wein bewachsen sind, erscheinen wie kleine Bühnen, die darauf in Töpfen wachsenden Hostas wie Schauspieler.

Viele Hostas lieben den Schatten. Einige „Diven", die keine Sonne auf den Blättern vertragen, sind deshalb beschirmt worden. Die Blätter vieler Funkien werden nicht größer als Mausohren. Dagegen kann die Riesenhosta einen solchen Umfang erreichen, dass sie schon mal ganze Gartenareale für sich beansprucht. Es gibt Sorten mit stark gewellten Blatträndern, bei anderen gleicht die Blattform einem Absatz, wie zum Beispiel bei der „Hosta stiletto".

Funkien machen immer etwas her, sie sind anspruchslos und pflegeleicht und lassen sich gut im Topf halten. Im Hostagarten kann man sich die passenden Anregungen dafür holen.

Beschattete „Diva"

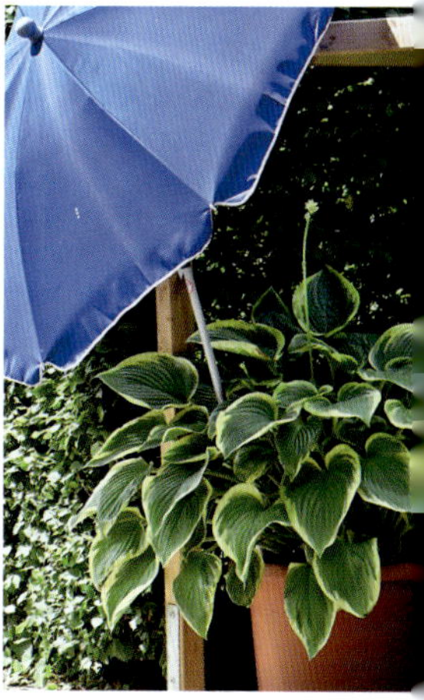

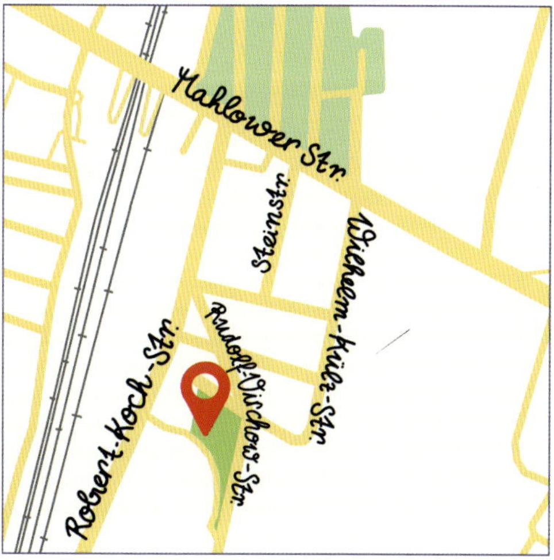

Adresse
Rudolf-Virchow-Straße 3
14513 Teltow
Öffnungszeiten
nach Voranmeldung unter
0173 – 2164175

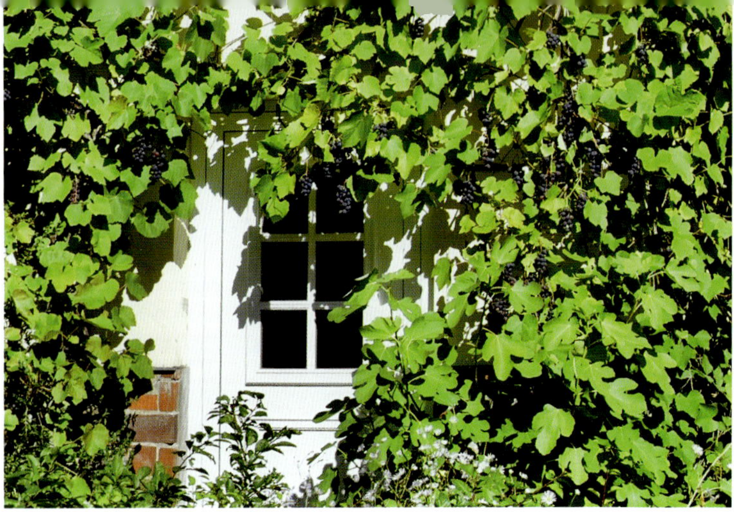

Hugenottengarten Langerwisch

Der Hugenottengarten in Langerwisch war früher der Pfarrgarten der französischsprachigen protestantischen Gemeinde Berlins. Hier findet man Pflanzen, die für die Geschichte der Hugenotten und die Theologie von Bedeutung sind. Und um manch eine dieser Pflanzen ranken sich noch ganz andere Geschichten.

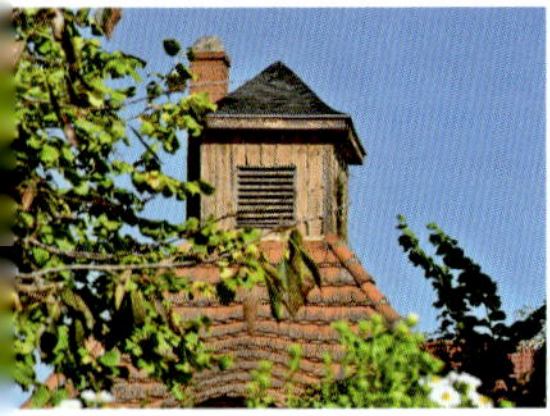

Ehemaliges Spritzenhaus

Dr. Otto Schäfer ist Pflanzenökologe und französisch-reformierter Theologe. Mit seiner Lebensgefährtin Mechthild Sickmann hat er im Hugenottengarten ein grünes Geschichtenbuch geschaffen. Seine Pflanzungen haben einen Bezug zu den Hugenotten, den Glaubensflüchtlingen aus Frankreich, die in die Welt hinauszogen, ihrer Kultur aber immer verbunden blieben.

Kleine Schilder an den Pflanzen weisen nicht nur auf botanische, sondern auch auf geschichtliche Zusammenhänge hin. Da gibt es zum Beispiel den Lebensbaum „Thuja", so bezeichnet von dem Basler Botaniker Caspar Bauhin, das Usambaraveilchen „Saintpaulia", benannt nach Walter von Saint Paul-Illaire in Tansania, und den „Lucile-Schneeglanz", in dessen Blütensternen der Genfer Botaniker Edmond Boissier die blauen Augen seiner Frau Lucile erkannte.

Auf den über tausend Quadratmetern blühender Fläche breiten sich Hunderte von teils sehr seltenen Pflanzenarten und -sorten aus. Die Südseite des Pfarrhauses ist üppig mit einer roten Tafeltraube und Feigenbüschen bewachsen – das ist das alttestamentliche Motiv für Frieden und Wohlstand. Von hier führt der Weg in einen sonnigen Bereich mit Gartenpavillon, dem früheren Spritzenhaus der Feuerwehr. Dort gibt es eine Ausstellung über die Geschichte der Pflanzen und ihre Beziehung zur Theologie.

In den Herbstblüten von Astern und Sonnenaugen tummeln sich Insekten. Nahebei wachsen die Weberkarde und der Riesenbärenklau mit seinen gefährlichen Blättern und skurrilen Blütenständen.

Im Nutzgartenbereich findet man die passenden Pflanzen für die Frankfurter und Kasseler Version der „sauce verte", der grünen Sauce. Vor einer offenen Laube ist ein Rizinus gepflanzt, ein „kikajon" – so lautet das hebräische Wort für die Pflanze, von dem sich auch der französisch-schweizerische Ausdruck für Gartenlaube ableitet. Aber war es wirklich ein Rizinus, der Jona laut einer biblischen Erzählung beschattete und ihm als Unterschlupf diente, oder vielleicht doch ein Kürbis? Für den Gartenfreund ist das im Grunde gleichgültig, denn alle Pflanzen haben ihren eigenen Reiz.

Usambaraveilchen (Saintpaulia)

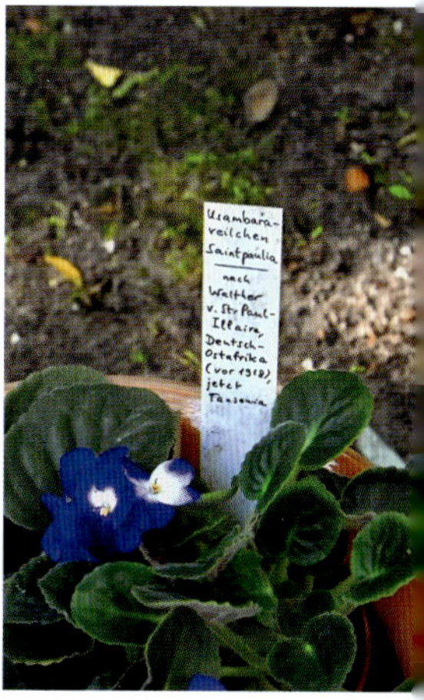

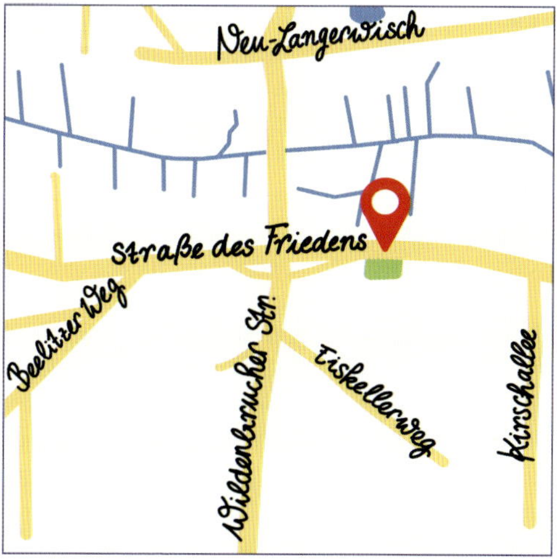

Adresse
Straße des Friedens 87
14552 Michendorf
033205 – 50051
www.hugenottengarten-langerwisch.de
Öffnungszeiten
am Tag der offenen Gärten
www.offene-gaerten-berlin-umland.de

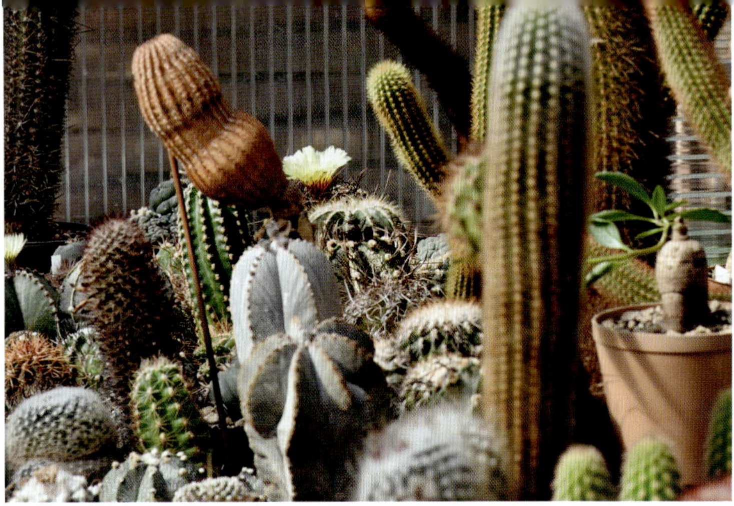

Kakteengarten

Kakteen sind sehr besondere Pflanzen. In einem Hausgarten in Stücken, einem Ortsteil von Michendorf, können die ehemals verschmähten dornigen Exoten ebenso wie ihre dickblättrigen sukkulenten Verwandten in allen möglichen Formen, Farben und Größen bewundert werden.

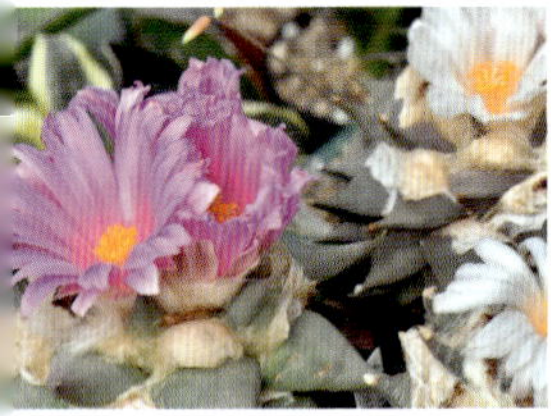

Blütenpracht

Alles hat mit einem Körbchen winziger Kakteen vom Supermarkt begonnen. Inzwischen hat Thomas Lederer in seiner seit über vierzig Jahren andauernden Sammelleidenschaft beinahe tausend Arten zusammengetragen oder aus Samen selbst gezüchtet.

Die Meinung, dass Kakteen nur in Wüstengebieten vorkommen, ist weit verbreitet. Kakteen bevölkern jedoch sehr oft auch Wälder und Wiesen. Ihre Heimat ist Amerika, wobei sich ihr natürliches Verbreitungsgebiet von Patagonien im Süden bis nach Kanada im Norden erstreckt.

Kakteen sind sukkulente Pflanzen, der Stamm ist ihr Wasserspeicher. Richtige Blätter haben sie nicht. Ihre „Dornen" sind keine Stacheln, sondern gelten als Pflanzenorgane und sichern ihnen das Überleben. Sie dienen als Sonnen- und Kälteschutz, zur Verteidigung, und sie können sogar feine Mengen Feuchtigkeit aus der Luft aufnehmen.

Im riesigen, dicht bevölkerten Gewächshaus seines

Kakteengartens muss Thomas Lederer den vielen verschiedenen Sorten gerecht werden. Die größeren Säulenkakteen versorgt er nur vier- bis fünfmal pro Jahr mit Wasser, die kleineren werden öfter gewässert. Blau schimmernde Säulen aus Mexiko mögen es beispielsweise wärmer als ihre grünen Nachbarn. Runde Kakteen wachsen langsamer als Säulenkakteen. Haben diese das Gewächshausdach erreicht, hilft nur noch ein radikaler Schnitt, der ihnen aber nicht schadet. Die abgeschnittenen Teile treiben schnell wieder aus und können problemlos auf einen anderen, artfremden Kaktus aufgepfropft werden. Der gärtnerischen Kreativität sind hier kaum Grenzen gesetzt.

Darüber hinaus wartet der Hausgarten von Thomas Lederer mit vielen schönen Überraschungen auf. In einem großen Steingarten wachsen Freilandorchideen, Nelken und Azaleen genauso wie frostharte Sukkulenten, Nieswurz und Mauerpfeffer. Rosetten-Dickblatt, Echeverien, Aloen, Agaven und Fetthennen sowie Tillandsien mit Luftwurzeln stehen kombiniert in Töpfen wie in einem tropischen Garten. Kois tummeln sich in einem Teich, der von Farnen, Schwertlilien und einer fleischfressenden Schlauchpflanze flankiert wird. Ein bunter und sehenswerter Garten, in dem zweifellos die Kakteen die Hauptrolle spielen.

Feine Ansaat

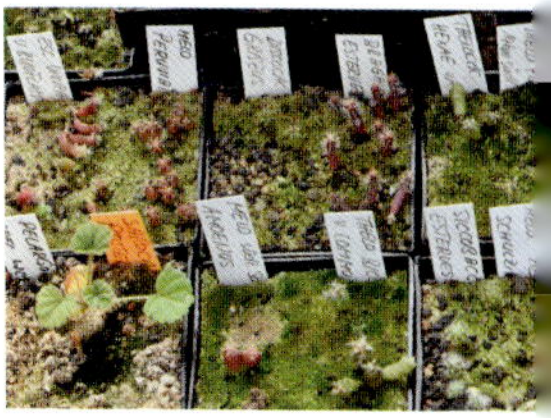

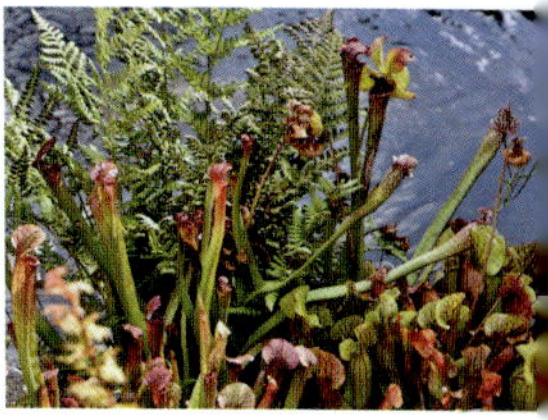

Fleischfressende Schlauchpflanze

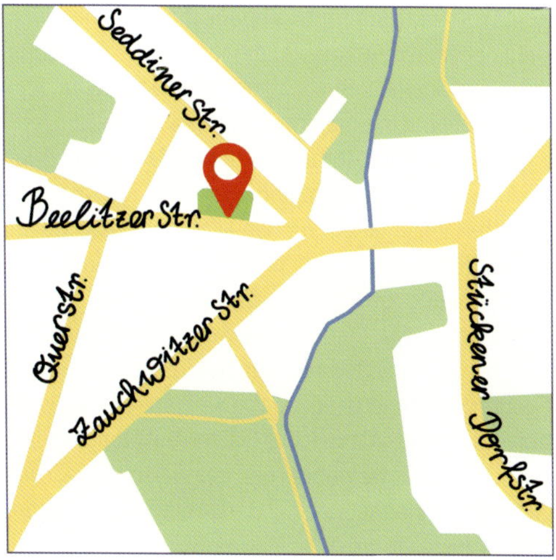

Adresse
Beelitzer Straße 10
14552 Michendorf
Öffnungszeiten
am Tag der offenen Gärten
www.offene-gaerten-berlin-umland.de

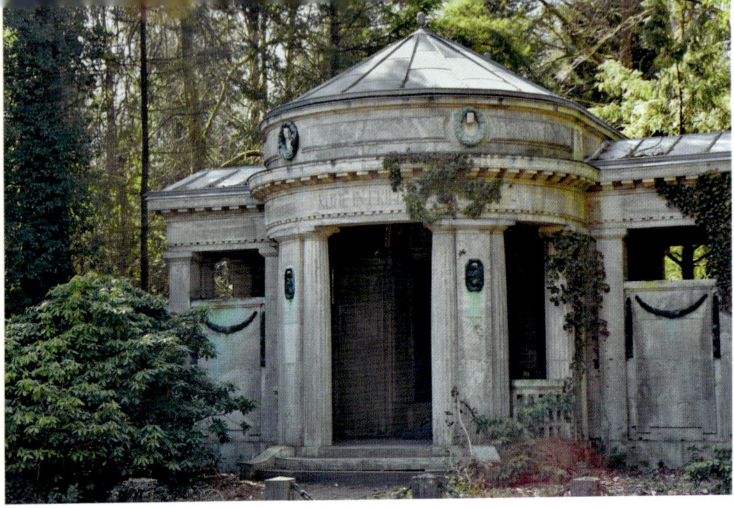

Südwestkirchhof Stahnsdorf

Wie ein großes Waldgelände bietet sich dem Besucher einer der größten Friedhöfe Europas an der Potsdamer Allee in Stahnsdorf dar. Sehenswerte Grabarchitekturen berühmter Berliner Persönlichkeiten machen den Südwestkirchhof Stahnsdorf zu einem spannenden Ausflugsziel. Im Sommer lockt die schattige Kühle, im Herbst die bunte Blätterpracht.

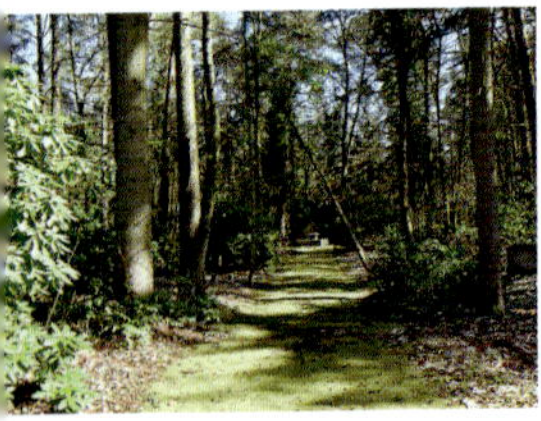

Moosbewachsene Sichtachse

Auf 206 Hektar präsentiert sich heute originales Berliner Grün in Form von altem Baumbestand aus knorrigen, skulptural geformten Kiefern, Buchen, Rhododendren, ehemals zu Kugeln geschnittenen Buchsbäumen und kleinen Birkenalleen. Unmengen an Efeu überwuchern Grabmäler und skurrile kleine Tempel.

Zur Zeit der Industrialisierung war der Platz auf den Berliner Fried- und Kirchhöfen knapp, sodass man Ausschau nach einem großen, waldähnlichen Gelände am Rande der Stadt hielt. Nachdem man 1909 das passende Grundstück erstanden hatte, wurden der Gärtner der Stadtsynode Louis Meyer und der Architekt Gustav Werner mit der Ausarbeitung der Gestaltungspläne beauftragt. Die Planung beabsichtigte ein naturromantisches Erscheinungsbild, sodass ein naturnaher, waldähnlicher, mit vielen Blickachsen versehener Friedhof entstand, der ein Zeichen in der Bestattungskultur setzte.

Ein geschwungener und ringförmig geführter Weg von zwei Kilometern Länge stand im Zentrum der Parkgestaltung. Unzählige Bäume, Sträucher und Stauden wurden herangeschafft, um dem Gelände den Charakter eines Waldfriedhofs zu verleihen. Passend dazu entwarf Gustav Werner Nutz- und Wohnbauten in naturnahen Materialien und Formen. Besonders schön ist die hölzerne Friedhofskapelle, die nach dem Vorbild norwegischer Stabkirchen gestaltet wurde. Aufgrund einer breiten Sichtachse ist die kleine, im Laufe der Jahre nachgedunkelte Holzkirche in der Mitte des Parks schon von Weitem zu erkennen.

Von den Hauptwegen zweigen viele kleine, ganz mit Moos bewachsene, geheimnisvolle Pfade ab und führen zu mystisch überwucherten Grabsteinen und Monumenten, deren Schmuckbepflanzungen in den vergangenen Jahrzehnten auf jede Art der Formgebung verzichten mussten. Die Natur hat sich das Terrain langsam zurückerobert. Lediglich die berühmten Namen auf den Grabsteinen wie Gustav Langenscheidt, Werner von Siemens, Engelbert Humperdinck, Lovis Corinth, Walter Gropius und Heinrich Zille erinnern an vergangene Berliner Blütezeiten.

Steinengel mit Efeu

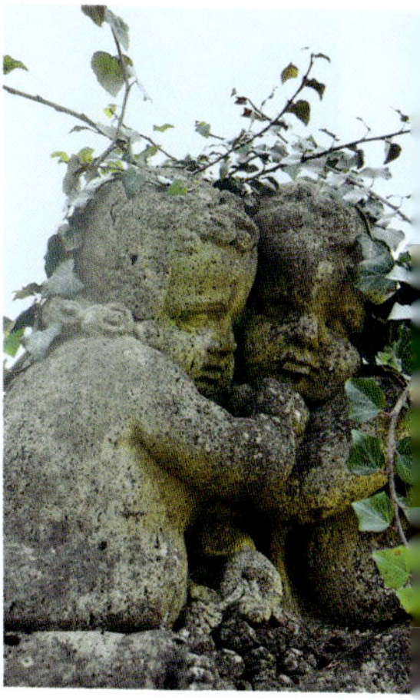

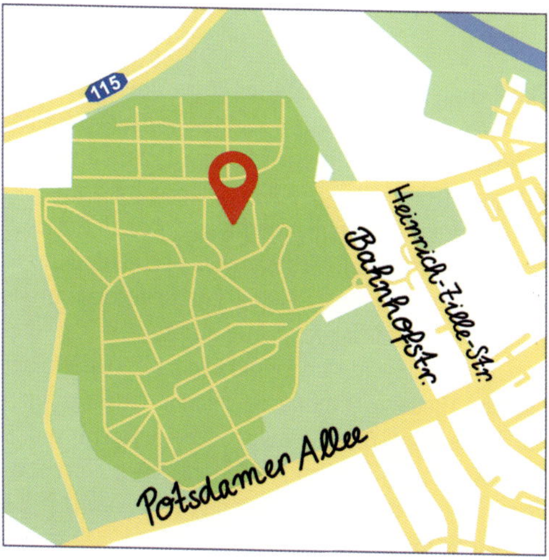

Adresse
Bahnhofstraße 2
14532 Stahnsdorf
Öffnungszeiten
Apr.–Sept. 7–20 Uhr
Okt. und März 7–18 Uhr
Nov.–Feb. 8–17 Uhr

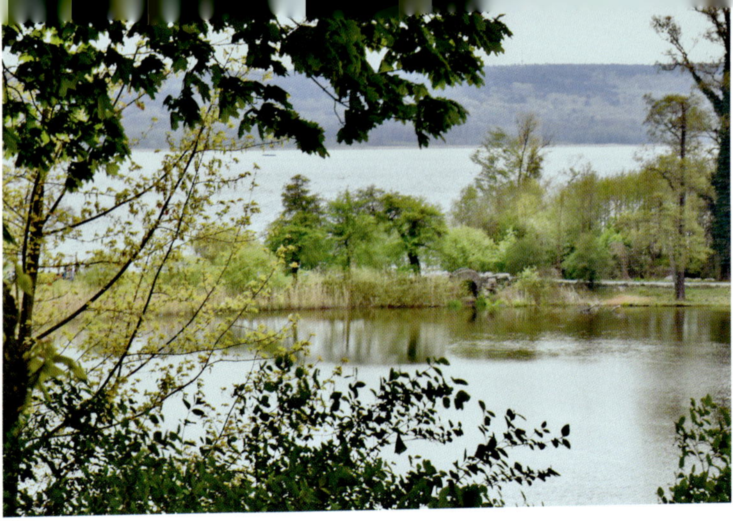

Schlossgarten Petzow

Der ruhige Schlosspark Petzow wirkt auf den ersten Blick nicht besonders spektakulär, doch für eine bloße Durchquerung ist er viel zu schade. Die von Peter Joseph Lenné gestaltete Anlage verfügt über einen Parksee, einen Haussee und ein Tudorschlösschen nach Plänen von Karl Friedrich Schinkel. Wer sein Picknick im Schatten hoher Eichen einnehmen möchte, ist hier am richtigen Ort.

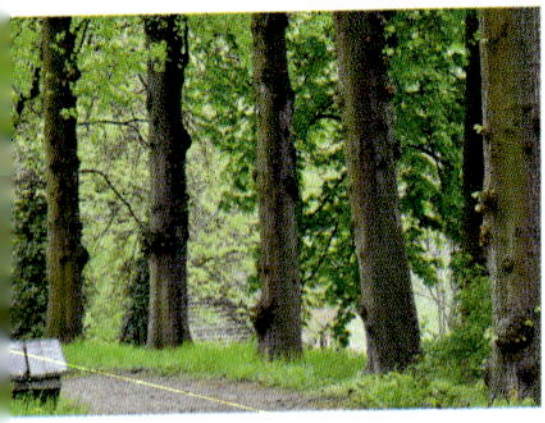

Malerische Ulmenallee

Das Landgut war ab 1814 im Besitz der Familie von Kaehne. Friedrich August Kaehne war der wohlhabendste Mann des Örtchens Petzow, Gutsbesitzer und Amtsrat. 1825 ließ er auf dem Gelände ein stattliches Herrenhaus nach Plänen von Karl Friedrich Schinkel errichten, ein malerisches Bauwerk in einer Mischung aus maurischem Kastell- und englischem Tudorstil, ähnlich einem mittelalterlichen Rittergut.

„Der Park ist eine Schöpfung Lennés", erkannte der Dichter Theodor Fontane in seinen „Wanderungen durch die Mark Brandenburg". Der 15 Hektar große Schlosspark, an einem Hügelhang zwischen Glindower See und Schwielowsee gelegen, wurde 1838 gestaltet. Das Gesamtkunstwerk von Architektur und Landschaft entstand im Rahmen des Lennéschen „Verschönerungsplan der Umgebung von Potsdam". Wer schon einmal durch einen Park gegangen ist, der von Peter Joseph Lenné entworfen wurde, wird hier viele der bevorzugten Stilelemente des Gartenkünstlers wiedererkennen. Auch wenn auf aufwendige Pflanzungen verzichtet wurde, sind die Wiesen im Frühjahr mit dem reizenden Schneeglanz übersäht.

Besondere Architekturen wie das Waschhaus, die Fischerhütte und die Alte Schmiede wurden von Lenné in perfekten Sichtbeziehungen in den Landschaftsgarten integriert. Aussichtsplätze, Sichtachsen und die berühmten Lennéschen Baumpflanzungen – jeweils drei mächtige Stämme von Ulmen, Erlen oder Platanen – verleihen dem sonst unauffälligen Park seinen Reiz. In der Mitte des Geländes liegt der erlenumstandene Haussee, um den ein Gürtelweg führt. Vermutlich gab es einmal einen Zufluss zum Schwielowsee, der auf der Bogenbrücke überquert werden konnte. Hinter dieser Brücke, Richtung Waschhaus und Schmiede, steigt die Landschaft an. Das Schloss bildet den höchsten Punkt des Parks mit Aussicht über den Schwielowsee.

Am besten genießt man den Park während einer Umrundung des Sees, steigt die kleine Ulmenallee zum Waschhaus hinauf und rastet entspannt auf der Anhöhe in der Nähe des Schlosses. Von dort kann man die Spiegelungen des Parks auf der Seeoberfläche betrachten.

Schloss Petzow

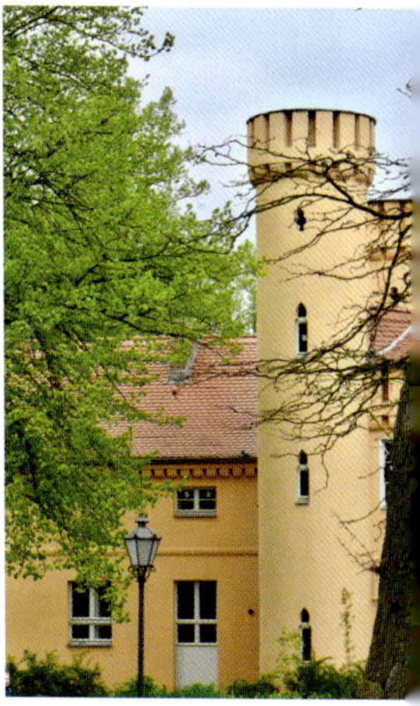

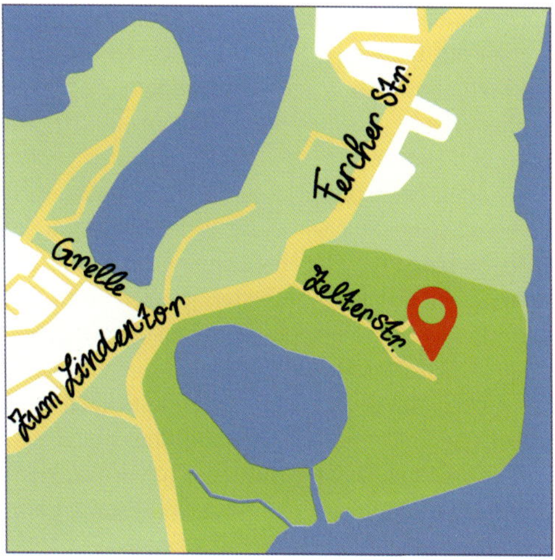

Adresse
Zelterstraße 5
14542 Werder (Havel)

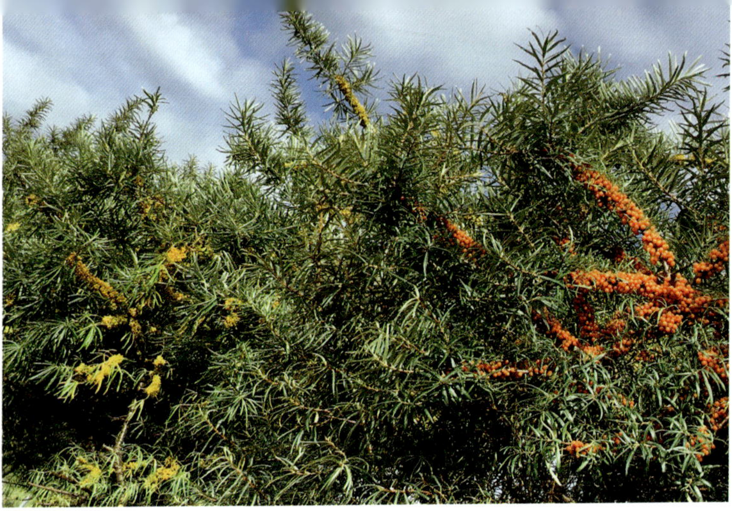

Sanddorngarten

Eingerahmt von Wasser, direkt zwischen dem Glindower See und dem Schwielowsee, liegt der Sanddornhof des Familienunternehmens Christine Berger. An diesem Ort kann man viel über die ehemalige „Zitrone des Ostens" in Erfahrung bringen, denn hier wird dem Sanddorn beinahe das ganze Jahr über viel Ehre zuteil – und das zu Recht.

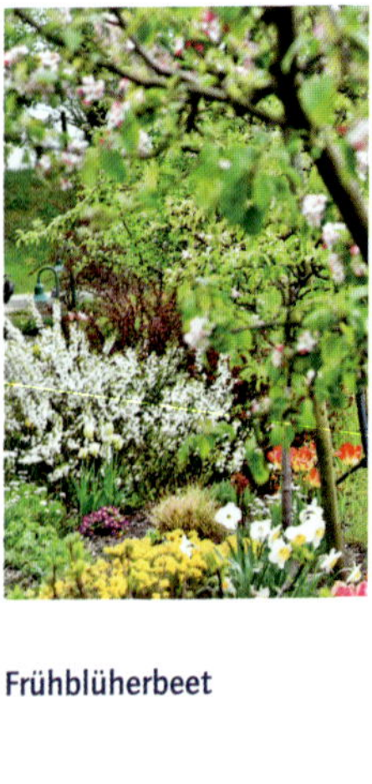

Frühblüherbeet

Seit Anfang der 1980er-Jahre wird in Brandenburg Sanddorn angebaut. In der ehemaligen DDR waren Südfrüchte knapp, und da in der Obstanbauregion Werder auf trockenem Sand die leckersten Kirschen wachsen, hat sich auch der Sanddorn etablieren können. Heute gedeihen hier Sanddornsträucher auf etwa 360 Hektar.

Sanddorn beansprucht keine hohe Bodenqualität, ist aufgrund seiner Stacheln etwas widerspenstig in der Freigabe seiner Früchte, aber darum nicht minder gesund: Sanddornbeeren enthalten je nach Sorte fast achtmal so viel Vitamin C wie Zitronen oder Orangen. Ursprünglich stammt die Sanddornpflanze aus Asien, schon Dschingis Khan wusste um ihre geheimen Wirkstoffe. Die Frucht wirkt entzündungshemmend und fördert die Wundheilung, überdies enthält Sanddorn Provitamine und Tocopherol (Vitamin E) sowie Carotinoide, Flavonoide, Mineralien und Spurenelemente.

Das Familienunternehmen Christine Berger pflegt in Petzow nicht nur einen drei Hektar großen Sanddorn-Schaugarten, einen wunderschönen Naturgarten mit vielen Blütenstauden und Kräutern, sondern entwickelt auch ständig neue Produkte mit der kostbaren Ingredienz Sanddorn und seinen wertvollen Inhaltsstoffen. Hier werden Marmeladen, Säfte, Öle und neuerdings sogar vegane Gummibärchen und Smoothies aus Sanddorn hergestellt, ebenso Produkte für Schönheit und Gesundheit.

Ein Besuch im Garten lohnt sich für Natur- und Sanddornbegeisterte nicht nur zur Erntezeit der Sanddornbeeren. Im Frühjahr leuchten die Kirsch- und Apfelblüten mit den Frühblühern um die Wette, im sogenannten Teegarten duftet dann schon die erste Minze, und der Hofladen lockt mit seinen vielen regionalen Produkten. Jedes Jahr werden ab März Hof-Erlebnisführungen angeboten, auf denen man alles zum Thema Sanddorn erfahren kann. Und auf dem Spezialitätenmarkt findet man das ganze Jahr über die innovativen Produkte – einen Sanddorn-Hugo gibt es auch schon.

Der schönste Platz in diesem Garten ist jedoch der an der Sanddornhecke am Glindower See. Im September glänzt das Wasser dunkel, und die Sanddornfrüchte strahlen wie ein Feuerwerk in Gelborange.

Teegarten mit Kräutern

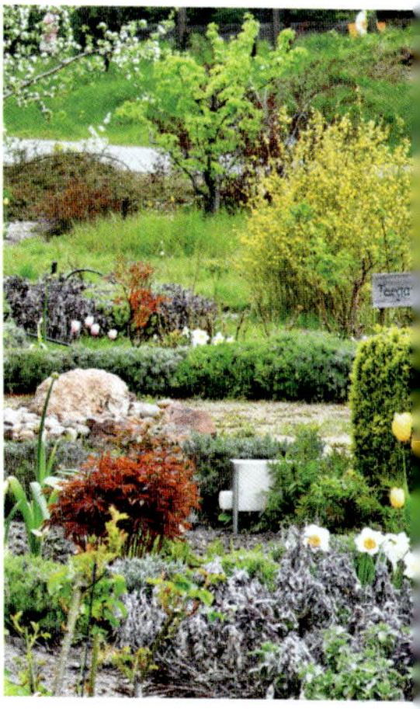

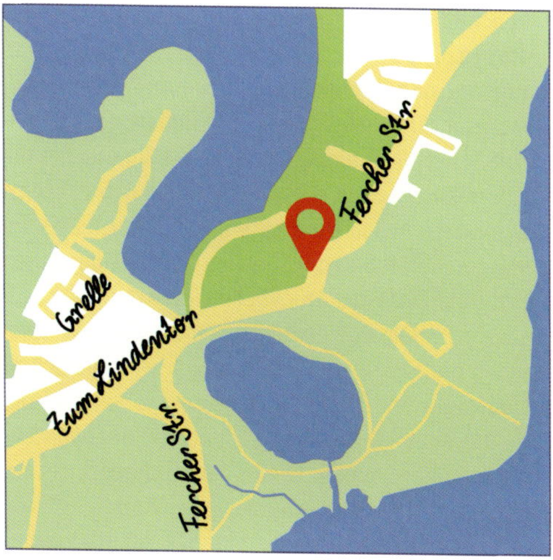

Adresse
Fercher Straße 60
14542 Werder (Havel)
03327 – 46910
www.sanddorn-garten-petzow.de
Öffnungszeiten
Apr.–Okt. 10–18 Uhr
Nov.–März 10–17 Uhr

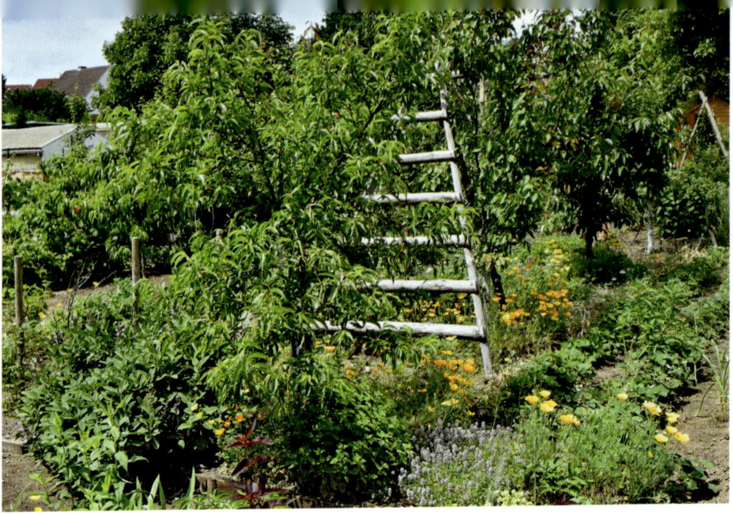

Schuffelgärten

Unterhalb des Galgenbergs in Werder, auf dem Wein angebaut wird, liegen Schuffelgärten. Aber was ist ein Schuffelgarten? Der Obst- und Gartenbauverein der Stadt hat eine terrassenförmige Brache in einen Gemeinschaftsgarten verwandelt, in dem nach historischem Vorbild „geschuffelt" werden soll.

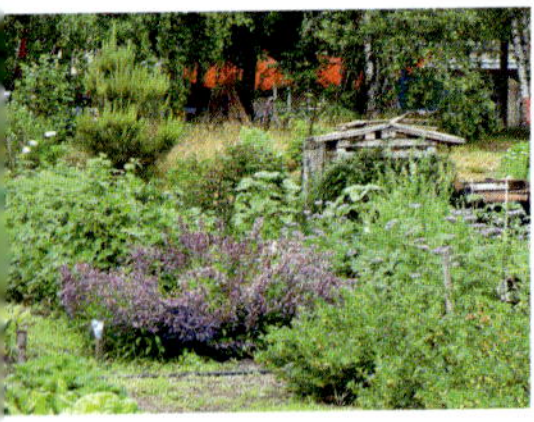

Bunter Gemüsegarten

Nahe dem Plantagenplatz in Werder ist das älteste innerstädtische Obstbaumgehöft wiederbelebt worden. Ab 2013 wurden dreitausend Quadratmeter Garten verpachtet, mit der Vorgabe, dass hier zum Teil nur „historisch" gegärtnert werden darf. Elektrische Gartengeräte und chemische Düngemittel müssen vor der Gartentüre bleiben. Deshalb wird hier geschuffelt.

Die Schuffel ist eine historische Stoßhacke, die besonders für die Werdersche Streusandbüchse, sprich den lockeren hellen Sandboden, geeignet ist. Das flache Hackenblatt und der Stiel des Geräts bilden einen Winkel von 150 Grad. Der Stiel hat eine optimale Länge, wenn er dem Bediener bis zur Brust reicht. Mit ziehenden und stoßenden Bewegungen wird die Schuffel auf dem Boden hin- und hergeschoben und die Erde auf diese Weise gelockert und von unerwünschten Beikräutern befreit. Der Boden wird geöffnet und kann dadurch mehr Feuchtigkeit speichern.

Auf dem kargen Sandboden der Schuffelgärten

wurde Pferdemist ausgebracht, damit die Obstbäumchen, das Gemüse und die rankenden Weinreben am Fuß des Galgenbergs gut versorgt sind. Unter den Obstbäumen wachsen Wildblumen und Kräuter genauso wie Gemüse und, zur Freude der Gärtner, viele Erdbeeren. 32 Weinstöcke mit Genusstrauben sind angepflanzt worden und werden liebevoll von Hand gepflegt. Falscher Mehltau und Milben können die kleine Liebhaberernte von 2,5 Kilogramm Trauben schnell zunichtemachen, deshalb werden die befallenen Blätter von Hand entfernt und an jeder Traube nur vier Blätter belassen. So kann sich die Pflanze gut entwickeln.

Auf dem Galgenberg selbst bis zur Bismarckhöhe hinauf sind seit 2011 ungefähr sechstausend Rebstöcke gepflanzt worden. Auf diesem Areal soll schon im Mittelalter Wein angebaut worden sein. Man findet hier Cabernet-Blanc-, Muscaris- und Pinotin-Trauben. Und wer schon immer davon geträumt hat, einmal selbst Weinbauer zu sein, sollte hier Rebstöcke mieten: Für die Dauer von zehn Jahren kann man das Fruchtrecht pachten und dafür einen Gegenwert in Wein erhalten.

Erntetrauben

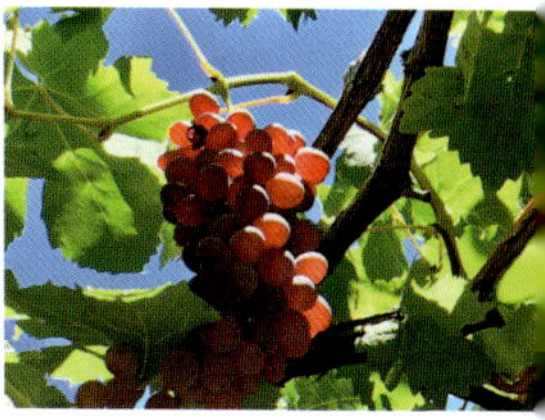

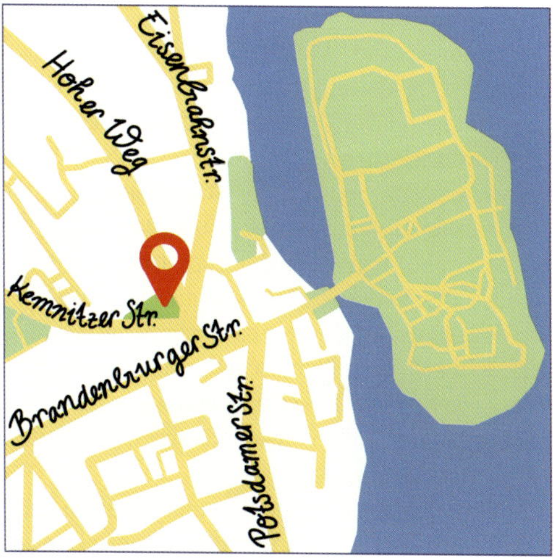

Adresse
Plantagenplatz hinter dem Restaurant „Scharfrichter"
14542 Werder (Havel)

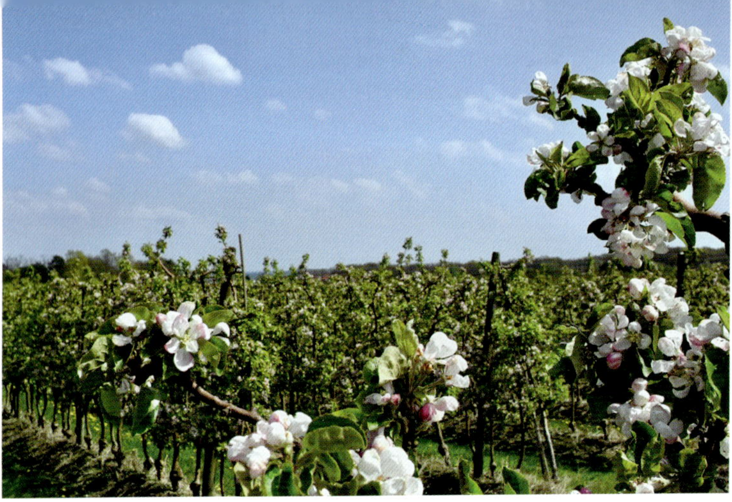

Werdersche Obstgärten

Wo die Alpen beginnen – die Glindower Alpen bilden das Hinterland der Insel Werder –, liegt das sagenhafte Paradies der Knupperkirschen und der Werderschen Äpfel. Rosa und weiß blühend zeigt sich das gesamte Hochplateau des Obstanbaugebiets in Werder im Frühjahr – gerade rechtzeitig zum berühmten und turbulenten Baumblütenfest.

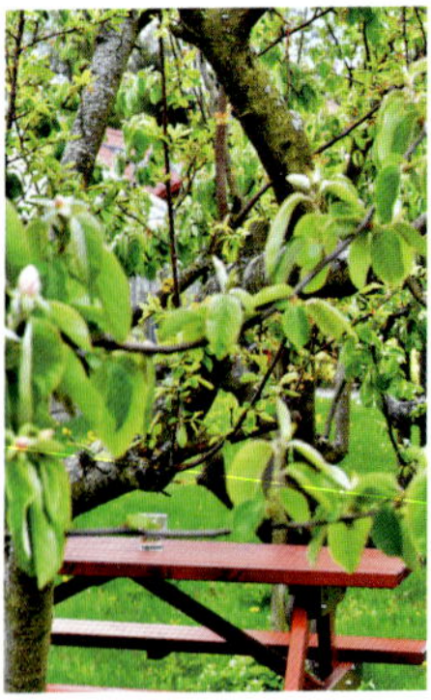

Picknickplatz unter Kirschen

Der Panoramaweg „Werderobst" führt von Petzow durch die Glindower Alpen über die alte Ziegelei direkt in die rund 850 Hektar Obstplantagen, deren Boden aus rasch erwärmbaren Kies- und Schluffsteinen besteht. So weit das Auge reicht, erblickt man hier im Frühjahr eine rosa und weiß blühende Fläche – und man kann durchaus bis nach Berlin schauen. Auch wenn man sich blühende Obstgärten und Streuobstwiesen vielleicht romantischer vorstellt, wird man hier nicht enttäuscht. Ertragsorientiert angelegt, stehen die Bäumchen wie kleine Soldaten Spalier, ebenso Sanddornhaine. Zwischen den Gärten liegen weite Getreidefelder.

Ertragsorientiert pflanzen bedeutet vor allem, dass die Gewächse in Etagen gesetzt werden: Zwischen Hochstämmen wie Apfel, Birne und Süßkirsche werden Mittelstämme wie Pflaume und Sauerkirsche sowie Strauchbeeren wie Himbeere und Johannisbeere angepflanzt. Sind die Bäume noch jung, wird selbst der Platz zu ihrem Fuß genutzt, für Erdbeeren, Maiglöckchen und Zierpflanzen.

An jeder Ecke, nicht nur auf den großen Plantagen, sondern auch in vielen Vorgärten oder als Alleebäume an Straßen blühen sie: Knupperkirschen beziehungsweise Knorpelkirschen, die kleinen hartfleischigen Süßkirschen. Die weichfleischigen Sorten nennt man dagegen Herzkirschen. Doch nicht nur Kirschen, sondern auch alte Apfelsorten und sogar Aprikosen und Pfirsiche gedeihen auf den üppigen Werderschen Ostplantagen.

Die Sonne erwärmt die Felder kräftig, und der Wind verteilt den märkischen Sand auf den Wiesen. Ein Grund mehr, in einen der zahlreichen Obsthöfe einzukehren, das Obst direkt beim Erzeuger zu kaufen und sich mit einem Gläschen Most oder Obstwein zu stärken.

Auch das alljährlich stattfindende Werdersche Baumblütenfest lädt zur Stärkung von Körper und Seele ein. Allerdings geht es hier nicht so beschaulich zu wie auf den Obstbauplantagen.

Zeitgleich mit der Baumblüte wird auch der leckere Spargel geerntet, später im Jahr können Erdbeeren und Kirschen selbst gepflückt oder Johannisbeeren von Rispen gezogen werden – eine wahre Freude für Jung und Alt.

Sanddorngarten

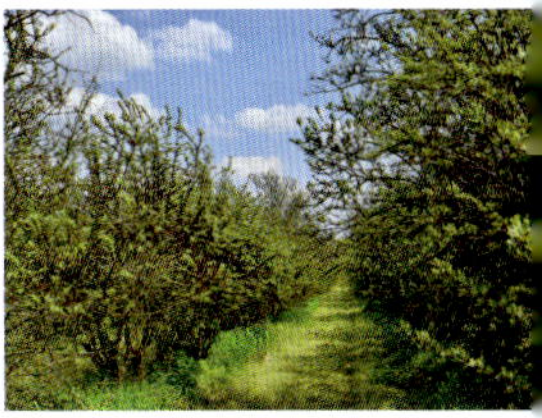

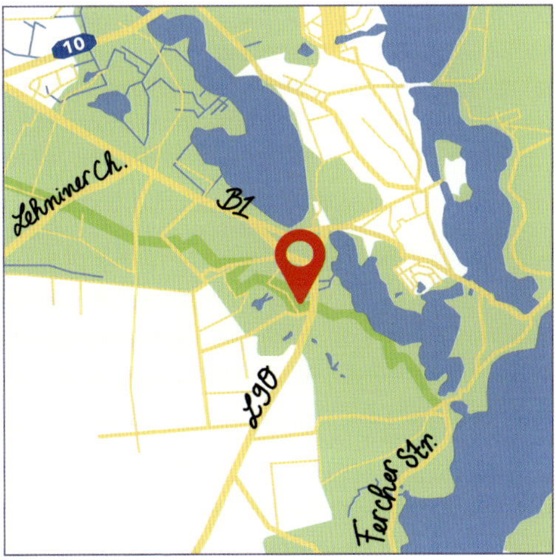

Adresse
Panoramaweg
14542 Werder (Havel)
www.obstbauverein-werder.de

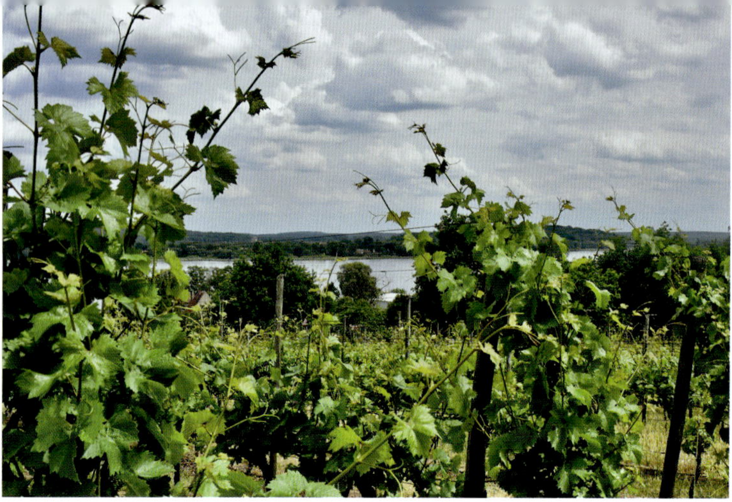

Werderscher Weingarten

Wenn die Blüten der Obstbäume verwelkt sind und die reifen Äpfel üppig an den Bäumen hängen, kann man noch einmal nach Werder kommen und die roten Trauben von Deutschlands nördlichstem Weingebiet am Wachtelberg und an der Bismarckhöhe bestaunen – und natürlich auch verkosten.

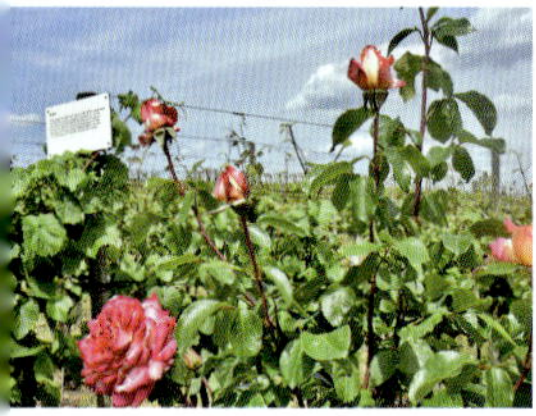

Rosen am Weinberg

Die Weinberge in Werder nennt man auch den „Polarkreis des Weines", da sie das nördlichste Anbaugebiet der Qualitätsweine bestimmter Lage, der Q.b.A., sind. Weinanbau hat in Werder eine lange Tradition. Die Zisterziensermönche des Klosters Lehnin brachten schon im 14. Jahrhundert das Wissen um den Anbau und die Kultur von Obst und Wein aus Frankreich mit nach Deutschland. Damals baute man beides in Mischkultur an: Die Weinreben rankten sich an den Obstbäumen empor. Bei Hofe wusste man den Wein zu schätzen, bis zum 18. Jahrhundert entstanden in Werder mehr kurfürstliche Weinberge, als es Einwohner gab. Nach dem harten Frostwinter 1739/40, dem auch die Berliner Weinberge nicht trotzen konnten, wurden in Werder nur noch Speisetrauben angebaut. Aus den Urvätern der Weinkultivierung wurden Obstbauern, die zu den Trauben Kirsch- und Apfelbäume pflanzten.

Seit 1985 wird am Wachtelberg wieder Wein angebaut, die Stadt hat für ungefähr elf Hektar Rebrechte vergeben, und sie werden gut genutzt. Unter anderem wachsen hier rote Trauben der Sorte Dornfelder, Merlot oder Regent, und es wird ein weißer Winzersekt der Rebsorte Müller-Thurgau präsentiert.

Hat man den Wachtelberg über den Wachtelwinkel erklommen, blickt man auf ein Meer von Reben. Jede Rebreihe ist mit einer wunderbaren Rose bepflanzt, und im Frühjahr, wenn die Reben noch winzig sind, blühen die Rosen üppig. Ihre Pflanzung hat einen praktischen Grund: Rosen sind anfälliger für Mehltau oder Schädlinge als Wein, sie dienen als Frühwarnsystem. Ist die Rose befallen, können die Reben noch gerettet werden.

Kleine Täfelchen klären über die angepflanzte Rebsorte und ihre Herkunft auf, auch wenn sich der Laie eher am Geschmack des Weins orientieren mag. So fühlt man sich wie auf einem kleinen Lehrpfad, wenn man zwischen dem Wein entlangwandert. Und ein Spaziergang lohnt alleine wegen des herrlichen Blicks über die Havel und die Stadt Werder. Es gibt sogar eine „Straußwirtschaft" – vermutlich ist sie die nördlichste Deutschlands –, in der man die gekelterten Weine genießen kann.

Rebreihen

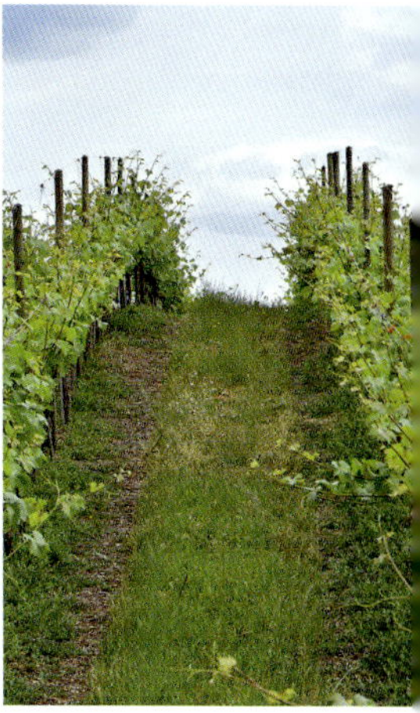

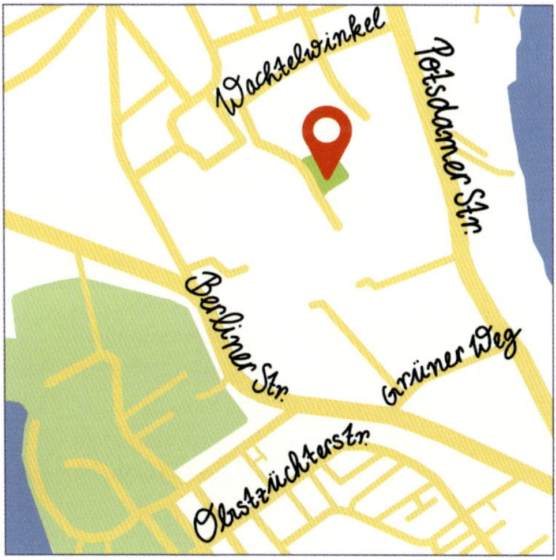

Adresse
Wachtelwinkel 30
14542 Werder (Havel)
www.weinbau-lindicke.de
Öffnungszeiten
Straußwirtschaft: Fr–So
14–20 Uhr

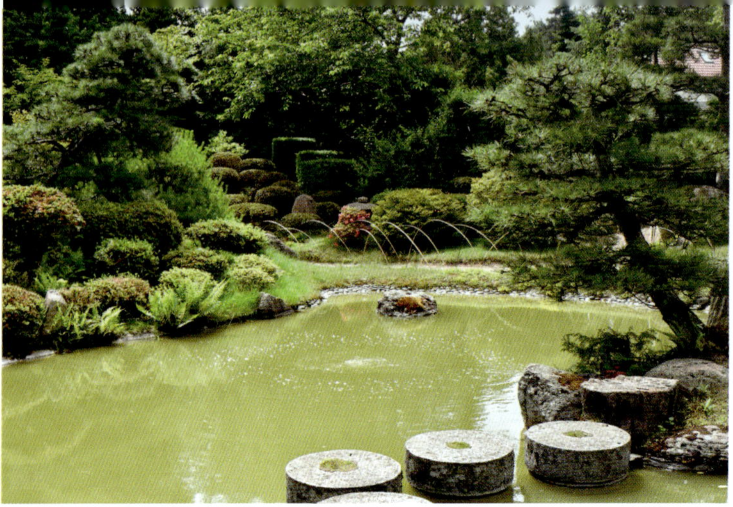

Japanischer Bonsaigarten

Der Japanische Bonsaigarten in Ferch ist ein Appell an die Ruhe. Die eigene Achtsamkeit soll beim Betrachten dieses Gartens geschärft und das japanische Lebensgefühl erlebbar werden. Ein Stück japanische Kultur trifft hier mit all ihrer Schönheit und ihren geheimnisvollen Symbolen auf faszinierende Gartenkunst.

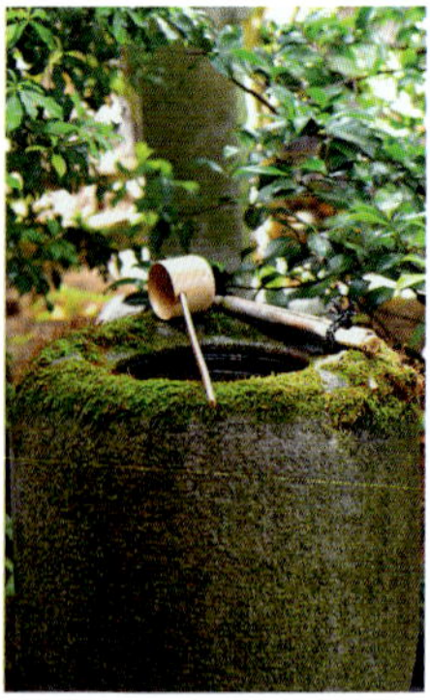

Japanisches Wasserbecken (Tsukubai)

1996 hat Tilo Gragert den Bonsaigarten aus Liebe zu Bonsaibäumen und zur japanischen Kultur geschaffen. Japanische Gärten sind grundsätzlich als Kunstwerke zu verstehen. In ihnen werden nicht nur ästhetische, religiöse und gesellschaftliche Aspekte vereinigt, sie sollen die reale Welt in Miniaturform nachbilden, deshalb sind in Gragerts Garten auch die kleinen Abbilder – Bonsai bedeutet „Baum im Topf" – der mächtigen Großbäume zu bewundern.

Schon beim Betreten des Gartens bemerkt man, dass sich etwas verändert. Aus der gleißenden Helle der Hauptstraße in Ferch geht man zwischen einfachen Einfamilienhäusern hindurch und gelangt in einen kühlen und schattigen Gartenraum. Beinahe wähnt man sich in einer anderen Welt. Über einen gewundenen Weg unter Kirschspalieren, die sich wie Dächer aufspannen, kommt man zum Teehaus mit seinem kleinen Extragarten.

Teehausgärten gelten als die jüngste Gartenform des Japanischen Gartens, sie stammen aus dem 16. Jahrhundert und werden einzig für die Teezeremonie vom Gast betreten. Gragert hat symbolische Elemente in seinen Garten integriert: „Tobi Ishi", runde Trittsteine, zeigen dem Besucher den Weg und sollen den Eindruck vermitteln, er befände sich auf einer anstrengenden Bergwanderung zu einer Hütte. Auf diese Weise soll die Achtsamkeit für die Umgebung geschärft und der Geist von Alltagswidrigkeiten befreit werden. Eine japanische Steinlampe erleuchtet den Pfad, und das „Tsukubai", das Wasserbecken, dient zur symbolischen Reinigung. Fächerahorn, japanische und chinesische Teesträucher und feines Sternmoos am Boden begrünen den kleinen Garten.

Granatapfel-Bonsai

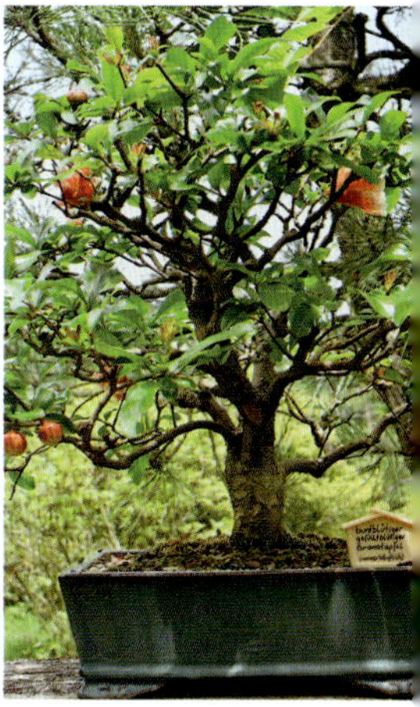

Im Teehaus wird man schließlich von einer Zeremonienmeisterin empfangen. Mit Blick auf den Steingarten im Hof kann man hier unter vielen japanischen Teesorten wählen. Der Steingarten bildet eine Flusslandschaft nach: Große Steine stellen Gebirge, Inseln und Wasserfälle dar, kleine Flusssteine repräsentieren das Wasser. Solch eine Fläche muss jeden Tag sorgfältig geharkt und gepflegt werden. Wellenlinien im Kies deuten die Wasserbewegung an.

Ein Rundgang führt zum großen Wandelgarten mit einer richtigen Flusslandschaft. Dabei kommt man an Bonsaibäumen vorbei, die auf hohen Tischen ausgestellt sind, sodass man sie auf Augenhöhe betrachten kann. Dieses Arrangement fügt sich architektonisch perfekt in die Bepflanzung ein.

Dutzende Azaleen sind akkurat zu großen Kugeln geschnitten und bilden unter Schwarzkiefern eine hügelige Berglandschaft. Spätestens hier wird das Herz weit, wenn man sich vorstellt, in welcher Pracht diese Landschaft im Frühjahr blühen wird. Einige der Bonsaiazaleen und ein paar der großen Azaleen im Garten geben sogar noch im Juni einen kleinen Nachgeschmack von ihrer Blühkraft. Eine besondere Liebhaberpflanze ist der Miniatur-Granatapfelbaum, der gleichzeitig entzückende Blüten in Apricot und winzige Früchte trägt. Die großen kugeligen Azaleen sind eingerahmt von hohen japantypischen Gehölzen: Schwarzkiefern, Rotkiefern, Mooszypressen, die

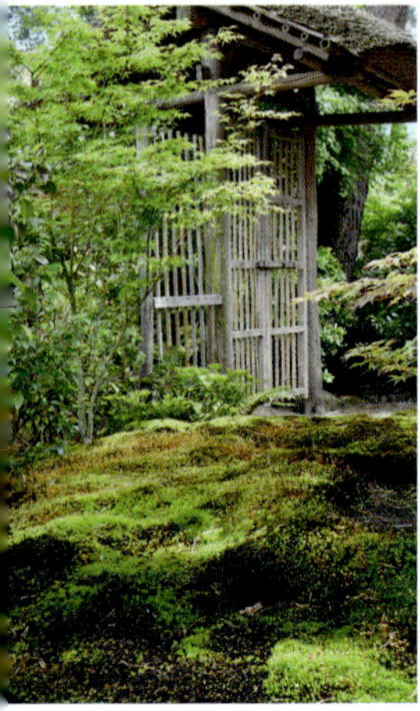

Bemooster Teehausgarten

wie Säulen im Hintergrund stehen, Tokio-Zierkirschen und Fächerahornen.

Da Wandelgärten Repräsentationsgärten sind, führt der Weg um die Teichlandschaft herum bis zu einem Pavillon. Im Teich tummeln sich Kois, und am Ufer sonnen sich große grün schillernde Frösche. In der Mitte des Teichs liegt eine „Schildkröteninsel": Schräg stehende, große Steine bilden den Kopf, niedrig gehaltene Kiefern den Panzer. Die Schildkröte steht in der japanischen Kultur für Langlebigkeit und Gesundheit.

Durch die Fenster des offenen Pavillons am Ufer kann der Besucher den Garten wie ein lebendiges Bild betrachten. Von hier schaut man über das trübe grüne Wasser – die Farbe bewahrt die Karpfen vor Fressfeinden – auf die Azaleenbälle und die symbolische Berglandschaft. Außerdem hat man einen wunderbaren Blick auf die japantypischen Pflanzen, auf besondere Kirschen wie die Hängezierkirsche sowie andere gefüllte Zierkirschen und den japanischen Buschklee.

Auf der Terrasse des Pavillons ist es sehr still. Das durch die Karpfen und Frösche verursachte Wellenspiel zeichnet leise Muster auf das Wasser, und am

Bonsaibäume auf Tischen

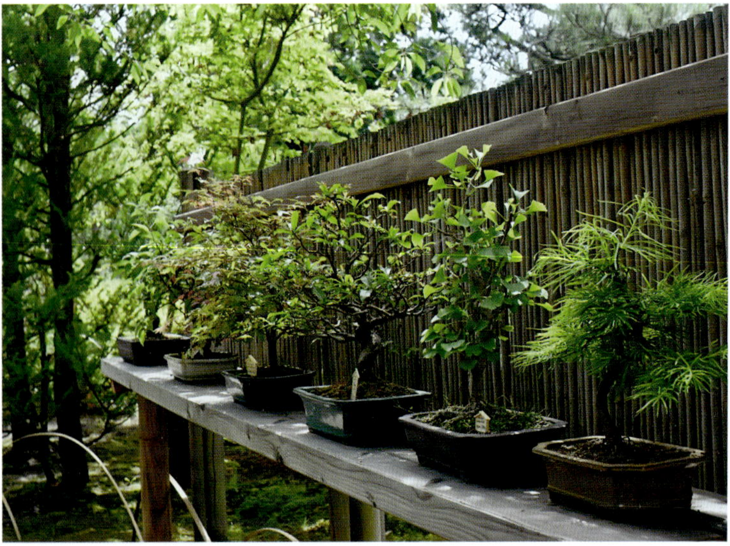

Abend kann man zu bestimmten Zeiten sogar den gespiegelten Mond auf der Wasseroberfläche bewundern.

Auch wenn man in diesem Garten keinen Berg erklimmen muss, gelingt es Tilo Gragert, mit seiner herrlichen Komposition unsere Achtsamkeit zu schärfen – für die gepflegten, wundervollen Pflanzen wie für uns selbst.

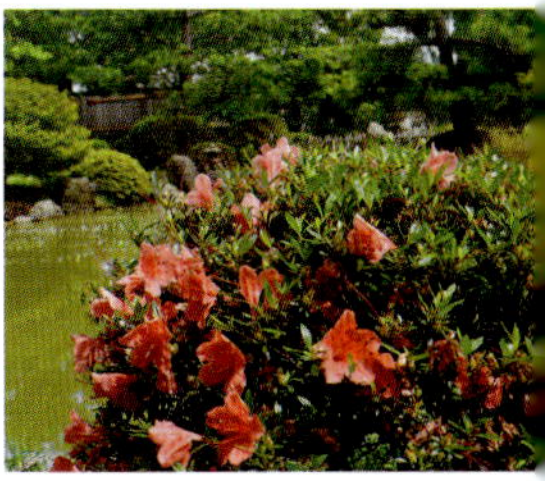

Blühende Azalee im Wandelgarten

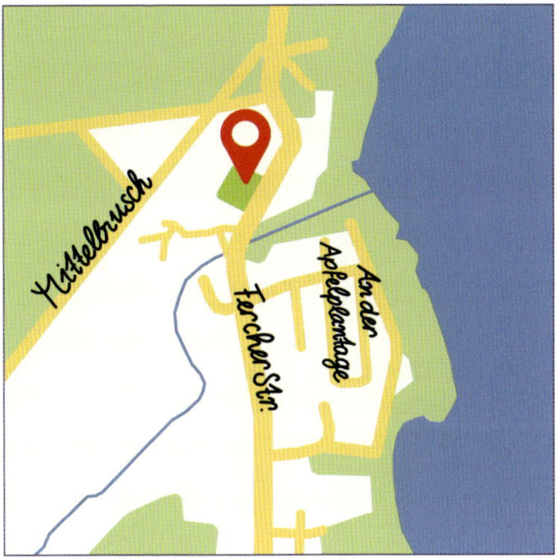

Adresse
Fercher Straße 61
14548 Schwielowsee
www.bonsai-haus.de
Öffnungszeiten
Apr.–Okt. Di–So

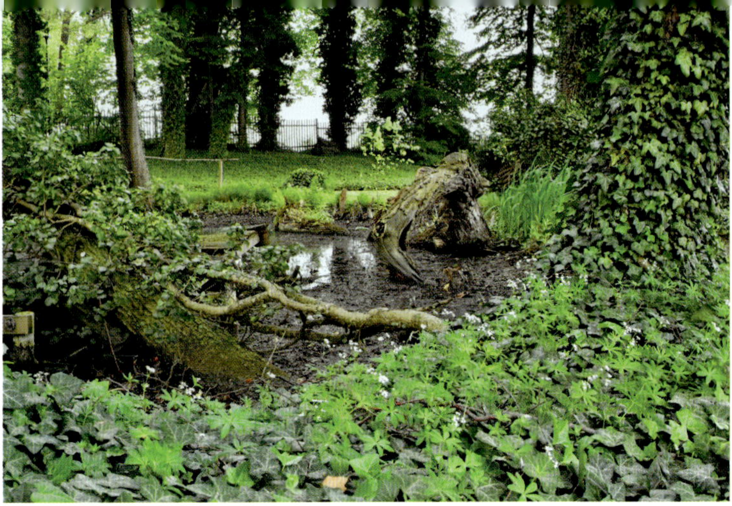

Efeugarten von Hans-Otto Gehrcke

Verzaubert liegt das Anwesen des Landschaftsmalers Hans-Otto Gehrcke direkt an der Uferpromenade des kleinen Anlegers in Ferch am Schwielowsee da. Der wildromantische Garten besteht heute beinahe nur noch aus „gezähmtem" Efeu – und das ist keine einfache Angelegenheit.

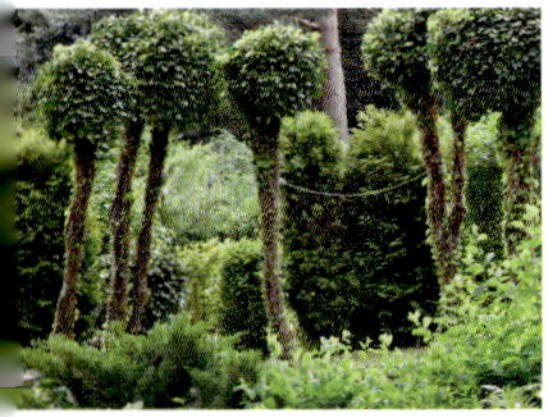

Überwachsene Obstbäumchen

Der Maler Hans-Otto Gehrcke (1896–1988) hat das Anwesen 1927 aus dem Familienbesitz übernommen. Er richtete hier sein Atelier ein und ließ sich mehr als fünfzig Jahre lang von See und Garten zu seinen Bildern inspirieren. Den Garten verwandelte er mit Unterstützung des bekannten Gärtners und Gartenphilosophen Karl Foerster in einen Naturgarten. Die Komposition des Geländes berücksichtigte damals die naturräumlichen Gegebenheiten. Foerster verstärkte sie durch üppige Pflanzungen: Rahmende Strauch- und Baumgruppen wurden durch zahlreiche Staudenarrangements ergänzt.

1988 hat Erika Bauer Haus und Grundstück geerbt. Sie hält das denkmalgeschützte Ensemble für Besucher offen und ist eine wahre Efeukünstlerin. An ihrem kleinen weißen Atelierhäuschen vorbei, das zu den ältesten Gebäuden in Ferch gehört, gelangt man in den Garten, der bis an den Schwielowsee hinunterreicht und von der Uferpromenade gut einsehbar ist. Das steil abfallende Gelände ist terrassiert und von alten Platanen überdacht. Efeu rahmt die Beete, die kleine Inseln im Grün bilden. Außer prächtig blühenden Rhododendren weist der Garten nur wenig bunte Schmuckbepflanzung auf. In einer Reihe recken blaue Schwertlilien keck ihre Köpfe in die Höhe, an einer anderen Stelle wächst ein lilafarbenes Geranium.

Mit viel Einfallsreichtum ist diese Oase aus Efeu gestaltet. Efeu erobert, wenn man ihn lässt, gesamte Grundstücke. Hier ist er mit viel Inspiration sanft und geradezu künstlerisch gelenkt worden. Totholzstämme sind mit Efeu überwachsen, es gibt sogar Tore und Türen aus Efeu. Er windet sich an sieben alten Obstbäumen empor, die einst in einem Kreis angepflanzt worden sind, und bedeckt deren Krone wie ein Hut. Erika Bauer hat die Bäumchen mit einer Wäscheleine verbunden, sodass sie zu einem kleinen Kunstwerk geworden sind.

Den unteren Gartenabschnitt erreicht man über eine hölzerne Brücke. Kleine Wasserläufe und Teiche, dem Schwielowsee vorgelagert, sind in diesem Bereich über einfache Stege und Brücken erkundbar. Hier geht es wild zu. Man findet Farne, feuchtigkeitsliebende Sumpflilien, knorrige Stämme mit skurril gefärbten Pilzen – und natürlich Efeu.

Strahlende Schwertlilien

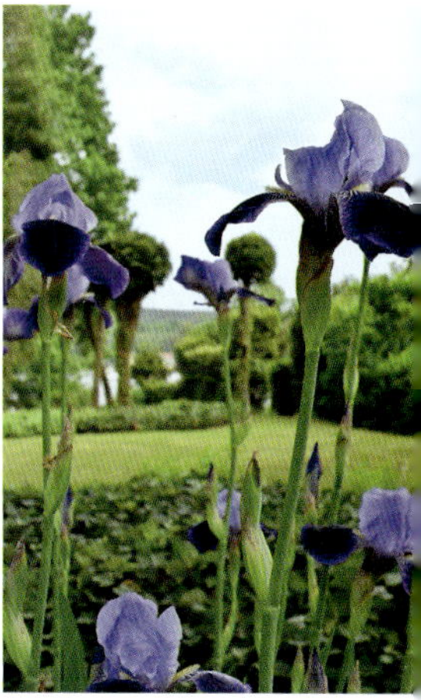

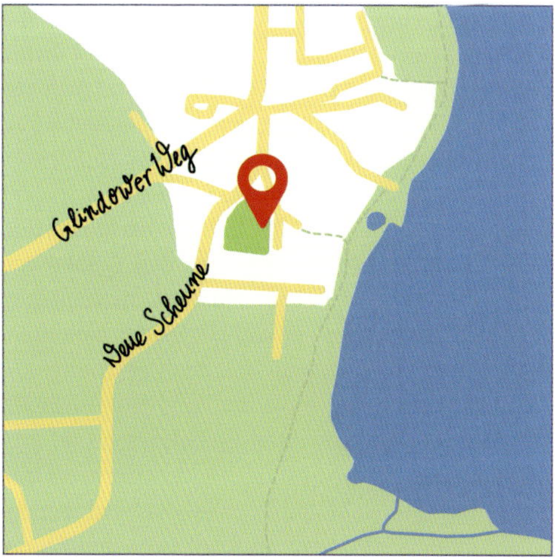

Adresse
Neue Scheune 21
14548 Schwielowsee
Öffnungszeiten
am Tag der offenen Gärten
www.offene-gaerten-berlin-umland.de

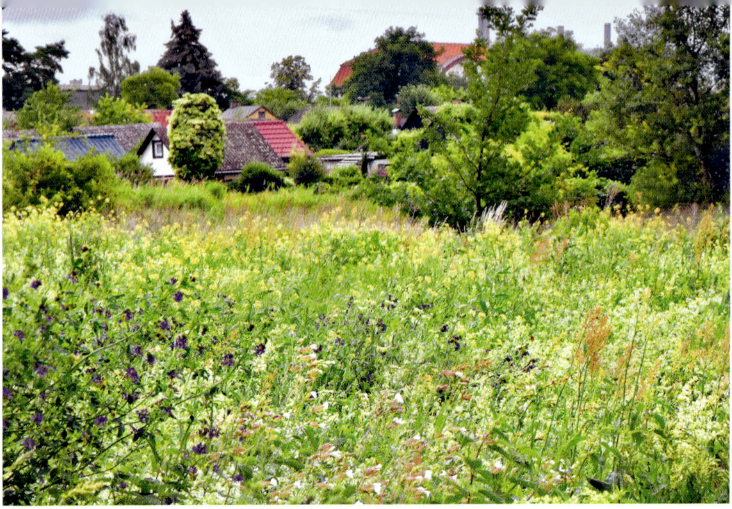

Grünzug Bullengraben

Ganz weit draußen und doch ganz nah: Außerhalb des Berliner Innenstadtgebiets, aber noch innerhalb der Stadtgrenze zieht sich der Grünzug Bullengraben von Spandau-Staaken bis zur Havel. Der Bullengrabenweg ist ein sechs Kilometer langer Spazierweg, der vorbei an Obstalleen, Birkenhainen, wilden Wiesen, Schilfplätzen und geheimen Seen führt.

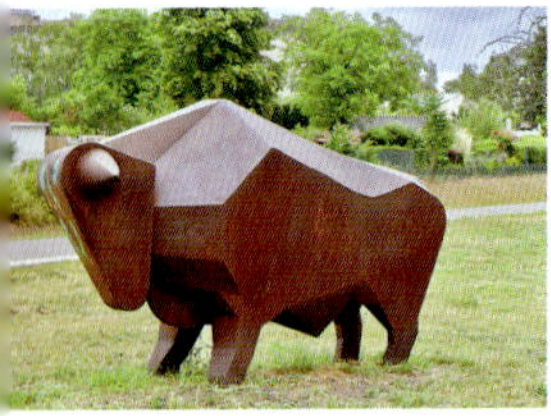

Skulptur „Bullengraben-Bulle"

Bereits im 7. Jahrhundert hat man in Spandau die feuchten Wiesen des Berliner Urstromtals hinter dem Burggraben kultiviert, um den Bauern Heu- und Viehwirtschaft zu ermöglichen. Im 20. Jahrhundert diente der Bullengraben, dessen Name sich vom slawischen Wort für Heuballen ableitet, dem Siedlungsgebiet als Entwässerungsgraben, und seit etwa vierzig Jahren wird er als „Vorfluter" genutzt. Das heißt, er nimmt überschüssiges Regenwasser auf. Um diese Funktion nicht zu beeinträchtigen, hat man den Graben von 2004 bis 2007 vorsichtig und nach ökologischen Prinzipien renaturiert und auf 21 Hektar eine grandiose Natur- und Erholungslandschaft geschaffen.

Weite Flächen, durch die der Wind fegt, wechseln sich mit wiederhergestellten Feuchtwiesen und urig bewachsenen kleinen Seen ab. Feuchtwiesen, die teilweise nur über Holzbrücken passierbar sind, ermöglichen interessante Aussichten auf Flora und Fauna.

Blaue Libellen schwirren in der Luft, und spaziert man an den Kirsch-, Weiden- und Birnenalleen entlang, wird es nie langweilig.

An der sogenannten Grabenkreuzung, an der Egelpfuhlgraben und Bullengraben aufeinandertreffen, kann man sogar noch einen letzten Bullen bestaunen – eine Skulptur aus Cortenstahl von Sebastian Kulisch.

Vom Stadtzentrum Spandau zur Havel hinunter ist der Graben verrohrt, und ein gepflanzter „Blumenbach" zeigt den Verlauf des unterirdischen Grabens an. Hier an der Klosterstraße ist ein kleiner Garten mit Töpfen voller blühendem Oleander, bewachsenen Pergolen und Bänken entstanden. Viele Sorten von Gräsern, Reitgras, verschiedene Seggen und ein panaschiertes Chinaschilf inmitten von jahreszeitlich blühenden Stauden stellen den Grabenverlauf nach. Dieser blühende Garten bildet einen wundervollen Abschluss für einen Spaziergang entlang des Bullengrabens. Es ist nicht überraschend, dass dieser besonders schön angelegte Grünzug im Jahr 2009 vom Land Berlin mit dem Gustav-Meyer-Preis für außergewöhnliche Grünanlagen ausgezeichnet wurde.

Beet entlang des Grabenverlaufs

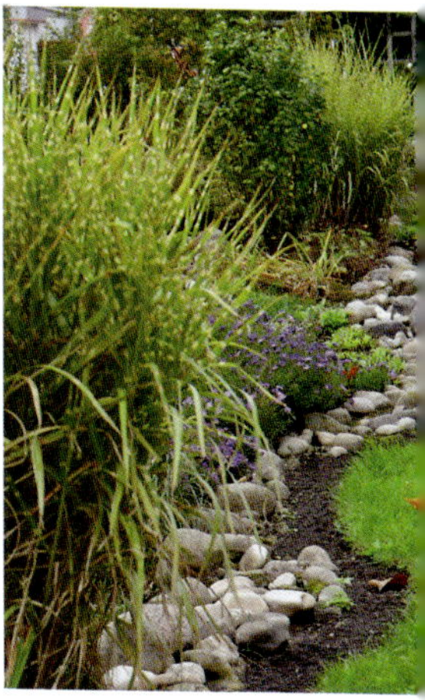

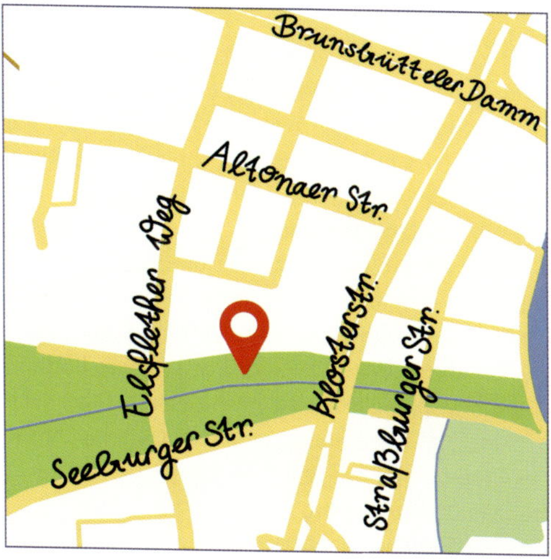

Adresse
vom Elsflether Weg bis
zur Klosterstraße
13581 Berlin

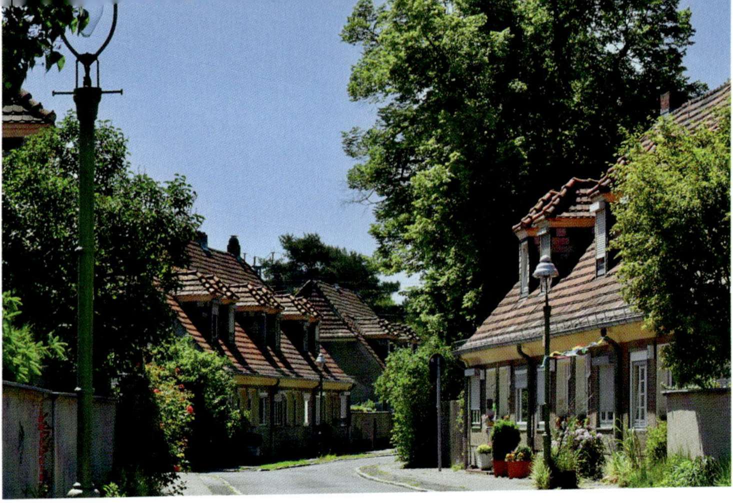

Gartenstadt Staaken

In sich abgeschlossen und nur durch große Toreinfahrten erreichbar, wirkt die Gartenstadt in Spandau-Staaken, in der jedes Haus und jede Wohnung über ein eigenes Stück Garten verfügt, wie eine kleine Märchenstadt. Die winzigen bepflanzten Vorgärten und Fensterbänke sowie die üppig bestückten Hausgärten machen Staaken zu einer wahren Blumenstadt.

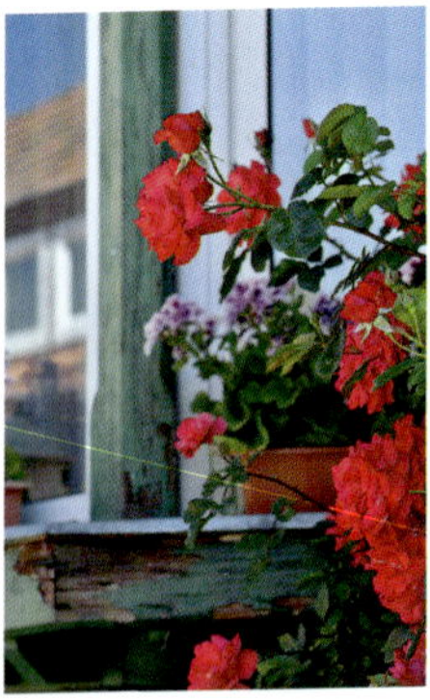

Blühende Pelargonien

Westlich der Spandauer Altstadt am beliebten Mauerradweg liegt die wunderschöne Gartenstadt Staaken. Entstanden ist sie zwischen 1914 und 1917 für die Arbeiterfamilien eines benachbarten Rüstungsbetriebs. Der Wohnraum war damals knapp, und das aus England stammende Siedlungskonzept der Gartenstadt gab den Menschen die Möglichkeit, im Grünen zu wohnen und sich in schlechten wirtschaftlichen Zeiten selbst aus dem Garten zu versorgen. Der bekannte Architekt Paul Schmitthenner hatte in Staaken ursprünglich sogar noch kleine Stallbereiche geplant, um Tiere unterzubringen. Gartenarchitekt des Projekts war wie auch für die Gartenstädte in Frohnau und Falkenberg Ludwig Lesser.

In der Gartenstadt Staaken gibt es große Gemeinschaftsplätze, eine Kirche, eine Schule, einen Marktplatz, Mehrfamilienhäuser und kleine Reihenhäuser im holländischen Stil. Die Siedlung wird noch heute als Genossenschaft betrieben, sodass die Lebenshaltungskosten relativ gering sind.

Wie in anderen Gartenstädten sind auch die Gärten in Staaken teilweise nicht voneinander abgetrennt. Kleine Gartenwege, die sich durch das Areal ziehen, lassen schöne Spaziergänge zu. Erfreulicherweise entwickelt sich der Trend auch hier vom schlichten Garten mit sterilen Rasenflächen und Polyantharosen hin zum wilden Blumengarten mit Obst- und Gemüseanbau.

So gleichförmig die Staakener Gärten auch angelegt sind, keiner ist wie der andere. Liebevoll gestaltete Steingärten und Staudenbeete, die dem Staudenpionier Karl Foerster alle Ehre machen würden, findet man hier genauso wie wilde Mohnwiesen, die noch auf die Bearbeitung warten. Spielgärten mit vielen Geräten wechseln sich mit reinen Rasenflächen zur Entspannung ab. Rhododendren, Rosen und Lavendel blühen prächtig im Frühsommer. Bäume, die schwer an Obst tragen, und große Gemüsegärten schmücken die alten Ziegelhöfe. Überhaupt steht die Blumenpracht der Architektur sehr gut, denn auch die wartet mit Besonderheiten auf. Kleine Schmuckfiguren in den Giebeln und Steinrosetten in Rankenform über großen Eingangstüren machen deutlich: Hier sind Blumen Programm!

Üppige Kletterrose

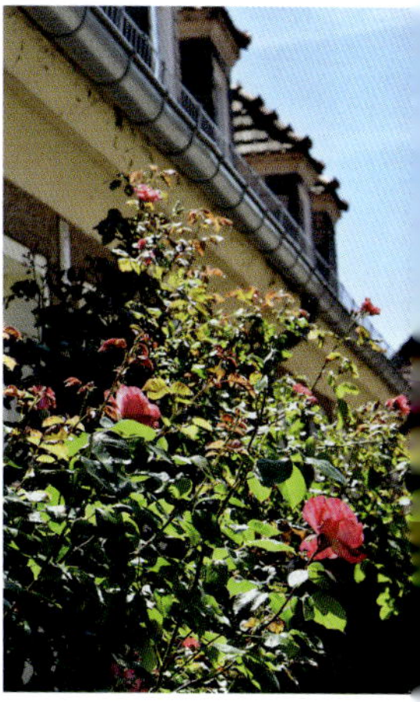

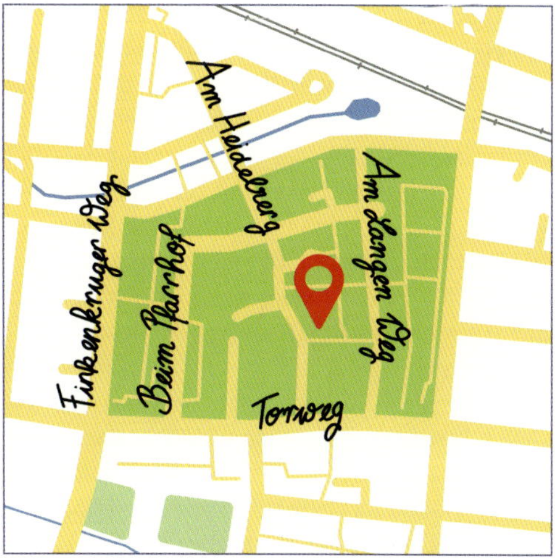

Adresse
Am Heideberg 12
13591 Berlin

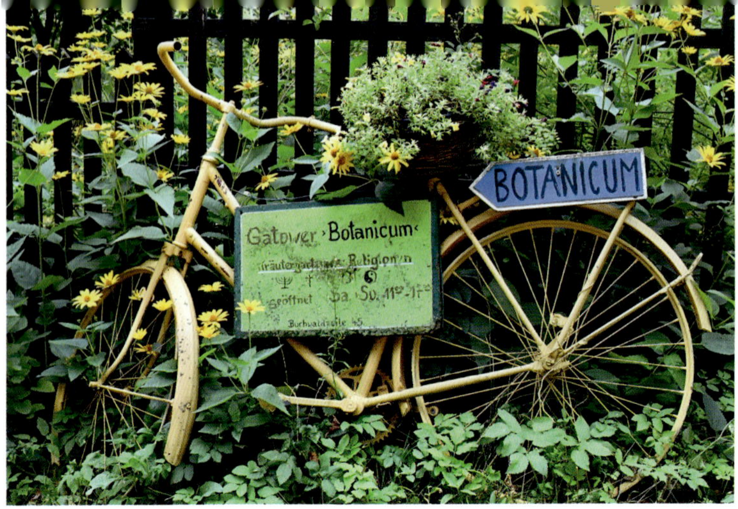

Garten der Religionen

Auf dem Gelände des ehemaligen Gutshofs in Gatow ist ein einzigartiger Garten der vier Weltreligionen entstanden: das Botanicum. Pflanzen sollen hier als Symbol der Völkerverständigung und des Weltfriedens dienen – und die Umsetzung dieser Idee ist vortrefflich gelungen.

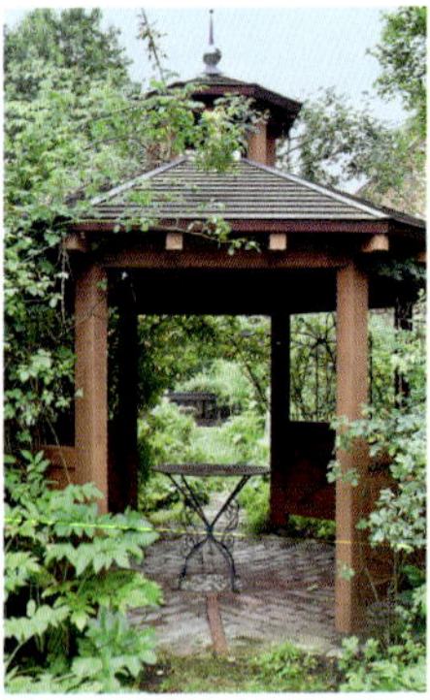

Rosenpavillon

Rita Reinicke hat diesen interkulturellen Garten, in dem jede der vier Weltreligionen mit verschiedenen Pflanzungen dargestellt wird, mit viel Herzblut geschaffen. Sie möchte mit ihm an die katholische Kirche erinnern, die in den 1960er-Jahren in Gedenken an die Toten des Zweiten Weltkriegs auf dem Gutshof errichtet, inzwischen aber abgerissen wurde.

Um das Botanicum, das von buchsbaumgefassten Beeten mit den allerschönsten Stauden eingefasst wird, zu betreten, muss man durch eine kleine Hütte gehen. Im Garten erblickt man dann an zentraler Stelle einen Rosenpavillon, einen Ort, an dem sich Menschen aller Herkunft austauschen können. „Sub rosa dictum" – unter der Rose gesagt: Diese Worte sind unter dem Dach verewigt. Sie sollen dem Gesagten besondere Bedeutung verleihen. Auch jedem Religionsgarten ist eine spezielle Rose zugeordnet. So blüht im jüdischen Garten die berühmte gelbe „Friedensrose", die 1976 zur Weltrose erklärt wurde.

Der christliche Garten ist als Heilkräutergarten gestaltet und eine Reminiszenz an Hildegard von Bingen. Alte Steine sind in Form einer Klosterruine aufgeschichtet, und die Kräuter, darunter Schöllkraut, Eisenhut, Güntzel, Herzgespann, Kapuzinerkresse, Bärlauch und Speierling, sind mit botanischen Schildern versehen.

Dicht beieinander liegen der jüdische und der islamische Garten. Auf zwei steinernen Tafeln findet man auf Hebräisch und Arabisch die Worte „Friede sei mit dir". Ein Feigen- und ein Olivenbaum stehen im jüdischen Garten. Wein windet sich an einer kleinen Rankhilfe auf einem angeschütteten Kalksandsteinhügel, auf dem ein tönerner Frauenkopf steht, aus dem Pflanzen wachsen.

Im islamischen Garten gedeihen nicht nur die landestypischen Kräuter wie Fenchel, Kardamom und Koriander in voller Pracht, sondern auch die „Religionenrose".

Der buddhistische Garten gleicht einem Zengarten. Steine, Gräser und eine geharkte Kieselfläche erinnern an die Klostergärten Asiens. Hier stehen eine panaschierte Zebra-Segge, ein Bambusstrauch, ein Ginkgobaum, und über allem thront eine Himalaya-Zeder. Herrlich überstrahlt der Hortensienbusch eine kleine Buddha-Figur.

Tonkopf im jüdischen Garten

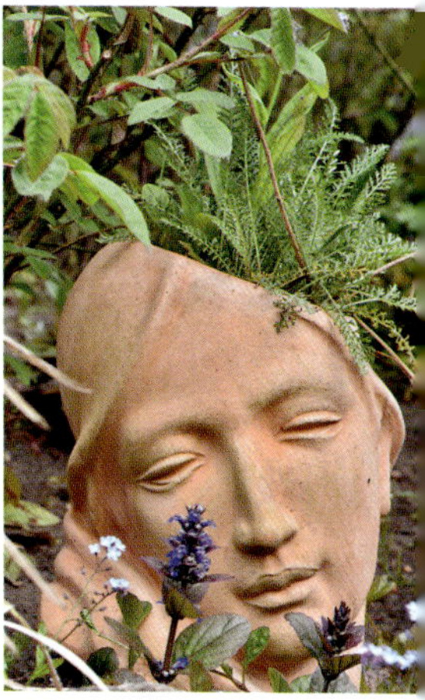

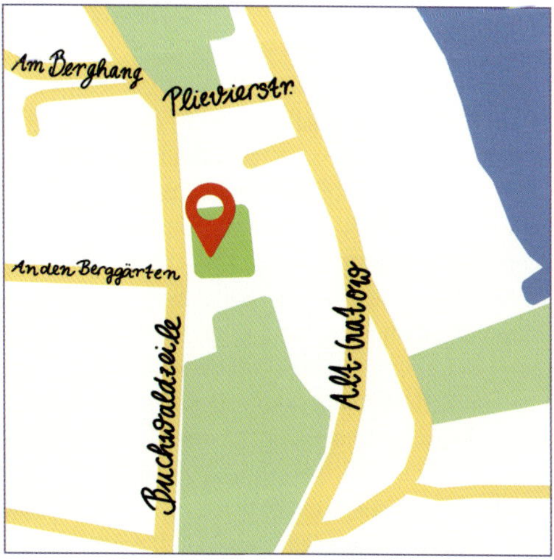

Adresse
Buchwaldzeile 45
14089 Berlin
www.remise-gatow.de

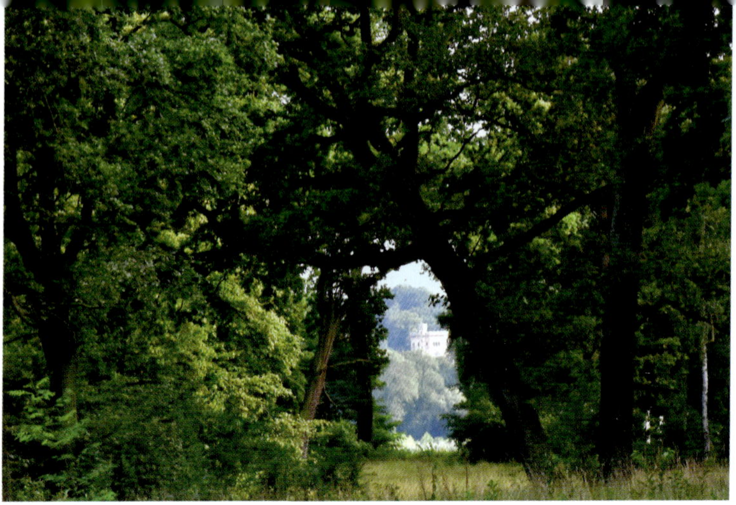

Aussichtsgarten des Schlosses Sacrow

Es wird Zeit, den Park um das Schloss Sacrow zwischen Havel und Sacrower See neu zu beschreiben, nämlich als einen Garten der Ausblicke. Von vielen Stellen dieses Parks, den Lenné als zentralen Ort des preußischen Arkadien anlegte, hat man wunderbare Aussichten auf die anderen großen und berühmten Gärten Potsdams.

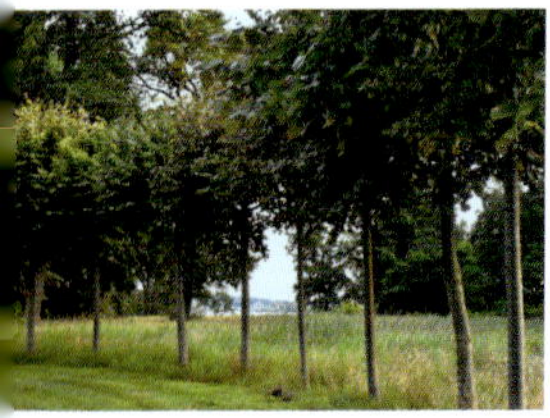

Baumgruppe mit Blick zur Glienicker Brücke

Hinter Kladow liegt der wunderschöne Sacrower Schlosspark mit seinem Herrschaftshaus und der von Ludwig Persius errichteten Heilandskirche. Das Schloss stammt aus dem Jahr 1773, der Park war damals noch ein um eine Mittelachse angelegter Garten. 1840 verwandelte Friedrich Wilhelm IV. das Gelände gemeinsam mit Peter Joseph Lenné in den wichtigsten Bestandteil von Preußens Arkadien. Vom Gut Neukladow aus, das gesamte Havelufer entlang, über die Pfaueninsel und das Blockhaus Nikolskoe bis hin nach Glienicke und Babelsberg, zum Neuen Garten und dem Pfingstberg sollte nach der Idee von Lenné ein riesiger Landschaftspark entstehen, gar eine Landschaftskomposition. Heute kann man vom Park Sacrow aus die Intention des Gartenkünstlers gut nachvollziehen.

Sichtachsen waren Lennés favorisierte Gestaltungsmittel. In Sacrow wurden diese mithilfe von historischen Vorlagen wieder herausgearbeitet. Kulissenhafte Baumgruppen in unterschiedlichen Höhen erweitern die Anlage optisch, sie wird so modelliert und erhält mehr Tiefe. Ausblicken wird auf diese Weise ein besonderer Rahmen verliehen.

Ursprünglich boten sich vom Schloss drei wichtige Sichtachsen: nach Potsdam, zum Flatowturm von Babelsberg und zum Jägerhof von Schloss Glienicke. Das Wegesystem des Parks führt größtenteils entlang der Sichtachsen, einige Aussichtspunkte befinden sich aber auch abseits der Hauptwege. An den Sichtachsen muss immer wieder landschaftsgärtnerisch gearbeitet werden, damit sie erhalten bleiben. Obwohl große Bäume schon kurz nach der deutschen Wiedervereinigung gefällt wurden, muss auf den Nachwuchs geachtet werden. Vor allem Robinien und Weiden können bis zu 145 Zentimeter im Jahr wachsen. Auch Wiesen können zum Problem werden. Da das Mahdgut nicht abgetragen werden kann, werden die Wiesenpflanzen natürlich gedüngt. Sie könnten die Sichtachsen deshalb schließen.

Innerhalb des Parks bilden die tausendjährige Eiche und weitere Highlights wie die halbrunde römische Bank besondere Kulissen. Man sollte sich unbedingt selbst auf den Weg machen, um die verschiedenen Aussichten auf Preußens Arkadien zu entdecken!

Sichtachse zum Pfingstberg

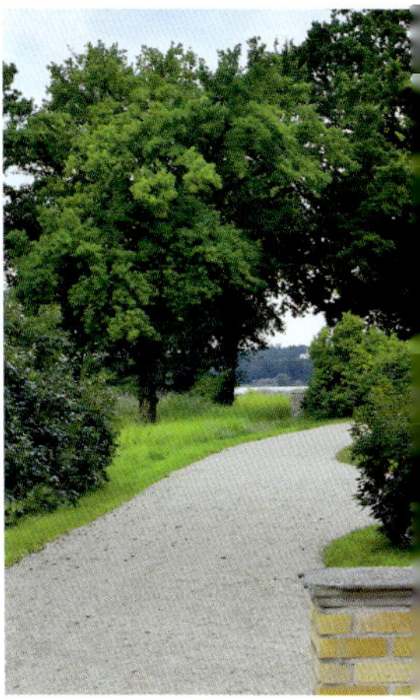

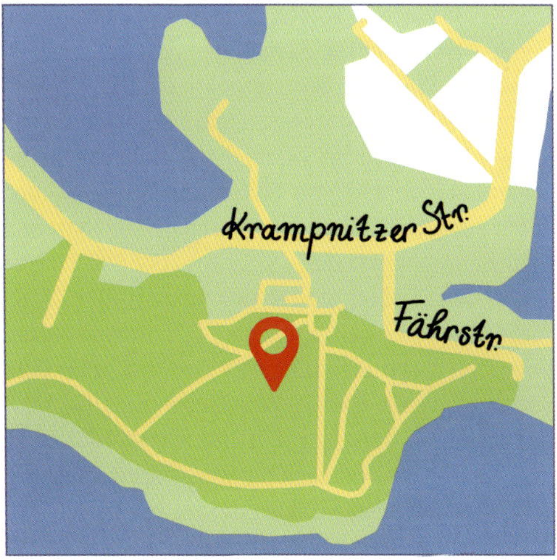

Adresse
Krampnitzer Straße 33
14469 Potsdam

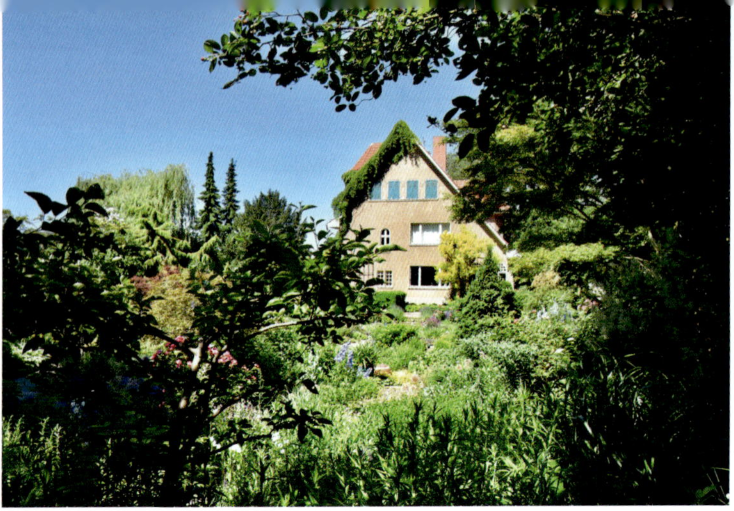

Karl-Foerster-Garten

Wer die Gestaltungsphilosophie Karl Foersters verstehen möchte, ist in seinem Garten in Potsdam-Bornim goldrichtig. In den unterschiedlich angelegten Themengärten findet man noch heute die blühende Gartenwelt, die der Gartenkünstler ab 1910 anlegte. Zu jeder Jahreszeit wird man in dieser Oase von Blühendem empfangen.

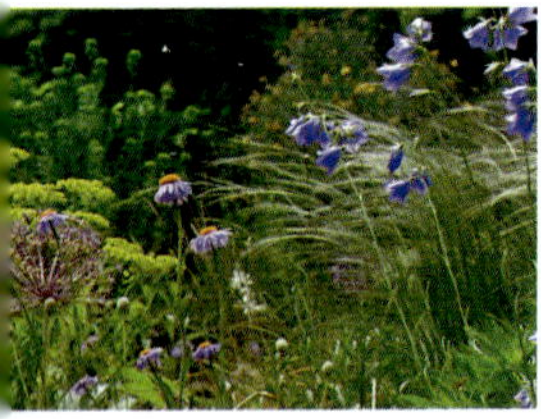

Steingartenpflanzen

Karl Foerster war Gärtner, Blumenzüchter, Schriftsteller und Pflanzenphilosoph in einem. Als „Staudenpionier" hat er wie kein anderer seiner Zeit die blühenden Landschaften Berlins geprägt. Er lernte im Potsdamer Wildpark. Doch er wollte keine einjährigen Schmuckbeete entwerfen, sondern naturnahe Gärten planen. Sein Hauptziel wurde die Entwicklung standortgerechter winterharter Blütenstauden. Denn intelligent ausgewählte Pflanzen gedeihen dauerhaft und brauchen wenig Pflege.

Foersters Lieblingsfarbe war unumstritten Blau. Allein 86 seiner 122 Rittersporn-Züchtungen hatten unterschiedliche Blautöne. Azurblau war seine Lieblingsprunkwinde, ebenso seine Lieblingsiris, die frühblühende Zwergiris. Überdies war Foerster der Erste, der sich für die Kultivierung von Gräsern einsetzte und somit eine neue Dimension in den Garten einbrachte: die Bewegung.

Um sein Wissen weiterzugeben, schuf Foerster auf seinem eigenen Grundstück einen Lehr- und Forschungsgarten. Die verschiedenen Zonen dieser Anlage sind mit jahreszeitgemäßen Staudengesellschaften bepflanzt.

Der Frühlingsgarten zeigt eine große Vielfalt an Frühblühern: Schneeglöckchen, Krokusse, Primeln und Schneebälle stehen neben zarten Leberblümchen und Lungenkraut. Von hier gelangt man in den berühmten Senkgarten, das eigentliche Herzstück der Anlage. In der Mitte dieses Ufer- und Wassergartens befindet sich ein Teich. Das Klima ist hier weniger rau, die Pflanzung ist stärker vor Kälte und Wind geschützt, sodass Rittersporn, Phlox, Wasserdost, Dahlien, Rosen und blühende Gräser in vollkommener Pracht gedeihen.

Vor dem Haus liegt das Herbstbeet. Zwei Kugelahorne leuchten im schönsten Herbstrot, wenn auch Fetthenne, Sonnenbraut, Herbstanemonen und Chrysanthemen blühen.

Ein Paradestück ist der Steingarten, in dem Karl Foerster einen lebendigen Kalender mit Wildstauden geschaffen hat, die im Ablauf der Jahreszeiten Blüten zeigen. Es finden sich hier wichtige Steinpflanzen wie Steinbrech, Blaukissen, Felsenteller und Sonnenröschen.

Japanischer Zierahorn

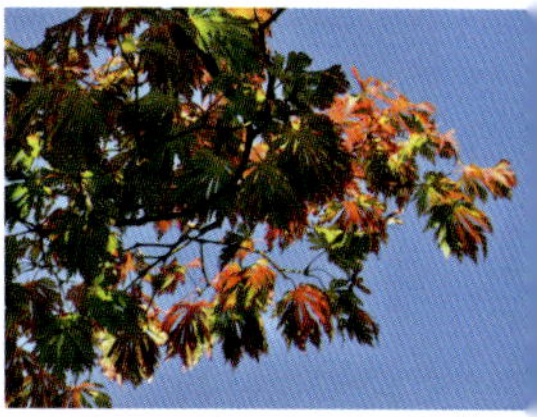

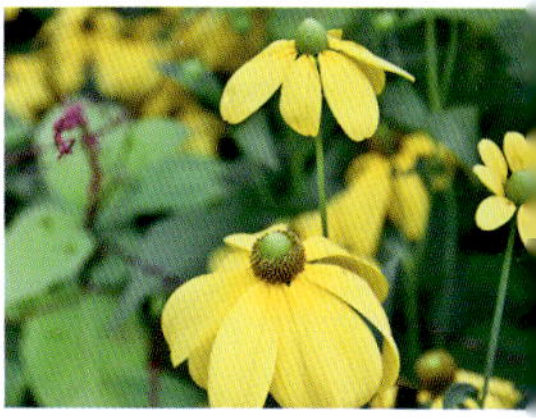

Sonnenhut

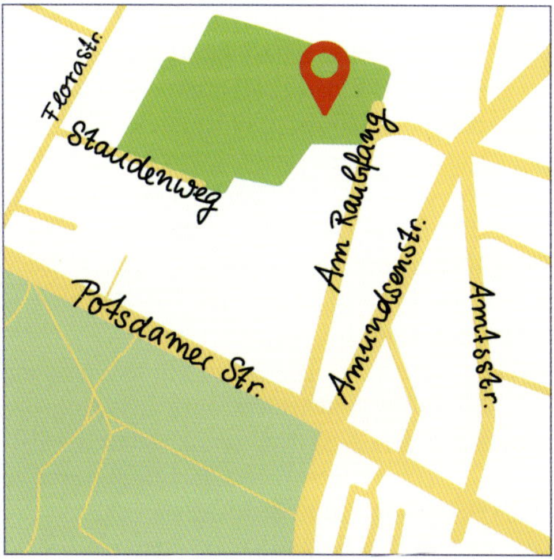

Adresse
Am Raubfang 6
14469 Potsdam
Öffnungszeiten
von 9 Uhr bis zur Dunkelheit

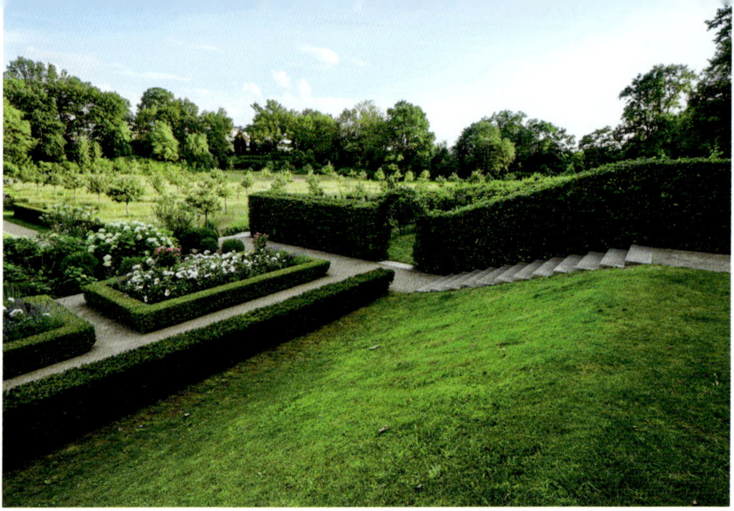

Garten der Villa Jacobs

Von beinahe jedem Standpunkt im Garten der Villa Jacobs kann man über den Potsdamer Jungfernsee blicken. Diese Aussicht, ein romantischer Rosengarten, ein Weingarten und eine Streuobstwiese machen den Garten zu dem perfekten Ort, um ein entspanntes Kulturprogramm zu genießen.

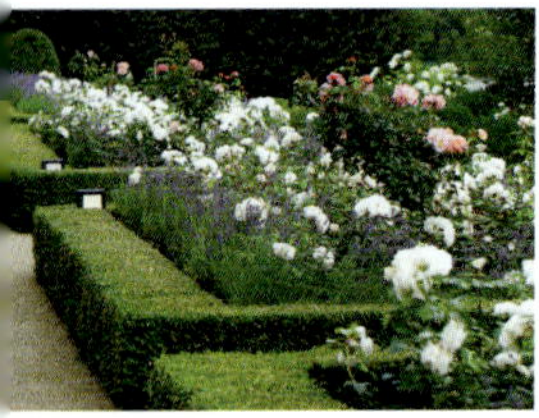

Rosengarten

Ludwig Persius erbaute die Villa 1835 im toskanischen Landhausstil als erste Potsdamer Turmvilla für den Zuckersiedefabrikanten Otto Jacobs. Die Gartenanlage ist die einzige, die Peter Joseph Lenné für einen privaten Auftraggeber entwarf. Ein geschmückter Park sollte mit landwirtschaftlichen Nutzflächen verquickt werden. In den 1980er-Jahren wurde das Grundstück dann weitestgehend zerstört. Schließlich befanden sich hier bis 2006 Kleingartenanlagen. Inzwischen ist der Garten nach einem Faksimile des Originalplans von Lenné und Fotos liebevoll rekonstruiert worden.

Alter Baumbestand, darunter Esskastanien, Platanen und Eichen, die aus der Zeit vor der Bebauung des Grundstücks stammen und etwa dreihundert bis vierhundert Jahre alt sein müssen, umgeben den klassisch angelegten Garten. Nahe dem Haus wird eine große Rasenfläche von vielen kleinen, schirmförmig geschnittenen Linden beschattet – der richtige Ort für exklusive Veranstaltungen. Von hier kann man die terrassenförmige Grünanlage überblicken.

Der Weinberg mit etwa tausend Rebstöcken der Sorte „Frühburgunder" und die sich anschließende Streuobstwiese machen mehr als die Hälfte der Gartenfläche aus. Alte Apfelbäume sind sehr gleichmäßig auf der großen Wiese angepflanzt. Eine Vielzahl von wilden Wicken bildet im Gras große lila- und rosafarbene Inseln. Wilde Königskerzen verschönern diesen Anblick mit ihren leuchtend gelben Blüten.

Im klassischen Teil des Gartens stehen Eiben und Buchsbaumhecken, streng quader- und kugelförmig zurechtgeschnitten. Sie stellen einen charmanten Gegensatz zur üppigen Bepflanzung des Rosengartens mit weißen Rosen und Lavendel dar, rosé Rosenstöcke bilden die zentralen Blickpunkte. Weiße Hortensien stehen mit großen Buchskugeln vor einer toskanisch anmutenden Feldsteinmauer, auf der Steintöpfe mit weißem Oleander gruppiert sind. Auch Bleiwurz als Hochstämmchen, zartblau blühend, fügt sich in die eher schlichte Farbpalette dieses Gartens ein.

Unterhalb des Rosengartens lässt sich ein großes Staudenbeet vom Mauerwerk wärmen. Sonnenhut, Gräser, Lilien, Phlox und viele andere Blumen ergeben eine bunte Mischung.

Streuobstwiese

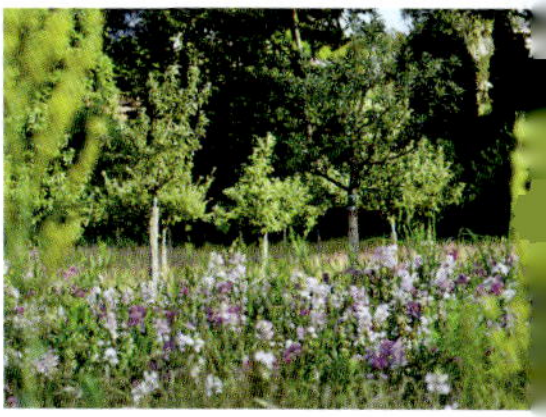

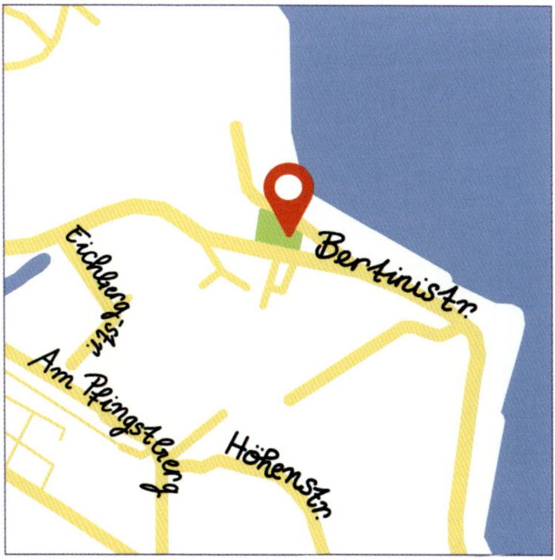

Adresse
Bertiniweg 2
14469 Potsdam
www.villajacobs.de
Öffnungszeiten
am Tag des offenen Denkmals und zu weiteren Veranstaltungen

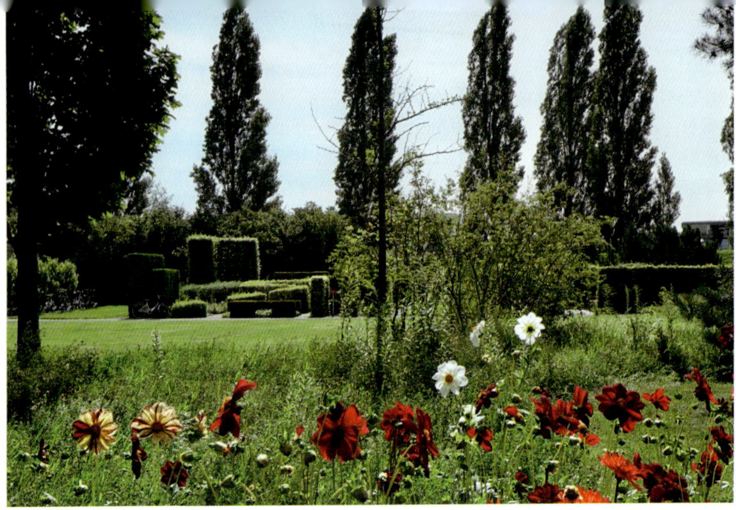

Dahliengärten im Volkspark Potsdam

Großflächig und modern gestaltet und eigentlich alles andere als ein geheimer Ort – das ist der Volkspark oder, besser gesagt, Volksgarten in Potsdam auf dem Bornstedter Feld. Riesige Freiflächen bieten Platz für jede Art von Spiel und Spaß. Doch wer hat schon einmal die üppig bepflanzten Dahlienbeete genauer betrachtet?

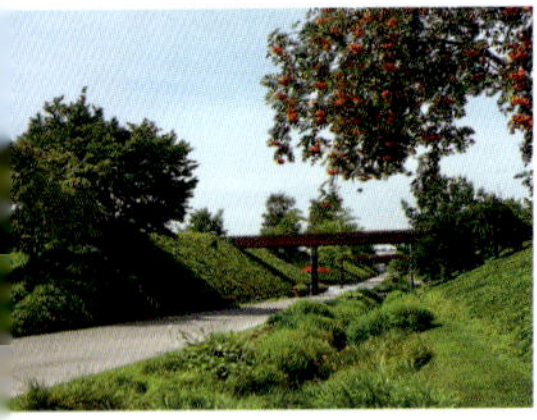

Blick auf die Wallanlage

Einst nutzte Friedrich der Große die Bornstedter Feldmark, um seine Garnisonen auf den bevorstehenden Siebenjährigen Krieg vorzubereiten, später waren hier die Artillerietruppen der Sowjetunion stationiert, heute blühen an diesem Ort Dahlien und Rosen in allen möglichen Bonbonfarben. Im Zuge der Bundesgartenschau wurde der Potsdamer Volkspark mit einer Fläche von 65 Hektar neu aufbereitet und ein moderner Garten des 21. Jahrhunderts geschaffen. Jungfernsee, Ruinenberg und Pfingstberg – die großen Potsdamer Gartenlandschaften umgeben den Park, der sich in einen Remisen-, einen Wiesen- und einen Waldpark sowie eine Wallanlage aufteilt.

Am Haupteingang wird der Besucher standesgemäß von einer großen Gruppe seltener Amberbäume empfangen, die wunderschöne sternförmige Blätter besitzen und im Herbst durch eine langandauernde Färbung bezaubern.

Der Remisengarten überrascht mit seinen vielen kleinen Sondergärten: Der Heckengarten bildet mit seinen unterschiedlichen Heckengehölzen ein kleines Labyrinth. Im Stillen Garten dagegen sind unterschiedliche Gartenräume mit asiatischem Flair gestaltet worden. Immergrüne Gehölze in unterschiedlichen Farben und mit verschiedenen Blattstrukturen sind in klassische Formen geschnitten, der Boden ist mit feinem Kies bedeckt, und eine Bank lädt zum Entspannen ein. Zwischen diesen abgegrenzten Sondergärten sind ausgedehnte Streuobstwiesen mit Obstgehölzen und fantastisch strahlenden Dahlienbeeten angelegt, deren Farbverläufe ein wahres Feuerwerk bilden.

Dahlienblüte

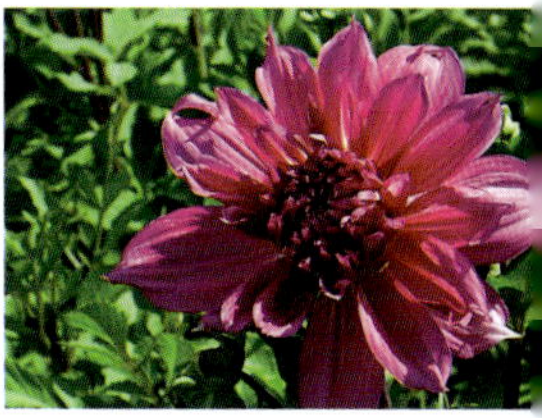

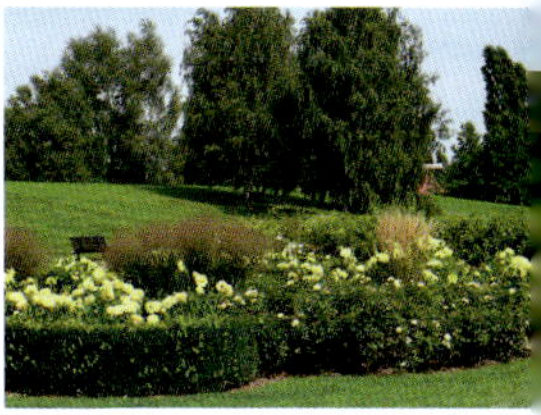

Cremefarbene Rosen und Dahlien

Dahlien kamen Ende des 18. Jahrhunderts aus Mexiko nach Europa, seitdem verehrt und sammelt man die „Königin des Herbstes" in ihren vielen Farben und unterschiedlichen Blütengestalten. Anemonenartige Dahlien sind ungefüllt und ähneln ihren Korbblütlerverwandten, den Sonnenhüten. Pomponartige Dahlien erinnern an Seerosen, ihre röhrenförmigen Blütenblätter sind dicht um den Blütenkorb gehüllt.

Auf den riesigen Beeten des Volksparks wurden die Dahlien nach ihren Blütenfarben sortiert. Steht man auf den früheren Wallanlagen, die zum Teil mit Lavendel und Silberweiden bepflanzt sind, sehen sie wie große bunte Farbfelder aus.

Die Wälle sind miteinander verbunden, über Stahlbrücken gelangt man in die anderen Gartenbereiche. Kleine Wasserläufe, von Gräsern und Schwertlilien umgeben, säumen breite Wege, und zwischen den ehemaligen Schutzdämmen sind Beete angelegt. Auf halben Steinpyramiden wachsen trockenheitsliebende Gräser, Thymian, Lavendel, Salbei und verschiedene Arten Fetthenne. Kleine Gehölzstämme wie Ahorne, Kirschen und Eichen spenden diesen Gärtchen Schatten.

Stern- und blumenförmige, mit Buchs gefasste Rosengärten umrahmen den großen Pleasureground, auf dem es sportlich zugeht: Von Basket- über Fußball bis hin zu öffentlichen Großveranstaltungen ist hier alles möglich. Buschrosen, Beetrosen und wilde Rosen sind in den umliegenden Beeten mit Gräsern und den schönsten Dahlien komponiert. So geht eine

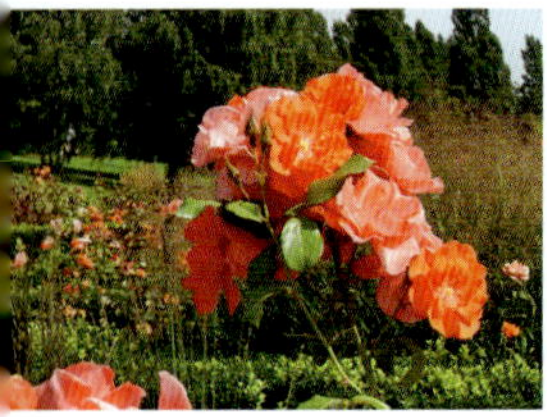

Rosenblüte

rotblättrige Dahlie ein hübsches Stelldichein mit einer orangen und einer weißen Beetrose ein. Zarte Gräser wiegen sich dazu im Wind. Eine andere Gruppe von Beeten leuchtet in Weiß, Gelb und Orange, hier dominieren die großen Blütenköpfe der Pompondahlien, die aus der Entfernung wie ein knalliges Sommereis in Regenbogenfarben aussehen.

Im großen Wiesenpark kann man die freie Sicht genießen, Drachen steigen lassen oder auf der Strandterrasse relaxen. Der schattige Waldpark lädt dagegen zu romantischen Spaziergängen ein, auf denen man eine fast unberührte Natur genießen kann.

Besonders empfehlenswert ist auch ein Besuch in der Biosphärenhalle. Dieser technische Bau stellt eine besondere Attraktion des Parks dar. Das Gebäude aus Glas und Stahl ist mit langen Holzbohlen verkleidet, die begrünt sind und sich dadurch bestens in die Parklandschaft einfügen. Davor steht ein Wasserbecken beziehungsweise ein steinerner Wassertrog von ungefähr hundert Metern Länge – so scheint es zumindest. Tatsächlich handelt es sich eher um eine Wasserfläche. Nur seicht wird der Stein mit Wasser aufgespült. Bäume in Pflanztöpfen, die wie auf Schienen in stählernen Rillen geführt und verschoben

Weißes Dahlienbeet

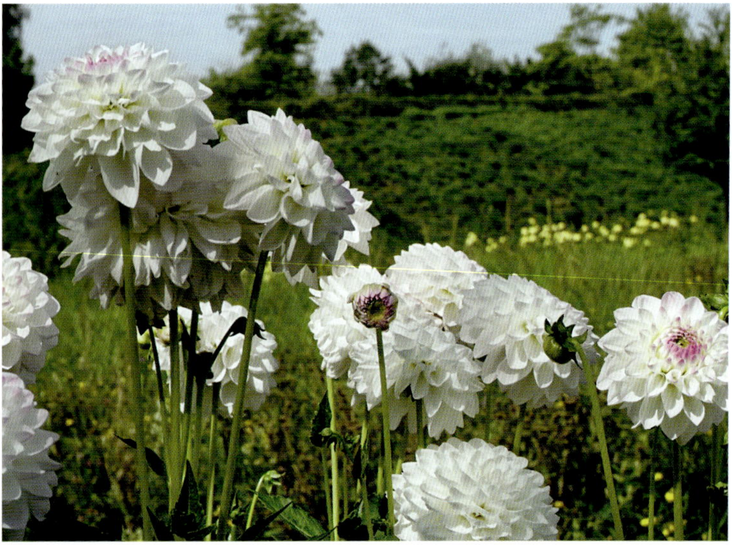

werden können, spiegeln sich magisch auf der Wasseroberfläche.

Im Innern des Tropenhauses sind auf mehreren Ebenen ungefähr zwanzigtausend exotische Pflanzen und kleine Tiere untergebracht. Ein grüner Lehrpfad führt an üppigen Nutzpflanzen vorbei. Hier findet man interessante botanische Informationen zu Pfeffer, Kakao, Vanille, Ingwer und vielen anderen Gewürzpflanzen. Rote unbekannte Blüten locken den Besucher den Weg entlang, bis nach ganz oben unters Dach zu einem bunten Schmetterlingsgarten.

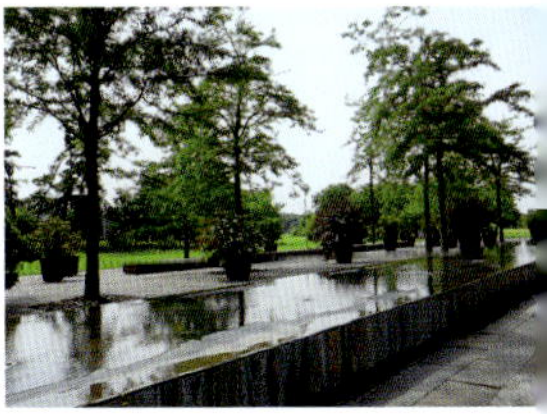

Wasserstein

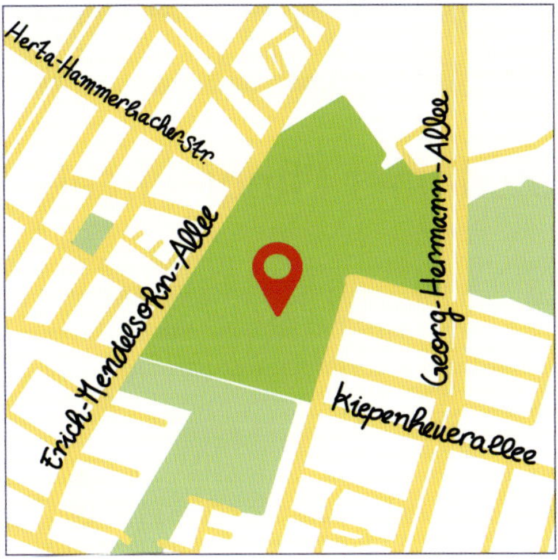

Adresse
Georg-Hermann-Allee 101
14469 Potsdam
Öffnungszeiten
5–23 Uhr

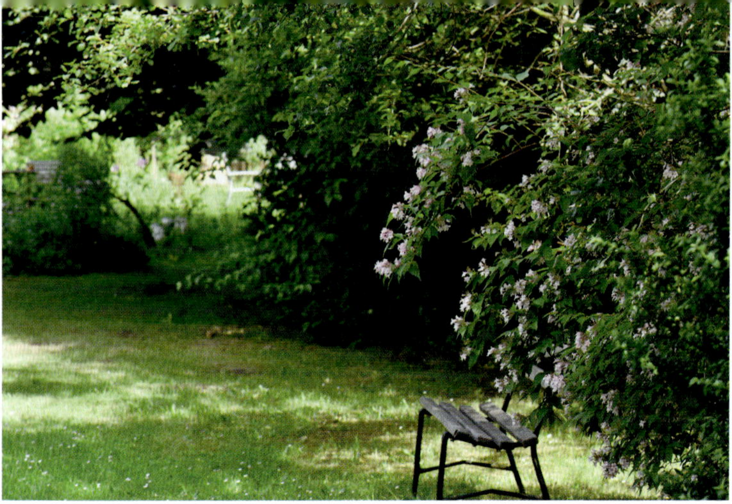

Garten der Potsdamer Pfingstkirche

Den exklusiven Gartenschönheiten wie dem Neuen Garten und dem üppigen Obstgarten am Belvedere auf dem Pfingstberg steht der geheime Garten an der Pfingstkirche in Potsdam in nichts nach. Das bezaubernde Ensemble aus schmucker Kirche, Neuem Pfingsthaus und Pfarrhaus ist umgeben von einer wunderschönen wilden Oase.

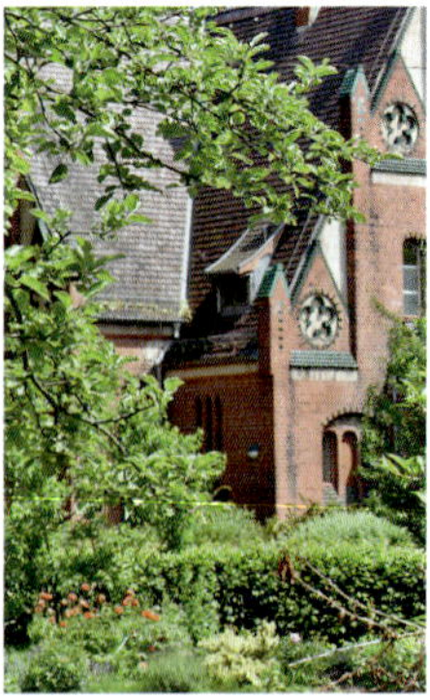

Blick auf die Pfingstkirche

Im Jahr 1851 wurde auf Initiative des damaligen Potsdamer Hofpredigers Albert Heym eine „Rettungsanstalt für sittlich gefährdete und verwahrloste Jugendliche" ins Leben gerufen. Zu diesem Zweck nutzte man das ehemalige Jehnke'sche Winzerhaus am Fuße des Pfingstbergs und ließ es umbauen. 1891 errichtete man das Neue Pfingsthaus, ein größeres Wohnhaus und eine angeschlossene Kapelle. 1894 erfolgte schließlich die Einweihung der evangelischen Pfingstkirche.

Der schmiedeeiserne Zaun vor dem Grundstück und der ganz und gar mit Efeu eingewachsene Turm des Wohnhauses lassen die grüne Oase schon erahnen. Vor dem Pfarrhaus gibt es eine kleine Streuobstwiese mit Kirsch- und Apfelbäumen, alten Rosen und einem weißen Holunder, der schon fast zu einem Baum angewachsen ist und das Kirchhaus überragt.

Ganz im Grünen kann man einmal um die Kirche

herumgehen. Der Garten hinter der Kirche gleicht einem Refugium. Von kleinen Obstgehölzen umrahmt, ist auf dem gesamten Areal ein Schrebergarten mit kleinen Wirtschaftswegen angelegt. Selbstgebaute Gerüste warten auf die Bohnenpflänzchen, die sich bald daran hochranken sollen, der Salat sprießt zwischen Kohl und Kräuterpflanzen. Zauberhafte Lupinen und Rittersporn in Pink und Lila, roter Mohn und Pfingstrosen bringen Farbe ins Beet. Fingerhüte in Helllila, gewaltige Stauden, die jeden Gärtner vor Neid erblassen lassen, leuchten im Schatten und ziehen die Blicke auf sich.

Seit 1870 befindet sich auch ein kleiner Glockenturm auf dem Gelände der Pfingstkirche. Damals regelte er noch den Tagesablauf der schwer erziehbaren Jugendlichen, heute ist er frisch renoviert und glänzt in grüner Farbe, lauschig umwachsen von vielen Blüten der roten Kletterrose und umgeben von einer Buchshecke. Kleine hölzerne Bänke schmiegen sich an die Hecke und stützen eine lilafarbene Waldrebe. Hecken aus Chinesischem Hartriegel und Buchen schützen den Kirchgarten und laden nicht nur Gemeindemitglieder zum Entspannen ein. An den roten Backsteingebäuden blühen überall bunte Stauden, beinahe jeder freie Platz wurde genutzt, um ein Beet anzulegen.

Rosenbewachsener Glockenturm

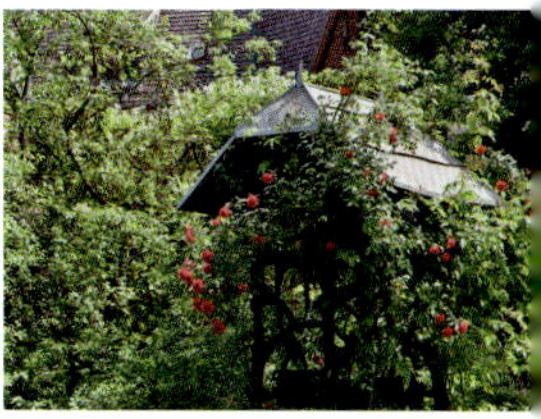

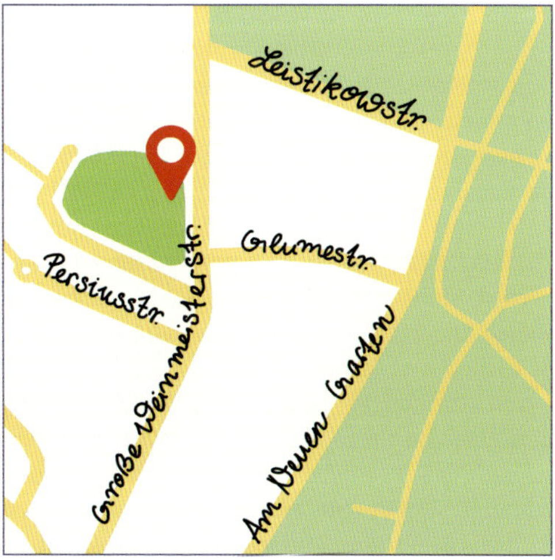

Adresse
Große Weinmeisterstraße 49
14469 Potsdam

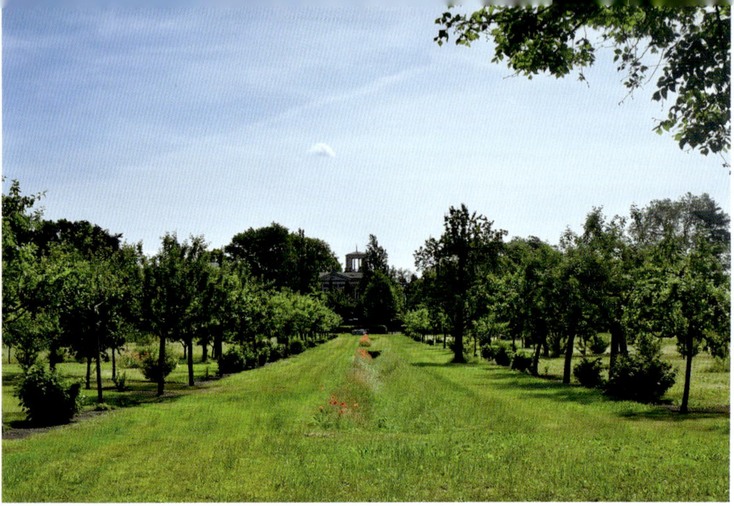

Russische Obstgärten

Hinter den Blockhäusern der ehemaligen Russischen Kolonie Alexandrowka in Potsdam liegen große Obst- und Blumengärten, in denen die Früchte üppig an den Bäumen hängen. Blühende wilde Streuobstwiesen und alte sibirische Apfelbäume machen die Erkundung dieses verwunschenen Geländes zu einem echten Erlebnis.

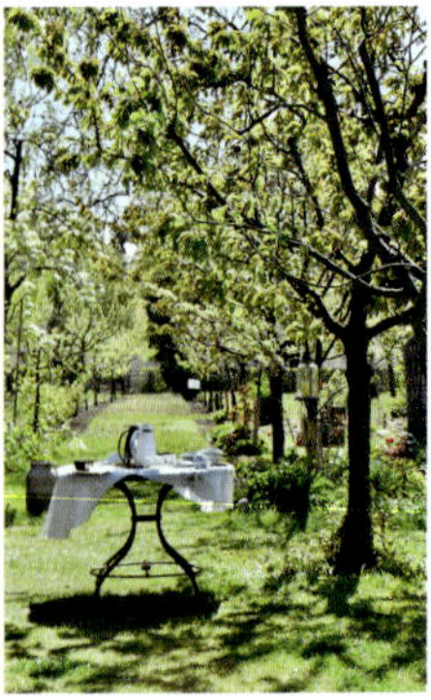

Kaffeegarten

Der preußische König Friedrich Wilhelm III. war ein enger Freund des russischen Zaren Alexander I., und er liebte die russische Volkskunst. Als der Zar 1825 plötzlich verstarb, entschloss sich der König, ihm ein Denkmal zu setzen: ein russisches Dorf. Nahe dem Bornstedter Feld wurde eine große Anlage mit einem Wegekreuz in der Mitte geschaffen. Die Planung für das Areal stammte von Peter Joseph Lenné. Die Fachwerkhäuser, die man kurzerhand mit einer Holzverkleidung versah, damit sie russischen Blockhäusern glichen, stehen noch heute auf kleinen Streuobstwiesen und beeindrucken mit schönen Holzintarsien an Giebeln und Balkonen.

Von den damals 1300 gepflanzten Obstbäumen überlebten bis heute fast 300. Sie haben die durchschnittliche Lebensdauer von 150 Jahren längst überschritten. Mittlerweile wurde auch nachgepflanzt: Es gibt wieder über 300 verschiedene Apfelsorten,

Sauerkirschen und Birnen. Dabei dienen die alten Sorten immer noch als „Genbank".

Die Grundstücke des insgesamt sieben Hektar großen Geländes sind inzwischen alle in Privatbesitz. Durch das alleeartig angepflanzte Obst werden die Gärten voneinander abgegrenzt. Auf den Wiesen gedeihen Unmengen von Klatschmohn, Wildgräsern, Glockenblumen, Ysop und wildem Salbei. Und Bienenvölker gibt es natürlich auch.

Einer dieser wundervollen Privatgärten gehört der Familie Anders. Durch eine Toreinfahrt kommt man in einen kleinen Hof, der Blockhaus und Stallgebäude miteinander verbindet. Obstgehölze ziehen sich durch den Garten. Ein kleines Feuchtbiotop mit Seerosen und Schwertlilien ergänzt die Fülle an Mohn und Rosen. Sitzplätze unter alten Kirschen laden zum Verweilen ein, und das große Gemüsebeet wird vom Hausherrn selbst bearbeitet – wenn er nicht gerade Gäste zur Führung ins Haus bittet, in dem die Einrichtung noch aus alter Zeit stammt.

Aber wann sollte man diese herrlichen Gärten besuchen? Im Frühjahr, wenn die Äpfel- und Kirschbäume weiß und rosa strahlen, oder im Frühsommer, wenn die Wiesen in vielen Farben schimmern und der Mohn blüht? Oder doch im Herbst, wenn die üppige Ernte festlich gefeiert wird?

Blühende Rabatte

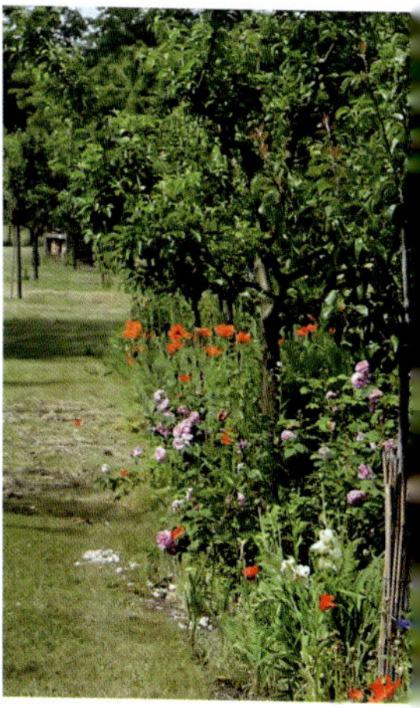

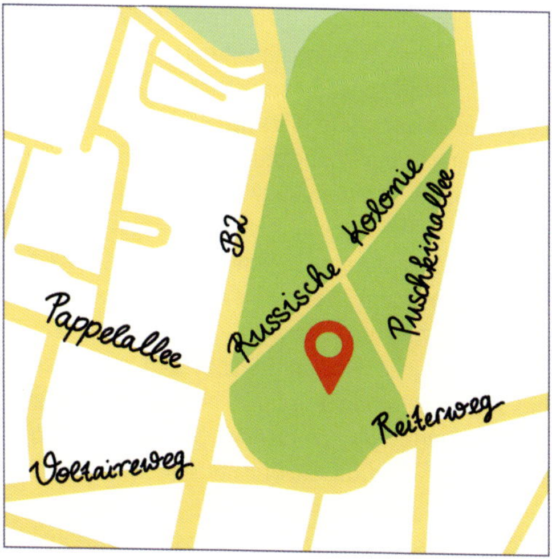

Adresse
Russische Kolonie 2
14469 Potsdam
Garten der Familie Anders:
Russische Kolonie 12
Öffnungszeiten
Garten der Familie Anders:
am Tag der offenen
Gärten
www.offene-gaerten-berlin-umland.de

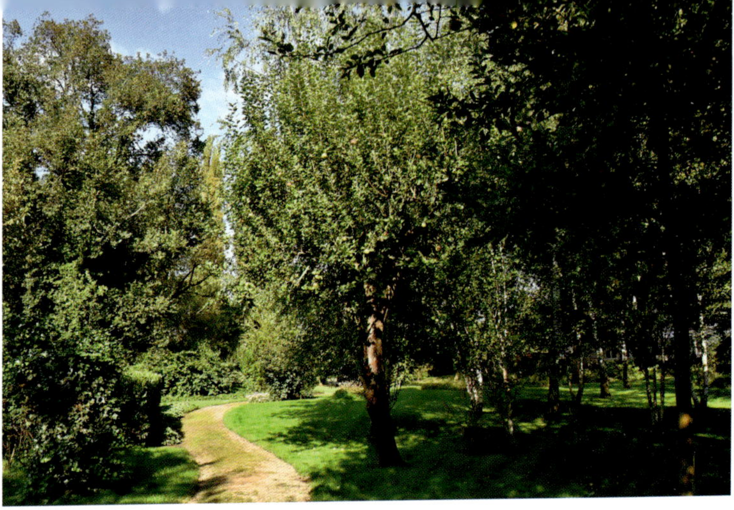

Garten der Villa Schöningen

Weltberühmt ist die Glienicker Brücke, doch den geheimen Garten der weiß leuchtenden Villa Schöningen, der sich hinter einer hohen alten Mauer versteckt, kennt fast niemand. In diesem Kleinod kann man unter alten knorrigen Eichen und Kastanien ganz abgeschieden picknicken und die Ruhe genießen.

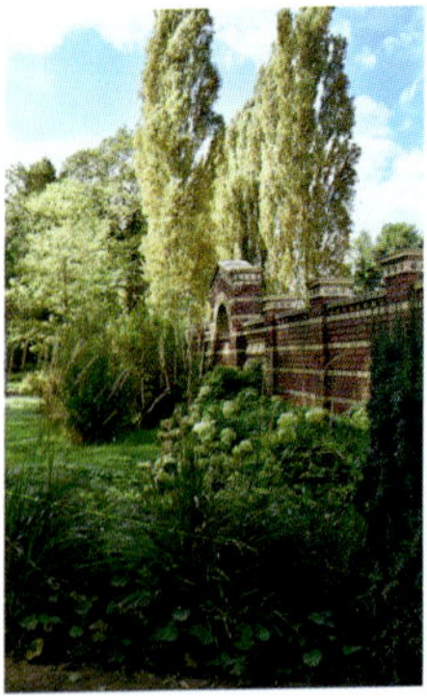

Alte Ziegelmauer

Von Peter Joseph Lennés gärtnerischen Verschönerungsmaßnahmen für die Potsdamer Landschaft waren auch öffentliche und private Anwesen an den Havelufern und an den Verbindungswegen zwischen den königlichen Gartenanlagen betroffen.

1843 erhielt Ludwig Persius den Auftrag, das alte Gebäude eines Schiffbauers gegenüber dem Schlosspark Glienicke durch eine prunkvolle Villa zu ersetzen, in die der Hofmarschall Kurd Wolfgang von Schöning einziehen sollte. Der war auch Namensgeber der Villa. Ab 1882 nutzte eine Berliner Familie das Anwesen dann als Sommerresidenz. Eine Obstwiese wurde zum Garten hinzugefügt, der mit einer gelbgestreiften Ziegelmauer mit kleinen Durchblicken zum Wasser hin umfriedet wurde. Seit 2009 beherbergt die inzwischen sanierte Villa ein privates Museum. Im Erdgeschoss kann man die Geschichte der deutschen Teilung in Bild und Ton nacherleben, im Obergeschoss werden Werke zeitgenössischer Künstler ausgestellt.

Heute schmiegen sich Hortensien an die Gartenmauer, Gräser säumen die Gartenwege, und Hartriegel und Weiden rahmen das Grundstück ein. Bereits vom großen Gartentor aus blickt man auf das Kunstwerk „Parkdose“ von Manfred Pernice, eine Reminiszenz an die alten Wachtürme der DDR-Grenzsoldaten. Eine große Rasenfläche mit altem Baumbestand dominiert den Park. Spaziert man über den Rundweg, kann man viele kleine Überraschungen entdecken.

Im Schatten der mächtigen Baumstämme sind große Beete mit Farnen, Gräsern und Rhododendren angelegt. Von Zierlorbeer umfasst wird ein kleiner Rosen- und Staudengarten mit bodennahen Beeten. Hier blühen Gräser neben Disteln, weiße Rosen und strahlend blaue Bartblumen, Lichtnelken und Fetthennen. Etwas wild sieht es aus, aber zu jeder Jahreszeit warten diese Beete mit etwas Blühendem auf. Am allerschönsten ist jedoch, dass man beim Gang durch den Garten immer wieder das nahe Havelwasser zwischen den Ästen aufblitzen sieht.

Skulptur „Parkdose“

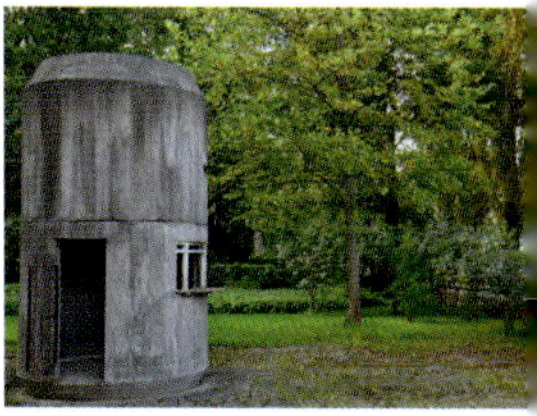

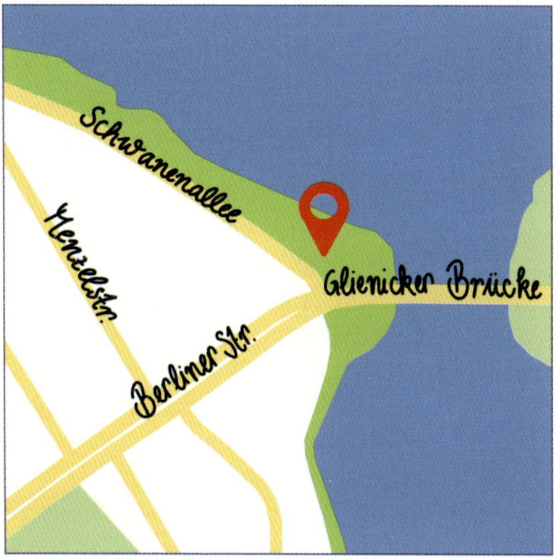

Adresse
Berliner Straße 86
14467 Potsdam

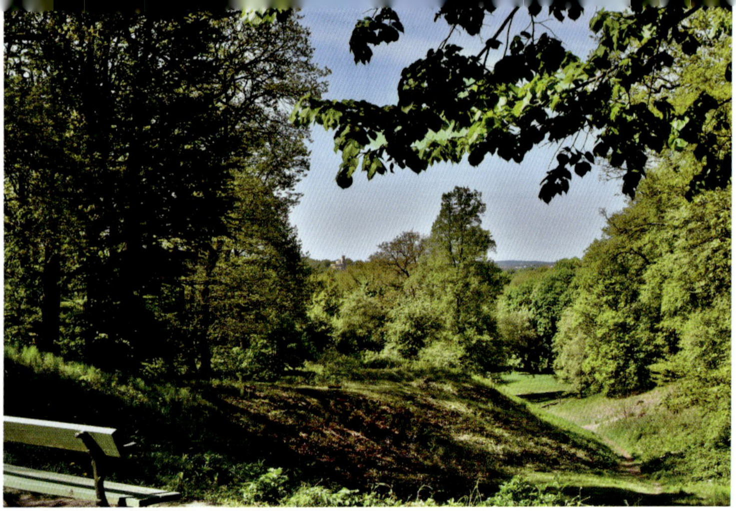

Garten der Alexandra

Die Loggia Alexandra auf dem Böttcherberg ist vermutlich das Teehäuschen mit der schönsten Aussicht in ganz Brandenburg. Von dem denkmalgeschützten und renovierten Gebäude hat man einen wunderbaren Blick über den Buchenwaldpark des Böttcherbergs bis zum Schloss Babelsberg und zum Zentrum Potsdams.

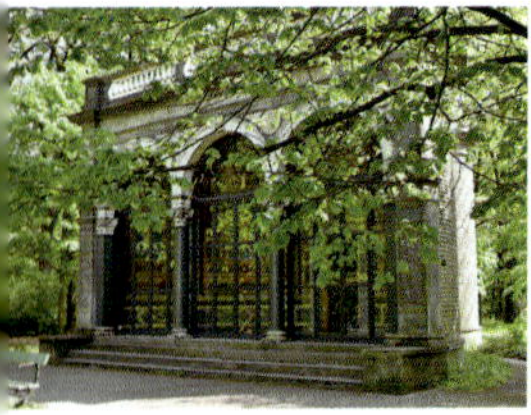

Teehäuschen

Einer der höchsten Berge Potsdams, der Böttcherberg mit einer Höhe von 67 Metern, gehörte Mitte des 19. Jahrhunderts zum Jagdschlosses Glienicke. Auf seiner Spitze stand damals die „Kaiserinnen-“ bzw. „Alexandrabank“, von der man eine großartige Aussicht genießen konnte. Benannt war sie nach Prinz Carls Lieblingsschwester Charlotte, die nach ihrer Hochzeit mit Nikolaus I. als Zarin Alexandra Fjodorowna immer noch gerne in Berlin weilte und oft ihre Zeit auf dem Aussichtsplatz verbrachte. Nach Alexandras Tod im Jahr 1860 ließ Prinz Carl ihr zu Ehren an genau jener Stelle einen Teepavillon errichten: die Loggia Alexandra.

Die drei Arkadenbögen des halbrunden Baus aus Ziegelsteinen öffnen sich – ähnlich der damaligen Alexandrabank – zur Landschaft hin. Es gibt sogar ein Belvedere, eine Aussichtsterrasse mit Säulen. Im Innenraum finden sich Wandgemälde nach Art pompejischer Fresken. Wie die Marmorfront des Teehauses und die verzierten Säulenkapitelle zeugen diese von der Vorliebe des preußischen Prinzen für italienische Architektur.

Heute wie vermutlich schon zur Zeit Alexandra Fjodorownas ist der Weg durch den im Frühjahr jadegrün schimmernden Buchenwald hinauf zur Loggia etwas beschwerlich. Doch man lässt sich gerne von dem schweren Duft der Maiglöckchen betören, die den Boden wie ein Teppich bedecken.

Ist man an der Spitze des Bergs angekommen, präsentiert sich das inzwischen liebevoll instand gesetzte Teehaus als Höhepunkt der Waldparkinszenierung. Eine aus Ziegelresten künstlich angelegte Schlucht mit Felsformationen ermöglicht die Sicht über den alten Baumbestand des Waldparks hinweg zum Turm des Schlosses Babelsberg. Schon Peter Joseph Lenné hatte hier ein Cottage mit Blickachse zum Schloss geplant, gebaut wurde es allerdings nie. Großartige Sichtbeziehungen zum Potsdamer Neuen Garten und zum Schloss Glienicke ergeben sich, wenn man die Blickrichtung wechselt.

Nimmt man auf der einfachen Bank vor der Loggia Platz, spiegelt sich der Park in den großen Scheiben des italienisch anmutenden Teepavillons, sodass man ganz von Grün umgeben ist.

Spiegelung des Schlossparks Babelsberg

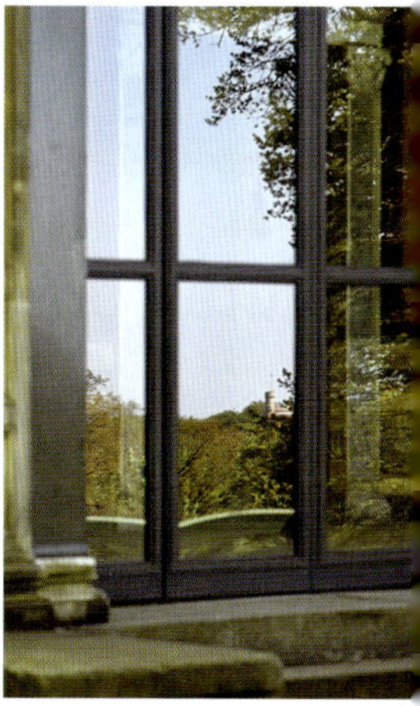

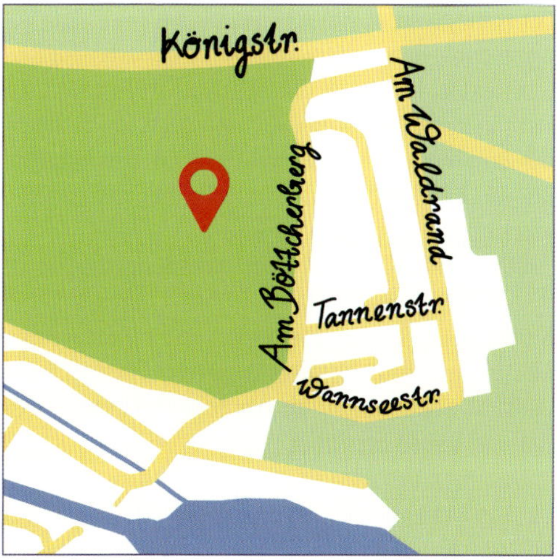

Adresse
Am Böttcherberg 8
14482 Potsdam

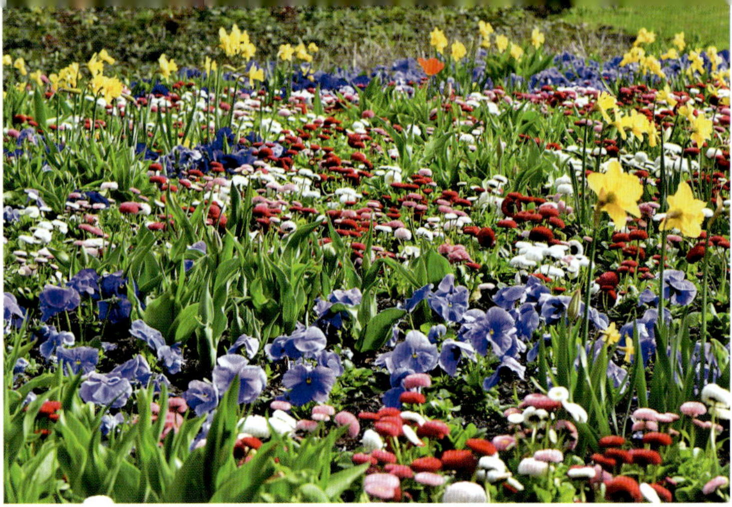

Blüten der Freundschaftsinsel

Die Freundschaftsinsel am Zufluss der Nuthe hat sich innerhalb der letzten zweihundert Jahre zum ersten „Blütengarten der Zukunft" gemausert. Wie ein Feuerwerk leuchten hier die Blumen zu jeder Jahreszeit – frei nach dem Motto Karl Foersters: „Es wird durchgeblüht!"

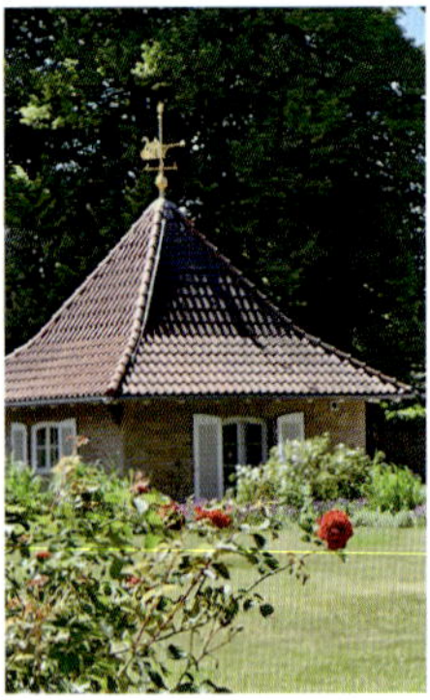

Rosenblick auf das Torhäuschen

Einst schuf der Tabakwarenhändler Gems einen Rosengarten auf der Schwemmsandinsel, öffnete diese zu Festen für die Allgemeinheit und nannte sie „Insel der Freundschaft". Bekannt wurde die Insel aber vor allem durch den „Schau- und Sichtungsgarten für Blütenstauden, Farne und Gräser", den Karl Foerster und Hermann Mattern hier 1937 anlegten. Im Rahmen der Bundesgartenschau im Jahr 2001 wurden viele der von Karl Foerster kultivierten blühenden Schätze wieder zu neuem Leben erweckt.

Betritt man die Insel über die Lange Brücke, ist man bereits von den farbenfrohen Beeten auf der profanen Liegewiese überrascht: Jedes Jahr werden hier in Gemeinschaftsarbeit mehrere Tausend Frühblüher wie Stiefmütterchen, Primeln, Krokusse, Narzissen und Tulpen gepflanzt.

Den Kern des riesigen Blühgartens bildet die große Sandsteinpergola, die Hermann Mattern 1939 gestaltete und an die sich eine Wasserlandschaft anschließt. Kletterrosen gehen hier eine verspielte Kombination mit zierlichen Clematis ein. Zwischen Wasserachse und Pergola blühen über dreihundert Iris- und dreißig Tagliliensorten, nach Farbe sortiert und von Bergminze eingerahmt.

Am ehemaligen Ausstellungspavillon bezaubert im Frühjahr die Yoshino-Kirsche, ihre traubenförmigen rosa Blüten hängen dann fast bis zum Boden. Nebenan liegt der Rosengarten aus den 1970er-Jahren, dessen grobe Beeteinfassungen aus Beton nicht die Schönheit der Rosen beeinträchtigen können. Viele seltene Arten aus DDR-Züchtungen, Teehybriden und Floribundarosen sind hier kultiviert. Stauden und Gräser durchziehen die Pflanzung.

Im Steingarten findet man Klein- und Polsterstauden sowie Hungerkünstler wie Salbei, Lavendel und Thymian, die sich an den hügeligen Boden anschmiegen und trotzdem eine großartige Blütenpracht hervorbringen.

Von knie- bis mannshoch präsentieren sich Sonnenhüte, Margeriten und Astern in der Staudenanlage. Hinter ihnen stehen Phlox, Indianernessel, Sonnenbraut und Rittersporn. Hier wie auch in den „Karl-Foerster-Beeten" hat man versucht, die von Foerster selbst gezüchteten Sorten nach seinen Farbkonzepten zu kombinieren.

Skulptur „Inge" von Walter Arnold

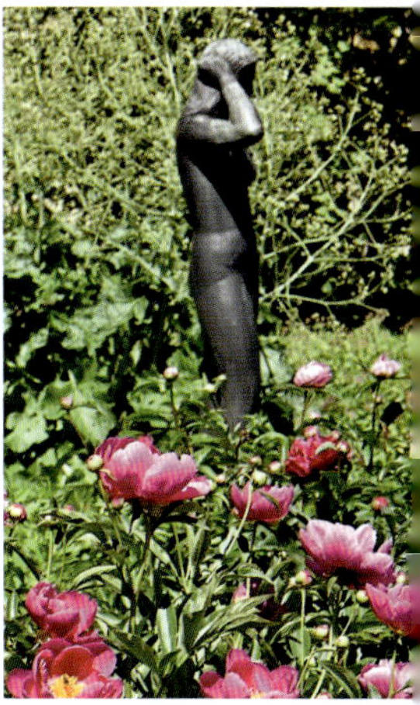

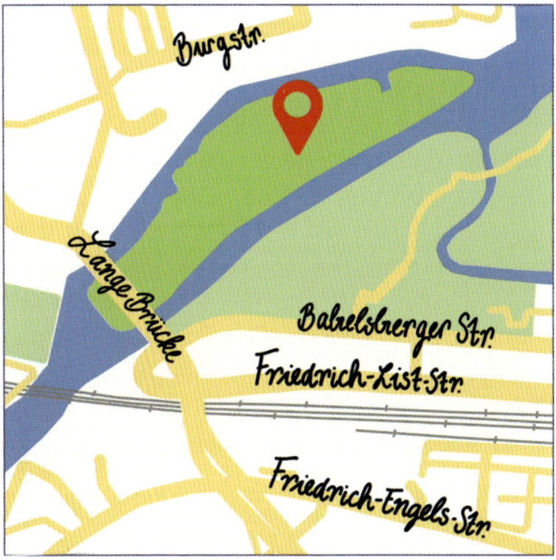

Adresse
Lange Brücke
14467 Potsdam

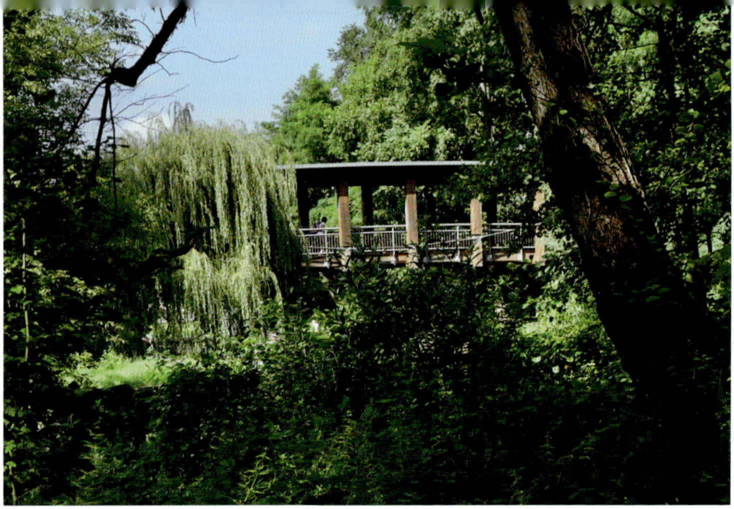

Wasserblick im Nuthepark

Den Potsdamer Nuthepark an der Langen Brücke zwischen der Freundschaftsinsel und dem quirligen Hauptbahnhof kennen nur wenige. Hier entspannen die kundigen Potsdamer an ihren Lieblingsplätzen auf schattigen Wiesen an der Nuthe und an den sonnigen Ufern der belebten Havel.

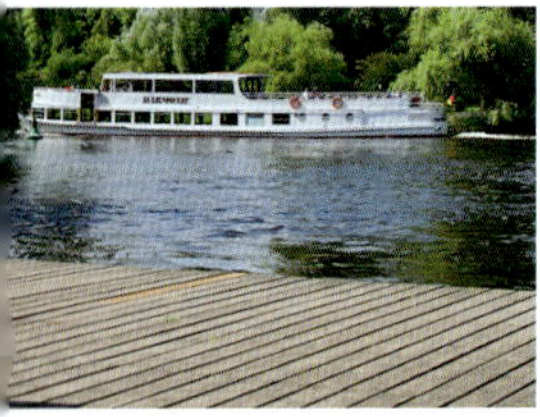

„Harmonie" auf der Langen Fahrt

Anlässlich der Bundesgartenschau im Jahr 2001 wurde das vormals verwahrloste Areal zu einem naturnahen Landschaftspark umgestaltet, der mit einer vielfältigen Bepflanzung aufwartet. Beinahe von jeder Stelle des Parks kann man auf Wasser und geheimes Grün blicken.

Beginnt man einen Spaziergang am schmalen Ende der Grünanlage an der Langen Brücke, wird einem bald bewusst, dass dieser Park eigentlich ein Garten mit Aussicht ist. Der Nuthepark bietet nicht nur Ausblicke auf die Lange Fahrt, einen Arm der Havel, sondern auch auf die Sehenswürdigkeiten Potsdams: Die Kuppel der Nikolaikirche, der Landtag und das Museum Barberini werden hier zu schönen Bildern.

Der Spazierweg ist gesäumt von exotischen Sträuchern, Linden, Eschen und Weiden, und überall begegnet man freundlichen Potsdamern. Kleine Berliner Motorboote brummen auf dem Wasser vorbei, und die

Schiffe „Harmonie" und „Heiterkeit" transportieren Passagiere. Alles, was sich zwischen Berlin, Potsdam und Werder auf der Havel bewegt, muss hier entlang. Deshalb ist der schönste und meistbesuchte Platz des Nutheparks die kleine Landzunge, an der die Nuthe in die Havel mündet. Hier steht eine große Trauerweide direkt vor einer malerischen Holzbrücke über die Nuthe. Von einem schattigen Platz unter einer großen Weide oder von einem der vielen Holzdecks, die bis in die Havel hineinreichen, kann man das Geschehen auf dem Wasser bis hin zum fernen Flatowturm im Schlosspark Babelsberg verfolgen. Gegenüber liegt die Schiffbauergasse mit ihren Theatern, Restaurants und viel moderner Kunst und Architektur.

Kunst findet sich aber auch auf der kleinen Landzunge in Form eines übergroßen Holzstuhls, der neben einer Trauerweide aufgestellt ist. Von hier gelangt man auf direktem Wege, vorbei an einem Waldspielplatz und einem Freibad, zum Schlosspark Babelsberg.

Geht man die kleinen Wege an der Nuthe entlang, trifft man auf eine imposante Lindenallee und immer mal wieder auf einen Ruheplatz, der von Tuffgesteinen eingerahmt wird. Eine wunderbare Gelegenheit, um im Schatten zu sitzen und auf das stille Grün und das Wasser zu blicken.

Einladender Sitzplatz unter der Weide

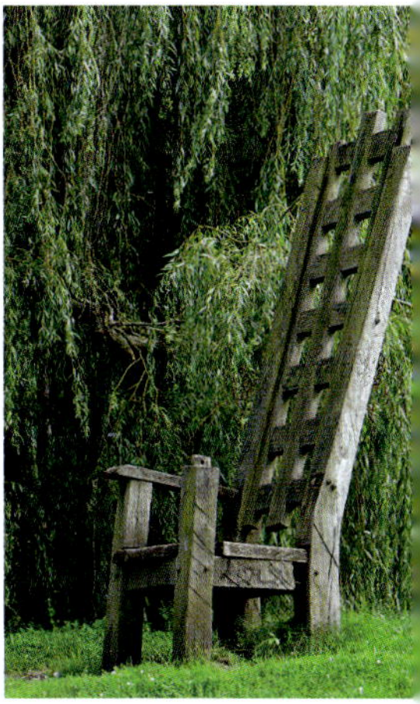

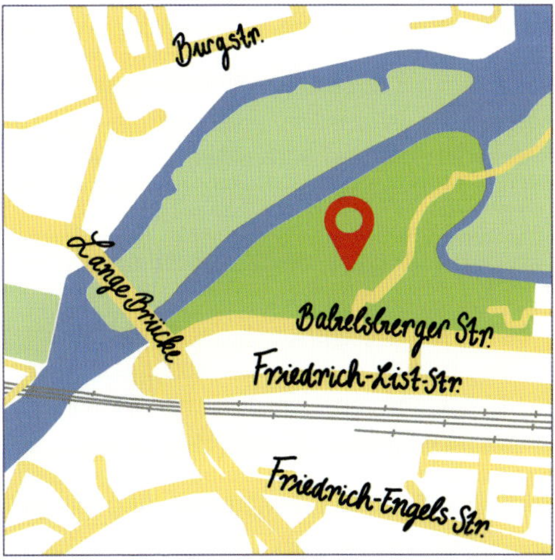

Adresse
Babelsberger Straße
14473 Potsdam

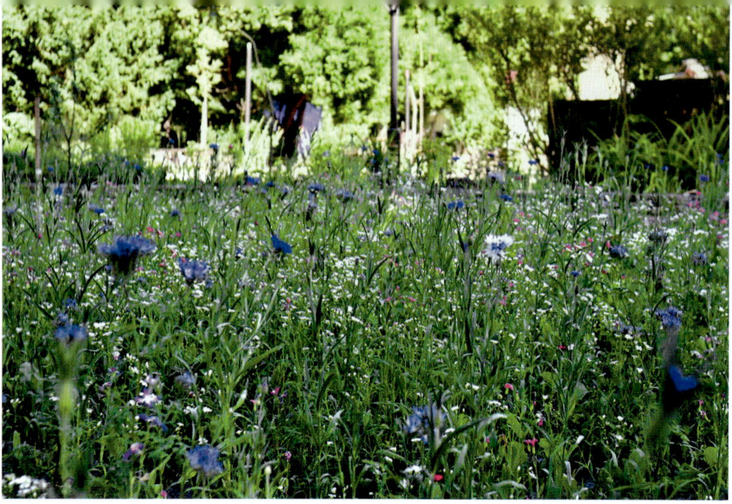

Nachbarschaftsgarten Scholle 34

Wie verzaubert scheint es dazuliegen: das romantische Grundstück an der Ecke Geschwister-Scholl-Straße / Kastanienallee. Doch ein paar tatkräftige Menschen haben beschlossen, ihm wieder etwas Leben einzuhauchen. Auf der Scholle 34 ist ein schöner, großer und sehenswerter Gemeinschaftsgarten zu besichtigen.

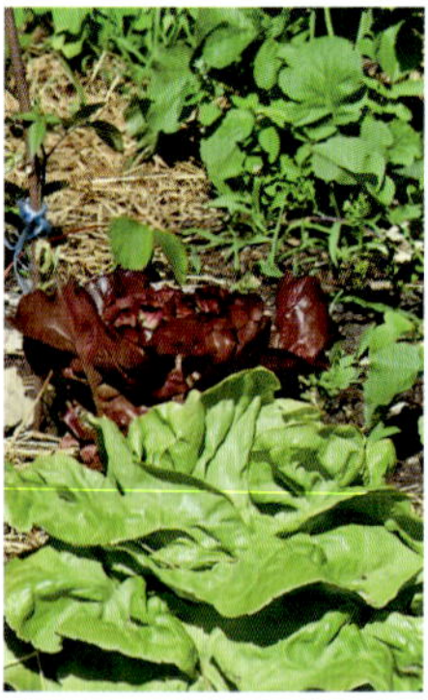

Erntereifer Salat

Zur DDR-Zeit war die Ausflugsgaststätte „Charlottenhof" ein zentraler Veranstaltungsort. Inzwischen hat sich das Stadtteilnetzwerk Potsdam-West e.V. dieser alten Kulturstätte angenommen. Auch wenn die Gebäude noch keine tiefgreifenden Veränderungen erlebt haben, ist auf dem Gelände ein wunderbarer Nachbarschaftsgarten entstanden, der öffentlichen Veranstaltungen eine würdige grüne Kulisse verleiht. Die Gartennachbarschaft ist illuster, der berühmte Park von Sanssouci nur durch einen Zaun abgetrennt. Gärtnern ist hier Programm.

Bereits im Eingangsbereich des Gartens leuchtet es bunt, eine Wildblumenwiese wurde gesät. Durch zweimalige Mahd im Jahr und das Abtragen des Mahdguts wird der Boden ausgehagert, sodass sich hier nach und nach neue Pflanzenarten ansiedeln, die Biodiversität erhöht wird und Bienen und andere Insekten angelockt werden.

Auch der für die DDR-Zeit typische Vorplatz der früheren Gaststätte hat Beton und Steine lassen müssen. Bäumchen sind gepflanzt und Baumscheiben mit Pflanzen verschönert worden. Sogar das erste Gemüse wurde geerntet. Hinter der Gebäuderuine gibt es einen großen offenen Platz, auf dem Konzerte, Kinovorstellungen und sogar die berühmte „Fête de la musique" stattfinden. Umschlossen wird dieser von den Beeten der Nachbarschaftsgärtner, die hier in Kooperation mit der „Gemüse Ackerdemie" fleißig arbeiten.

Liebevoll wurde das Gemüse angepflanzt, außerdem stehen auf dem Gelände ein paar Obstbäume, zum Beispiel kleine Kirschen. Himbeeren und Brombeeren ranken sich an selbstgebauten Stützen empor. Salat und Kräuter gibt es in vielen verschiedenen Sorten, Tomatenpflanzen in Hülle und Fülle. Zwischen dem Gemüse wachsen Wildblumen wie Kresse, Mohn, Kornblumen und Ringelblumen. Sie sollen das Bodenklima verbessern.

Im hinteren Gartenbereich, ganz versteckt, stehen Bienenbeuten. Hier herrscht ein reges Treiben. Vermutlich wurden die Wildblumen auch für die Bienen angerichtet, damit bald der erste Honig geerntet werden kann.

Beetkultur

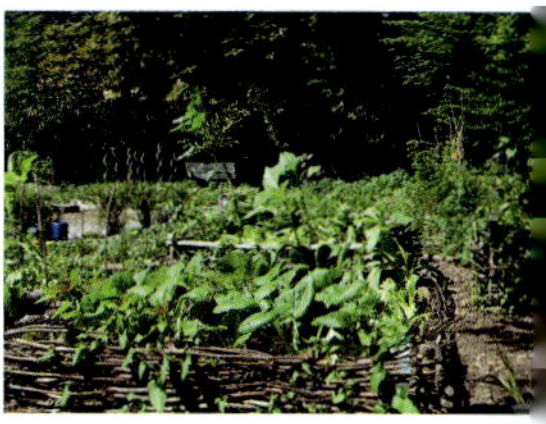

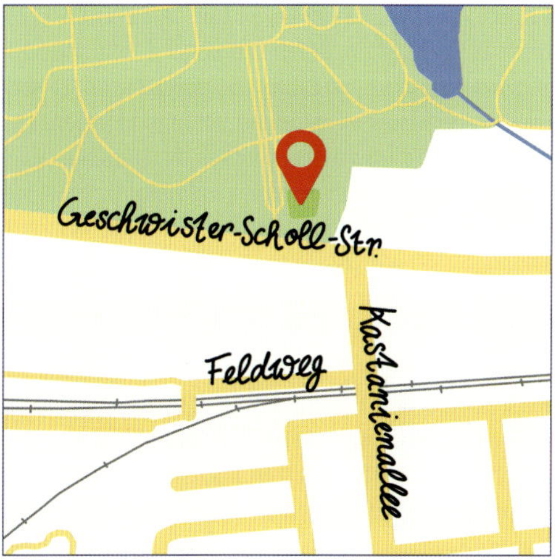

Adresse
Geschwister-Scholl-Straße / Kastanienallee
14471 Potsdam
www.blog.scholle34.de

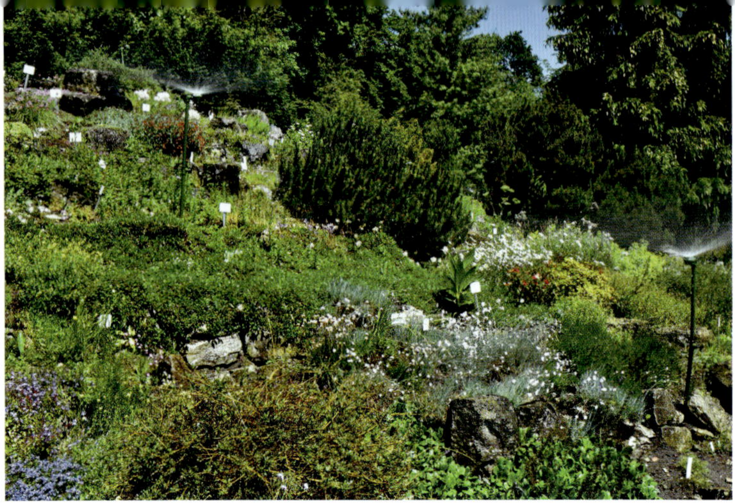

Paradiesgarten im Botanischen Garten

Ein Garten im Garten im Garten – wie bei einer russischen Matroschka, der kleinen Holzpuppe, stecken in dem relativ schmalen, terrassierten Garten an der Maulbeerallee im Park Sanssouci viele weitere faszinierende Gärten mit unterschiedlichen Pflanzen, Architekturen und Geschichten.

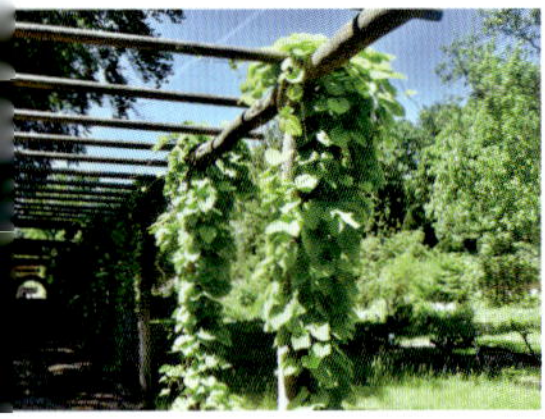

Berühmte Pergola von Ludwig Persius

Schon zur Zeit Friedrichs des Großen befand sich südlich der Maulbeerallee mitten im Zentrum Potsdams ein Hofgarten, der die königliche Tafel mit Südfrüchten, Gemüse und Blumen bereicherte. Er entwickelte sich schnell zu einem Orangeriegarten. Die damaligen Weinterrassen nördlich der Maulbeerallee wurden bald mit ihm vereinigt, und Hofgärtner Hermann Sello machte sich um ihren Ausbau verdient. Friedrich Wilhelm IV. betraute schließlich Peter Joseph Lenné damit, die Terrassen in einen Paradiesgarten umzuwandeln. Er wünschte sich einen Nutzgarten im italienischen Stil und beauftragte Ludwig Persius mit der Gestaltung der Kleinarchitekturen und des Haupteingangs an der Maulbeerallee. Heute gibt es im Paradiesgarten noch einen Bereich mit botanischer Nutzfläche, der nach Vegetationszonen unterteilt ist.

Pflanzen treten in geschlossenen Beständen auf, und sie passen sich an die herrschenden Umweltbedingungen an, wie man meist schon an ihrer Gestalt erkennt. Unter trockenen Bedingungen finden sich beispielsweise wasserspeichernde, dick- und steifblättrige Pflanzen, am Wasser dagegen solche mit dünnen, großen Blättern.

Im Paradiesgarten kann man durch vier verschiedene Graslandschaften spazieren: einen Steppen- und einen Heidegarten, eine Frühblüher- und eine Wildblumenwiese, auf der verschiedene Apfelsorten kultiviert werden. Besonders sehenswert ist der Rhododendronhang, der von März bis August in Blüte steht. Und von den Terrassen mit einem Alpinum hat man einen wunderbaren Blick.

Eine Allee aus Maulbeerbäumen, die durch weinbewachsene Festons (Girlanden) miteinander verbunden sind, führt zur Hauptattraktion des Gartens: dem Atrium, in dessen Innenhof sich das Stibadium befindet, das Friedrich Wilhelm IV. und seine Gemahlin für Pausen zwischen den Staatsgeschäften nutzten.

Das Atrium ist streng nach Norden ausgerichtet, ihm schließt sich ein Wasserbecken mit Fontäne an. In den Säulenzwischenräumen auf dem kleinen Belvedere des Gebäudes stehen vierzig bunte Glasvasen, die das Sonnenlicht reflektieren. Für eine entspannte Atmosphäre sorgt auch das Plätschern der Wasserkaskade an der Ostseite des Gebäudes.

Stibadium mit Fontänenbecken

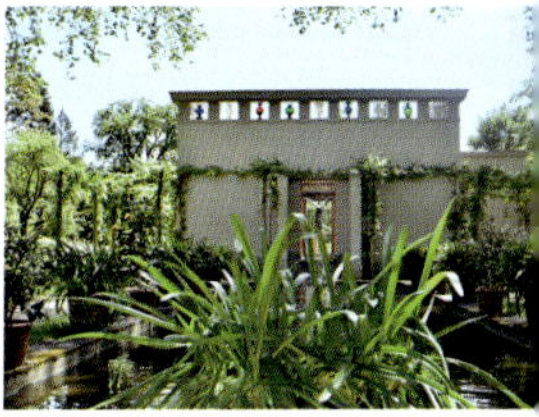

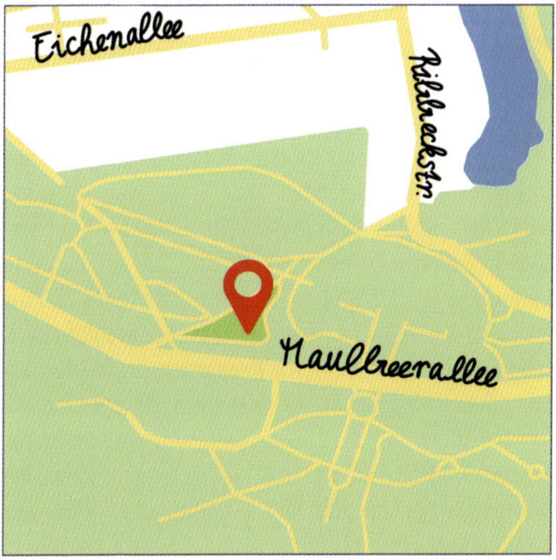

Adresse
Maulbeerallee 2
14469 Potsdam
Öffnungszeiten
von 8 Uhr bis Sonnenuntergang

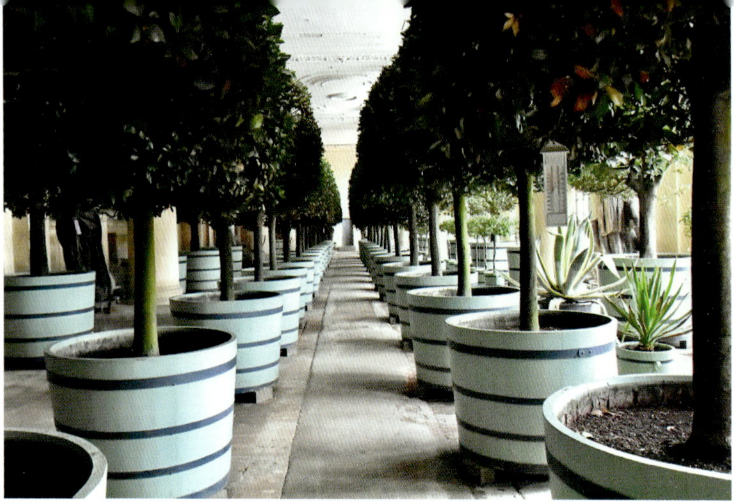

Geheimer Garten im Orangerieschloss

Was gibt es Schöneres, als im Winter einen Spaziergang durch ein Pflanzenparadies zu unternehmen? Blüten, Früchte und üppiges Grün sind auch zur kalten Jahreszeit in Orangerien zu besichtigen. Möchte man sich auf die Suche nach den „goldenen Früchten" begeben, wird man in der Potsdamer Neuen Orangerie mit Sicherheit fündig.

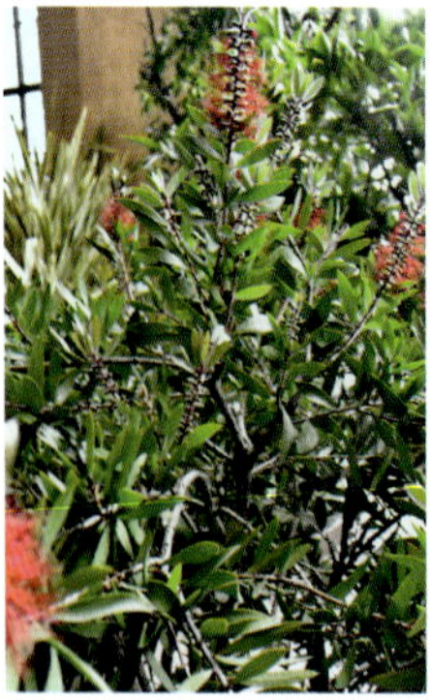

Exotischer Lampenputzerstrauch

Seit dem 16. Jahrhundert brachte man die „goldenen Früchte", die als Symbole für Macht und Reichtum galten, in die Königshäuser. Man nannte sie „Apfel Sine" – Apfel aus China. Zusammen mit Palmen, Lorbeergewächsen und anderen Zitruspflanzen wurden die Apfelsinen in den frostigen Monaten in eigens dafür errichteten und beheizten Pflanzenhallen, den Orangerien, untergestellt.

Heute sind nur noch drei dieser Kalthäuser in Potsdam in Betrieb. Eines davon ist die über dreihundert Meter lange Orangerie im Park Sanssouci. König Friedrich Wilhelm IV. ließ das Orangerieschloss zwischen 1851 und 1864 nach eigenen Entwürfen im Stil einer italienischen Renaissancevilla erbauen. In den westlichen und östlichen Seitentrakten der imposanten Dreiflügelanlage befindet sich noch heute das Winterquartier für die kälteempfindlichen Pflanzen der Parkanlagen.

Ungefähr tausend grüne Kübel, vom Potsdamer Böttcher hergestellt, mit 35 unterschiedlichen Pflanzenarten überwintern hier. Dazu zählen Fächerpalmen, Hanfpalmen und Phönixpalmen, von denen manche bis zu zwölf Meter hoch sind, Zitrusgewächse als Hochstamm oder Busch, Lampenputzersträucher, Yuccapalmen und Schmucklilien. Etwas Besonderes ist die ilexblättrige Eiche, ein seltener Baum.

Es herrscht eine Raumtemperatur von vier Grad, sodass die Pflanzen eine Art Winterschlaf halten: Sie treiben nicht aus und benötigen nur wenig Wasser. Geheizt wird mit der alten Kanalheizung von 1860, sie führt der Halle zusätzlich Frischluft zu.

Pomeranzen und Palmen

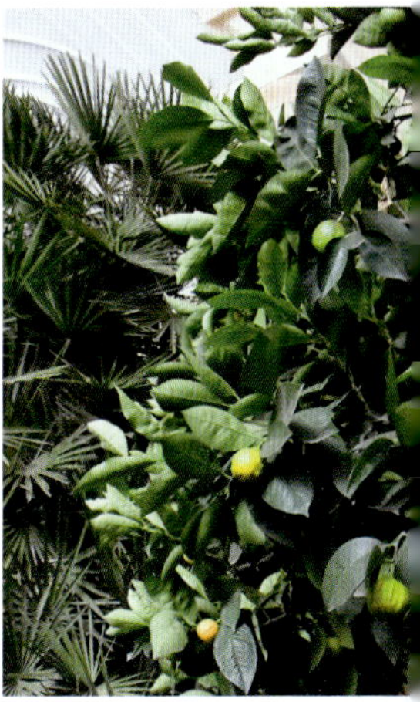

Außer den wärmeliebenden Pflanzen sind hier auch die empfindlichen Parkskulpturen untergebracht. Einige sind zwischen den Pflanzen aufgestellt, andere in Grüppchen organisiert. Es ist ein erfrischender Anblick, wie die Damen und Herren vertraulich miteinander zu schwatzen scheinen.

Viele der Pflanzen tragen Früchte oder sogar Blüten, und es gibt aparte Kombinationen zu entdecken. Die Fächerpalme bildet mit ihren spitzen Wedeln einen schönen Kontrast zu den kleinen fleischigen Blättern und Früchten der Pomeranze.

Wäre es nicht so kühl, könnte man meinen, in einem südländischen Renaissancegarten zu wandeln.

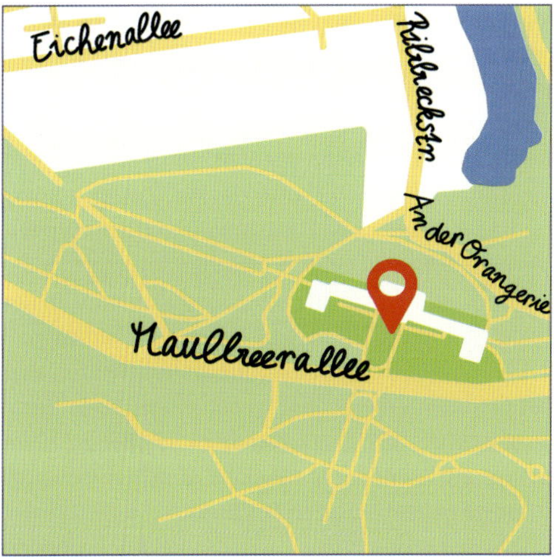

Adresse
An der Orangerie 3-5
14469 Potsdam
Öffnungszeiten
Führungen im Winter

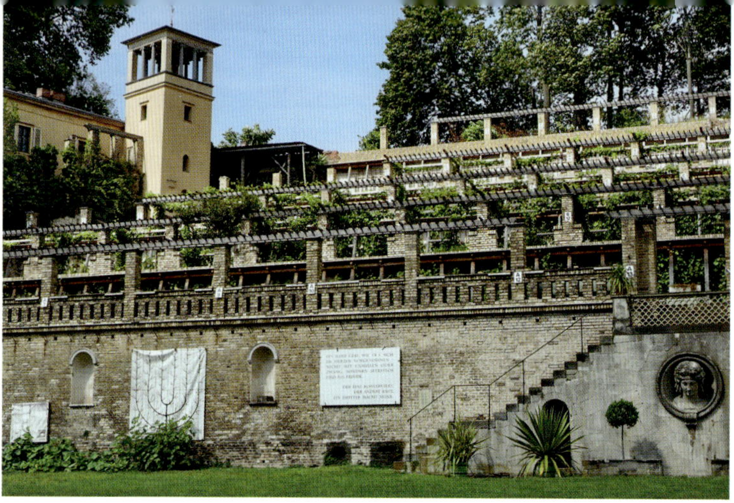

Winzerberg

Direkt an den prächtigen Parkanlagen von Sanssouci bildet ein beeindruckendes Triumphtor den Eingang zum Winzerberg. Der wärmste Garten Potsdams liegt auf vier großen Terrassen, die eigentlich dem Gemüsegarten Friedrichs des Großen zugedacht waren. Heute hat man von hier oben den schönsten Blick über die Hauptstadt Brandenburgs.

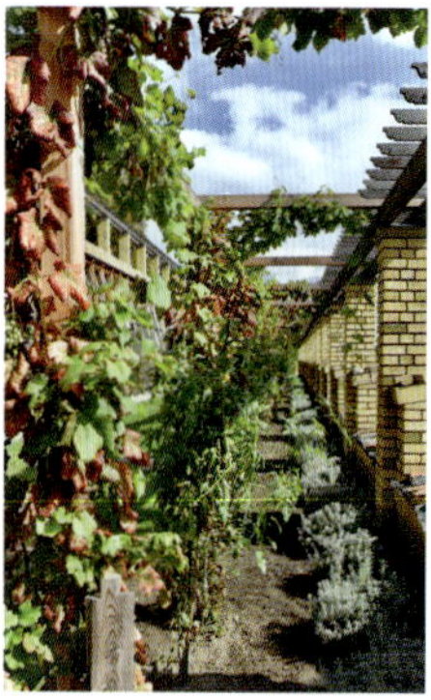

Weinbewachsene Pergolen

Als Erweiterung der Schlossanlage Sanssouci entstand ab 1763 das terrassenförmige Gelände unterhalb des Mühlenbergs, auf dem sich ursprünglich eine Lehmgrube befand. Vier Terrassen und fünf Hangmauern wurden errichtet, hinter deren verglasten Rankwänden Wein- und Obstpflanzen geschützt wie in einem Gewächshaus gedeihen konnten. 1849 erbaute man das Winzerhaus nach Plänen des Architekten Ludwig Ferdinand Hesse. 1944 entstand unter dem Winzerberg eine Luftschutzanlage, die in der sowjetischen Besatzungszeit mit Trümmerschutt verfüllt wurde. In der Folgezeit überwucherten und verfielen die Terrassen.

Der private Förderverein „Bauverein Winzerberg" hat dem Winzerberg neues Leben eingehaucht. Heute präsentiert sich das Gelände in 17 Metern Höhe wieder als Weinberg. Außerdem ist es der vielleicht schönste geheime Garten Potsdams.

Die erste Hangmauer mit der mittig liegenden

Bacchus-Treppe entstand 1848 nach Plänen von Peter Joseph Lenné, der den Winzerberg zu einem toskanischen Weingarten umgestaltete. Er schmückte die unterste Terrassenmauer mit einem monumentalen Bacchus-Haupt, dem Kopf des Gottes der Fruchtbarkeit und des Weins, errichtete an den Hangmauern Brüstungen und Pergolen und sorgte für eine gusseiserne Rahmenverglasung der Treibmauern.

Inzwischen stehen an den Mauern wieder alte Tafeltrauben, die in mühevoller Kleinarbeit von speziellen Winzern bezogen wurden. 450 Rebstöcke kann man hier finden, von denen sich die meisten etablieren konnten.

Unten an der Bacchus-Treppe gedeihen Zucchini und Kürbis. Auf den oberen Terrassen wachsen die Trauben an großen Holzpergolen über Lavendel, Rosmarin, Thymian und Tomaten.

Zweimal in der Woche kann man den Weinberg zu seiner persönlichen Chill-out-Lounge werden lassen. Auf jeder Terrasse warten dann gemütliche Sitzgruppen auf Gäste, die die Restwärme der Sonne und den atemberaubenden Blick über Potsdam genießen wollen. Das ist die Gelegenheit, um sich neben der riesigen Bananenstaude niederzulassen, die jedes Jahr ein Stückchen größer wird, oder um ganz einfach im Gras zu picknicken.

Triumphtor

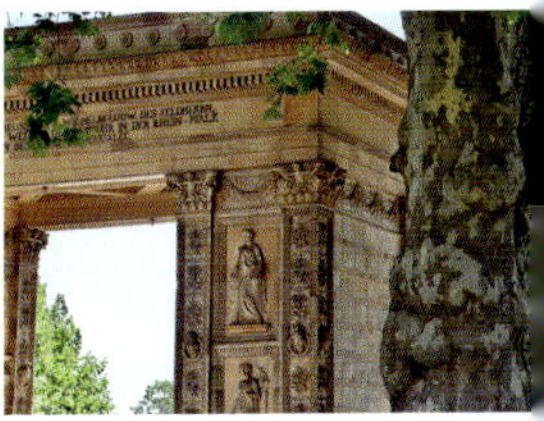

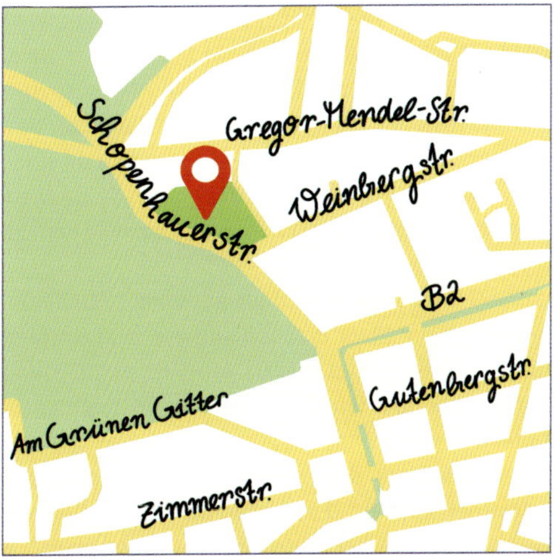

Adresse
Schopenhauerstraße 23
14469 Potsdam
www.winzerberg-potsdam.de

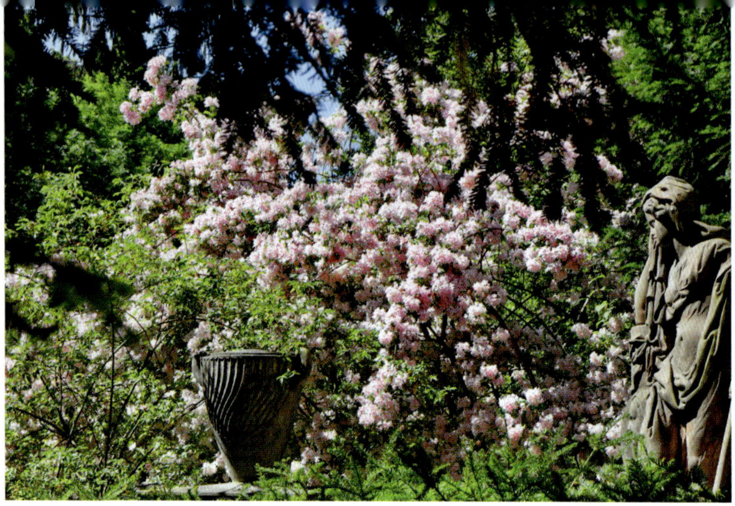

Friedhofsgarten Bornstedt

Oberhalb des Guts Bornstedt gelegen, leuchtet der Arkadengang der Bornstedter Kirche in der Sonne und gibt den Weg in den Friedhofsgarten frei. In diesem geheimnisvollen Garten findet man zwischen riesigen Eichen und alten Eiben von Efeu überwachsene Grabstellen der prägenden Persönlichkeiten preußischer Gartengeschichte.

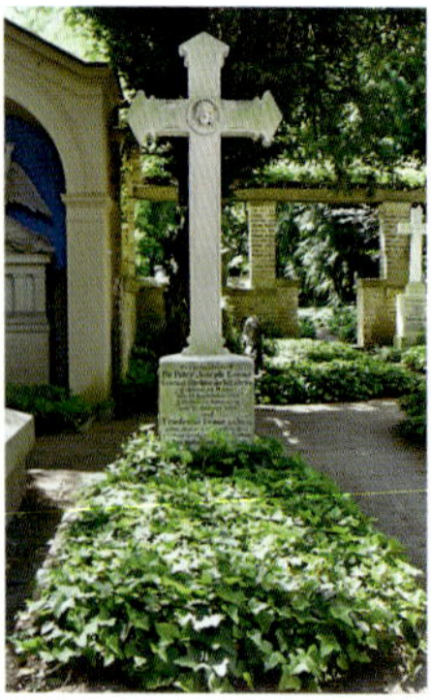

Grabstätte von Peter Joseph Lenné

Der Bornstedter Friedhof besteht seit 1599. Er beherbergte ursprünglich die Verstorbenen des Örtchens Bornstedt. Auf Wunsch Friedrich Wilhelms IV. entwarf Friedrich August Stüler die neue Dorfkirche – zuvor hatte bereits eine erste Bornstedter Kirche existiert – als Saalbau mit halbrunder Apsis. Der zugehörige Glockenturm schließt sich frei stehend an einen Wandelgang an. Das italienisch anmutende Bauwerk wurde aus original brandenburgischen Ziegeln errichtet.

1869 fand Theodor Fontane auf seinen Wanderungen durch die Mark Brandenburg auf dem Kirchhof noch den Garten des Küsters vor: „Der alte Kirchhof hat den freundlichen Charakter einer Obstbaumplantage. Die vom Winde abgewehten Früchte, reif und unreif, liegen in den geharkten Gängen oder zwischen den Gräbern der Dörfler, die in unmittelbarer Nähe der Kirche ihre letzte Rast gefunden haben."

Später diente der Friedhof dem Hofpersonal des nahen Schlosses Sanssouci als letzte Ruhestätte. Heute lesen sich die Namen auf den Grabstelen wie aus einem Buch über preußische Geschichte.

Auch wenn es die Obstplantage inzwischen nicht mehr gibt, wartet der Friedhof mit viel mystisch anmutendem Grün und seltenen Pflanzen auf. Prächtige Kirschzweige umgeben alte Grabsteinreste, Rosa Jasmin blüht am Wegesrand, und blauer Storchschnabel bedeckt den Boden. Die Grabstellen werden von kräftigem Buchs umrahmt, Farne und die Blüten wilder Rosen leuchten.

Campanile im Grünen

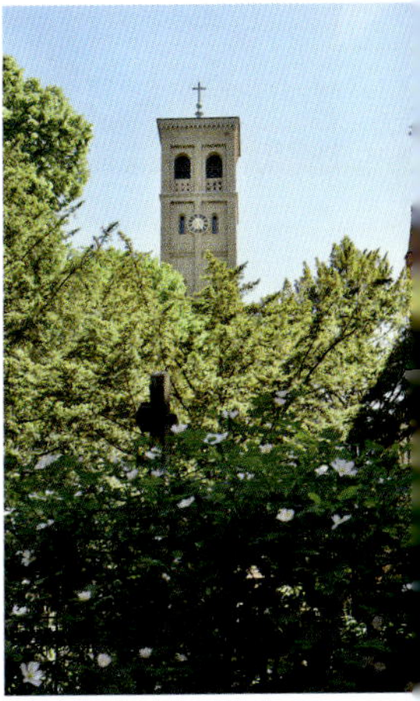

Im hinteren Teil des Friedhofs befindet sich der Sello-Garten. Der königliche Hofgärtner Ludwig Hermann Sello hat ihn 1844 erstmals als Familiengrabstätte genutzt. Viele Schaffende der Garten- und Kulturlandschaft Preußens haben hier ihre letzte Ruhe gefunden: neben den Familien Sello und Fintelmann die Architekten Ludwig und Reinhold Persius und der oberste Hofgärtner Peter Joseph Lenné.

Die schlichten Grabstätten strahlen mehr preußische Bescheidenheit denn königliche Pracht aus – genau das macht aber den Reiz des geheimnisvollen Ortes aus. In Sichtweite der Parklandschaften von Schloss Sanssouci kann man hier weitab vom Trubel in Erinnerungen an vergangene Zeiten schwelgen.

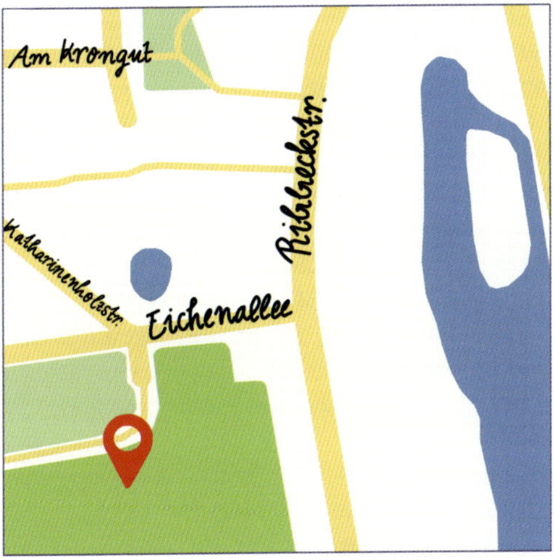

Adresse
Ribbeckstraße 40
14469 Potsdam

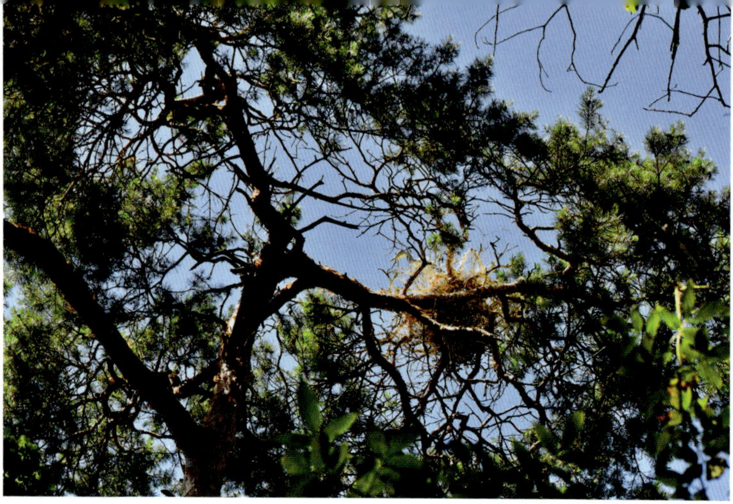

Graureihergarten

Manchmal sieht man sie majestätisch am Seeufer stehen: Graureiher. Geduldig warten sie dann auf ihre Beute. Im Potsdamer Wildpark können wir einen Blick in die Kinderstube der großen grauen und weißen Vögel werfen, die auf hohen Kiefern ihre Nester bauen. Zudem bringt der gut gedüngte Boden interessante Vegetationen hervor.

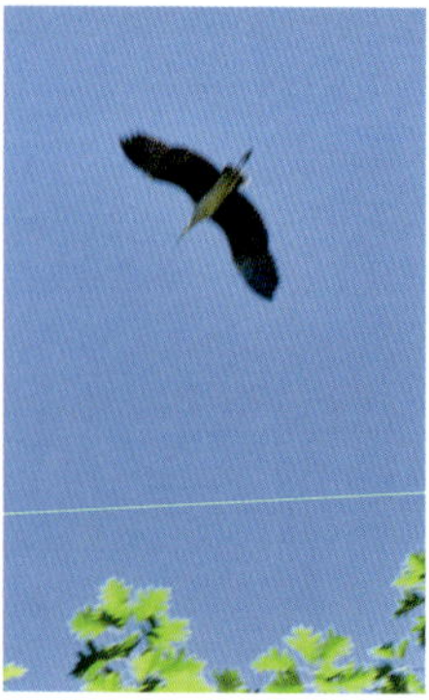

Graureiher im Flug

Der Potsdamer Wildpark sollte ein Teil der geschönten Kulturlandschaft am Havelufer von Berlin bis nach Brandenburg werden, die Peter Joseph Lenné auf Wunsch von Friedrich Wilhelm IV. entwarf. In landschaftsgärtnerischer Hinsicht stellt der Wildpark westlich der Potsdamer Lindenallee den zentralen Übergang des höfischen Parks zur Havellandschaft dar. Er ist insgesamt ein Gartendenkmal, das auch heute noch die vom Hofgärter Hermann Sello um 1865 geschaffenen parkartigen Strukturen nach Lennés Konzept aufweist.

Reiher sind in Bezug auf ihre Nistplätze ausgesprochen standorttreu. Seit 1934 hat sich eine Kolonie dieser Tiere am Fuße des Schäfereibergs nahe Geltow niedergelassen. Hier stehen ungefähr 250 Kiefern, die alle über zehn Meter hoch und deren Kronen mit mehreren Reihernestern bestückt sind.

Gelangt man über die Wildparkstraße in Geltow

zwischen dem Recyclinghof und der Pferdepension „Zum Fuchsbau" in den Wildpark, muss man nur noch dem lauten Geschrei nachgehen, dann hat man die Vögel bald im Blick.

Da junge Graureiher Nesthocker sind, erwarten sie, sieben bis acht Wochen lang von ihren Eltern gefüttert zu werden. Dementsprechend lebhaft geht es in der Reiherkolonie zu: Die Jungvögel quieken, hacken aufeinander ein und schlagen mit den Flügeln, um sich den besten Platz in Futternähe zu sichern. Nicht nur Fische, auch Molche, Kröten, Frösche und Insekten stehen auf ihrem Speiseplan. Alsdann schauen sie bei den Nachbarn ins Nest – vielleicht findet sich ja auch dort noch etwas. Oft trägt eine Kiefer mehrere Nester, einige dienen den Jungen als „Spielhorste".

Auch der Vogelkot, der weiß und großflächig wie Farbspritzer den Boden bedeckt, weist einem den Weg zur Nistkolonie. Im Laufe der achtzig Jahre, die die Kolonie nun schon besteht, wurde der Boden durch die Kotablagerungen mit Stickstoff gesättigt, sodass man sich durch ein dichtes Dickicht kämpfen muss, um ein wenig am Familienleben der Reiher teilnehmen zu können. Immerhin ist es ein wilder Holunder, der das Dickicht bildet, und so kommt man zumindest im Frühjahr in den Genuss des betörenden Duftes seiner Blüten.

Informationstafel zur Graureiherkolonie

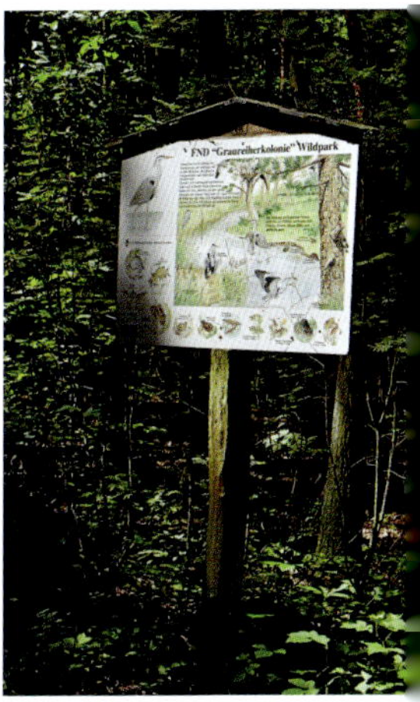

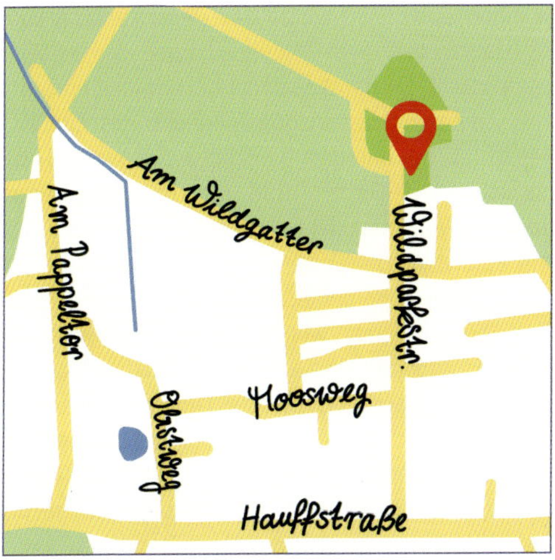

Adresse
Zugang zwischen Firma „Richter-Recycling" und Pensionspferdehof „Zum Fuchsbau"
Wildparkstraße 15b
14548 Schwielowsee

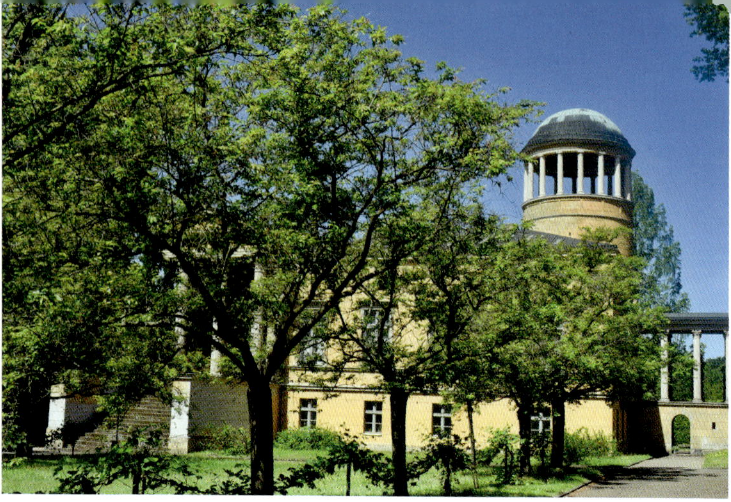

Schlossgarten Lindstedt

Abseits der edlen Potsdamer Schlossanlagen von Sanssouci und deren Touristenpfaden steht versteckt an der Lindstedter Chaussee das Schloss Lindstedt: ein Anwesen mit romantischen Laubengängen und Pergolen. Der zugehörige Garten ist von Peter Joseph Lenné im Stil eines antiken Villengartens gestaltet worden.

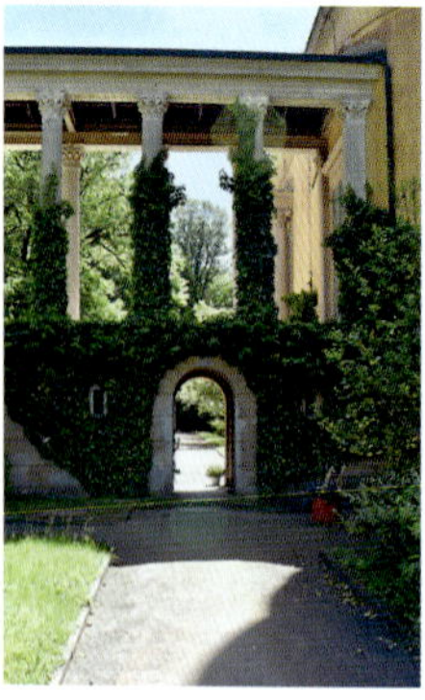

Eingang zum Garten

Schloss Lindstedt ist eines der kleinsten der Potsdamer Schlösser, dennoch hat es eine wechselvolle Geschichte hinter sich. 1730 wurde das kleine Landgut von 33 Hektar, auf dem Maulbeerbäume zur Seidenraupenzucht gepflanzt waren, von Daniel Lindstedt, dem späteren Hasenheger Friedrichs des Großen, gepachtet. Der gab dem damaligen Gut auch seinen Namen. Von 1803 bis 1828 gehörte das Anwesen dann den Vorfahren des bekannten Humoristen Vicco von Bülow, anschließend erkor Friedrich Wilhelm IV. das Schloss zu seiner Altersresidenz. Als der 1840 den Thron bestieg, wurden bedeutende Architekten wie Ludwig Persius und später Friedrich August Stüler beauftragt, das barocke Gutsschloss in eine klassische Villa zu verwandeln. Der König beteiligte sich mit eigenen Entwürfen an den Planungen, erlebte aber die Fertigstellung des Schlosses nicht mehr. Bis 1983 wurde das Anwesen von Potsdamer Hochschuleinrichtungen genutzt. Und der Direktor des Gerichtsmedizinischen Instituts, das hier schließlich untergebracht war, ließ Schloss und Garten auf eigene Kosten denkmalgerecht renovieren und herrichten.

Die Schlossanlage präsentiert sich spätklassizistisch mit einem Turm mit Belvedere und einem tempelartigen Anbau mit hoher Freitreppe. Ein klassischer Säulengang verbindet Schloss und Lindstedter Chaussee und gliedert zugleich den Garten in zwei Teile. Beide Gartenbereiche sind sehr schlicht und gleichmäßig gestaltet, Promenadenwege führen um ovale Rasenflächen.

Den hinteren Gartenbereich betritt man über eine Rundbogentür. Eine Schmuckallee aus Zierobstbäumen zieht sich hier um die Rasenfläche. Die Bäumchen sind durch Weinfestons, girlandenartige Schmuckranken, miteinander verbunden. Von der Freitreppe der großen Terrasse blickt man zu einer halbkreisförmigen Aussichtsbank, Exedra genannt. Antike Skulpturen haben an exponierten Stellen Platz gefunden.

Laubengang

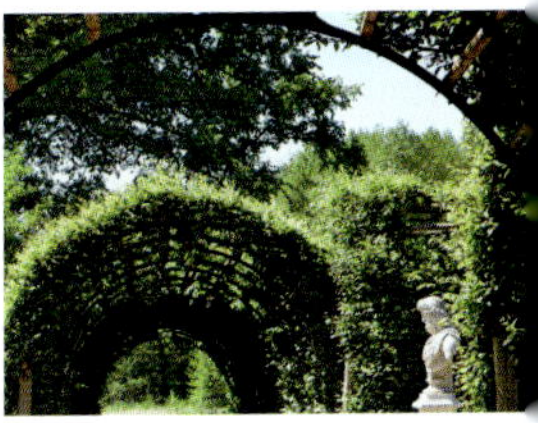

Der vordere Gartenbereich ist ähnlich gestaltet, wird jedoch von lauschigen Laubengängen dominiert, die, mit Hainbuchen und üppigem Blauregen bepflanzt, Ausblicke auf das Schloss und die malerische Landschaft bieten.

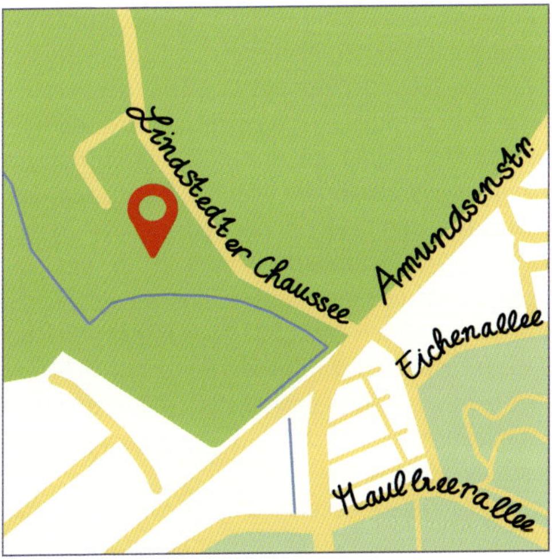

Adresse
Lindstedter Chaussee 4
14469 Potsdam
www.spsg.de

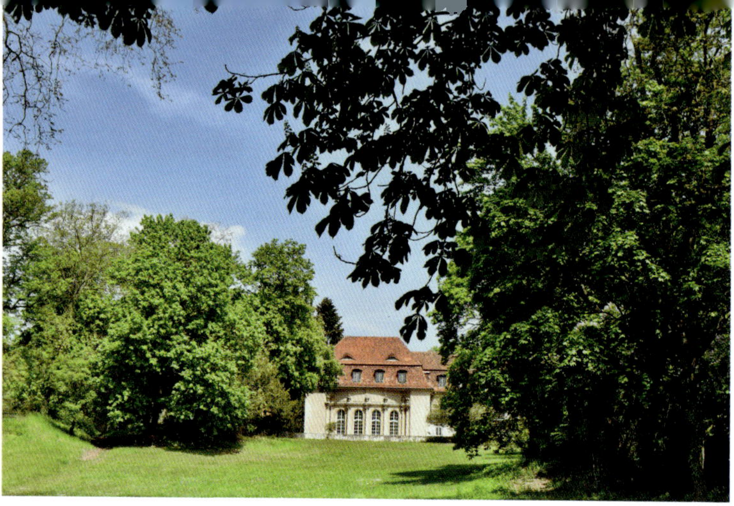

Schlosspark Marquardt

Unheimliche und unglaubliche Geschichten über eine versteckte Blaue Grotte und eine Weiße Dame, die in den Schlossräumen gesehen worden sein soll, ranken sich um den wunderschönen Park und das Anwesen Marquardt. Ein Besuch empfiehlt sich nicht nur, um Schloss und Garten zu besichtigen, denn der flache Schlänitzsee liegt in unmittelbarer Nähe.

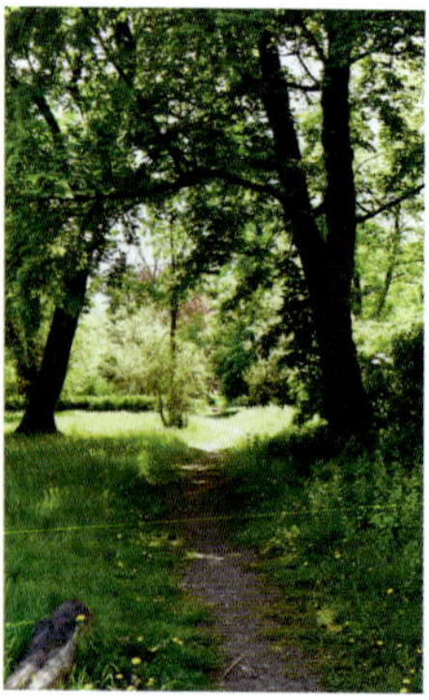

Romantischer Parkweg

Den Namen Marquardt erhielt das bereits seit dem 14. Jahrhundert bestehende Gut 1705 vom Lehnsherrn Marquard Ludwig von Printzen, der das Schloss als vielbeschäftigter Staatsdiener selten nutzte. Von 1795 bis 1803 gehörte das Gut samt dem Herrenhaus dem Freimaurer Johann Rudolf von Bischoffwerder. Der Freund von Friedrich Wilhelm II. reiste häufig zum Wochenende über den Königsweg nach Marquardt und hielt in der sogenannten Blauen Grotte gerne spiritistische Sitzungen ab. Erst sein Sohn Rudolf ließ nach seinem Tod das Herrenhaus erweitern und den Park 1823 nach Plänen von Peter Joseph Lenné anlegen. Theodor Fontane verlieh dem Anwesen ein halbes Jahrhundert später in seinen „Wanderungen durch die Mark Brandenburg" die Bezeichnung Schloss.

Das gesamte Areal misst ungefähr 14 Hektar. Vom großen schmiedeeisernen Parktor neben der romantischen Kirche erschließen sich dem Besucher viele verschlungene Wege zwischen Platanen und Rotbuchen, den Lieblingsbäumen Lennés. Linden und Ahorne wechseln sich mit kleinen Fichten und Gruppen von Weymouthskiefern ab. Die meisten Kastanien blühen im Frühsommer leuchtend rot. Dazwischen gibt es immer wieder große Rasenflächen mit wilden Kirschen, Fliederbüschen und herrlichen Wildblumen. Sichtachsen durchziehen den Park, lenken den Blick auf künstliche Wasserläufe, Brücken und Teiche. Im stillen Wasser spiegeln sich die Gehölze magisch.

Die traumhafte Aussicht von der Schlossterrasse über hügelige Grasflächen hinab zum Schlänitzsee ist immer noch erhalten geblieben, doch ein kurzweiliger Spaziergang hinunter zum Wasser hat nicht mehr viel Mystisches. Die legendäre Blaue Grotte mit dem betörenden Räucherduft, der den Besucher in früheren Zeiten anlocken sollte, gibt es heute nicht mehr – falls es die Grotte überhaupt jemals gegeben hat. Dafür existiert der seltene Amerikanische Zürgelbaum noch, der sich skulptural in die Waagerechte niederstreckt. 1790 wurde diese Art aus Südamerika nach Potsdam gebracht. Mit seiner silbergrau gefurchten Rinde gleicht der Baum einer kleinen Felsformation.

Malerische Wasserlandschaft

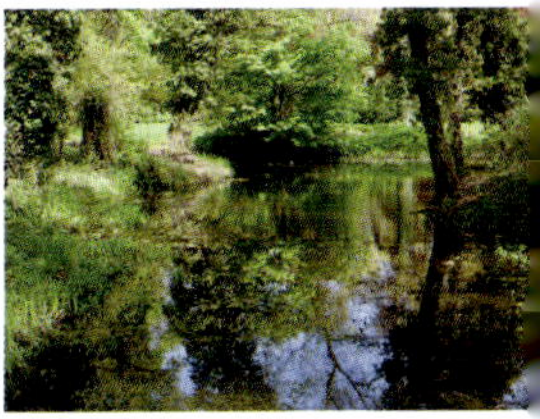

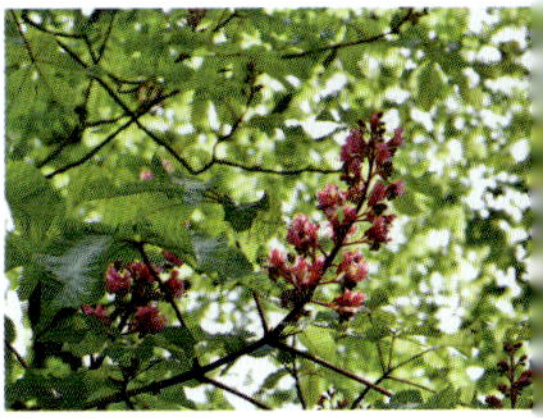

Rot blühende Kastanie

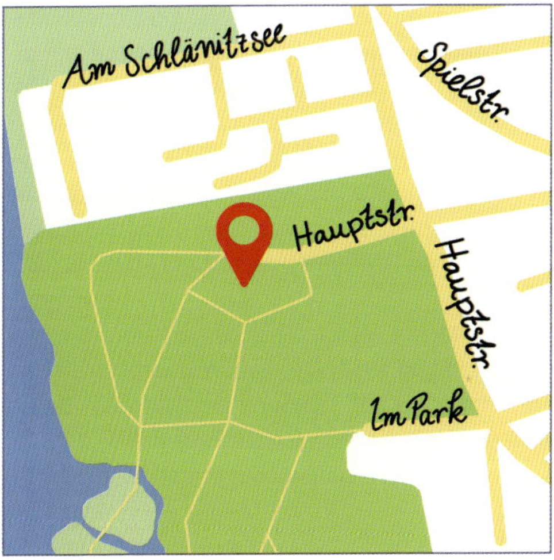

Adresse
Hauptstraße 14
14476 Potsdam

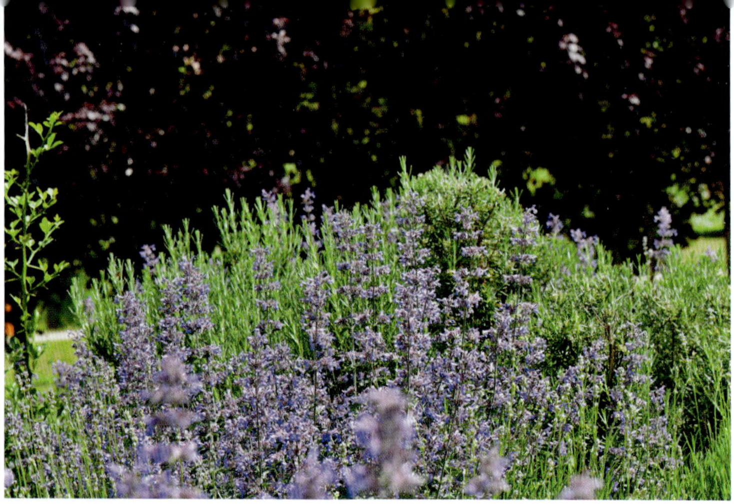

Lavendelgärten

Vergissmeinnicht und Lavendel, Rosen und Lavendel – und Lavendel als Beeteinfassung. Lavendel gibt im Villengarten von Dr. Elke Zakel in Nauen nicht nur die Duftrichtung vor, sondern auch die Farbgestaltung in Lila. Im gegenüberliegenden offenen Genussgarten „Havellife" kann man außerdem große Gemüsebeete entdecken und Eseln beim Grasen zusehen.

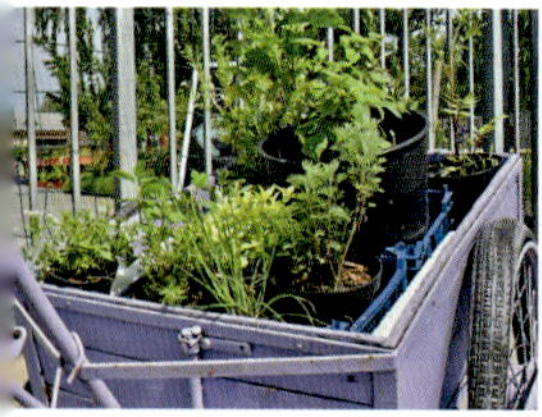

Pflanzenauswahl

Der großzügige Villengarten von Dr. Elke Zakel lässt keine Wünsche offen. Der Vorgartenbereich ist als Schattengarten gestaltet, in dem roter und weißer Rhododendron und im Frühjahr eine zarte lilafarbene Akelei unter einer Blutbuche blühen. Die panaschierte Kriechspindel sorgt mit ihren schön gefärbten Blättern für ein paar Farbtupfer. Großflächig angelegte Staudenbeete mit vielen Lilien, Rittersporn und Astern leuchten das ganze Jahr über, und Lavendel leistet als aufrechter, schöner Beetrahmer gute Dienste.

Im hinteren Gartenteil beeindruckt ein großer Naturteich. Rundum findet man Wasserpflanzen wie Wasserlilien. Schilf, Schwertlilien und das Riesenblatt stehen um einen kleinen Wasserfall. Gräser, ein japanischer Ahorn und Bambus sorgen für asiatisches Flair.

Dahinter schließt sich eine weiträumige Streuobstwiese an. Alte Äpfel-, Pflaumen- und Walnussbäume spenden Schatten und laden zum Verweilen ein. Hier kann man in Ruhe die weiße Magnolie bewundern, die bis weit in den Mai hinein Blüten zeigt. Von der Wiese aus hat man auch einen schönen Blick zur Koppel, auf der Ponys und ein Esel weiden.

Gegenüber im Genussgarten kann man noch mehr Grün und Tiere bestaunen. Hier werden nicht nur Blumenbeete und Gemüse kultiviert, sondern auch Esel gezüchtet. Auf großer Fläche blühen Stauden, Obstbäume und Rosen in wahrer Pracht. Gemüse, Kräuter und Obststräucher werden auf einem kleinen Feld angebaut, auf dem alles üppig gedeiht. Und aus Stachelbeeren, Johannisbeeren, Himbeeren und Brombeeren werden, sofern sie nicht vorher vernascht wurden, köstliche Brotaufstriche hergestellt. Die Gartenbetreiber legen großen Wert darauf, generationsübergreifendes Wissen über die naturnahe Anzucht und Verarbeitung von Obst, Gemüse und Kräutern zu bewahren und weiterzugeben.

Rastlose haben hier die Gelegenheit, eine Eselwanderung zu buchen, weniger Wanderfreudige können in mannigfaltiger zum Verkauf angebotener Blumenpracht stöbern oder die Obstleckereien gleich mit nach Hause nehmen – Grund genug, um hinaus ins Havelland zu fahren!

Schattengarten unter Blutbuche

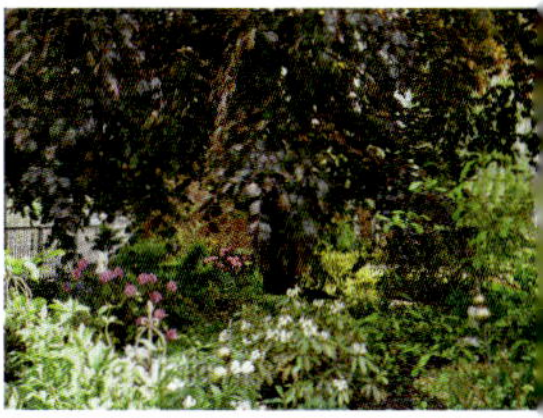

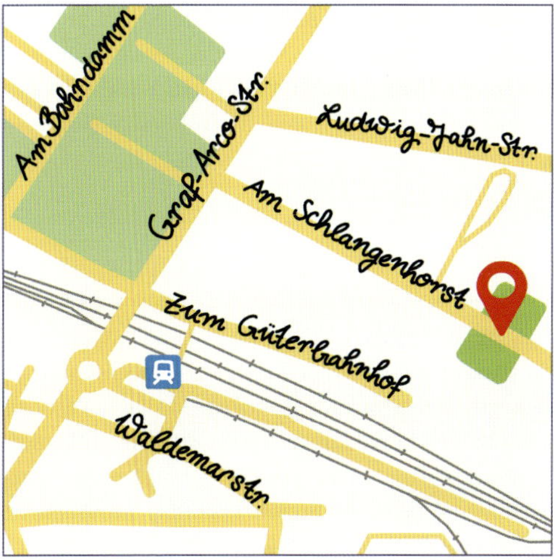

Adresse
Am Schlangenhorst 14
und 19
14641 Nauen
www.havellife.de
Öffnungszeiten
nach Voranmeldung
und am Tag der offenen
Gärten
www.offene-gaerten-
berlin-umland.de

Die Vielfalt der Naturgärten

Naturparks

Naturparks sind im Paragraf 27 Absatz 1 des Bundesnaturschutzgesetzes als Schutzgebietskategorie definiert. Sie sind Kulturlandschaften, in denen Menschen seit Jahrhunderten leben und arbeiten. Zugleich sind sie Lebensraum für viele, zum Teil seltene und geschützte Tier- und Pflanzenarten. Das reiche Kultur- und Naturerbe macht diese Gebiete vor allem für Erholung suchende Touristen attraktiv. In alle Formen ihrer Nutzung – neben Tourismus sind dies insbesondere Land- und Forstwirtschaft – sollten die Anliegen des Naturschutzes einbezogen werden, um die besonderen Landschaften zu erhalten und weiterzuentwickeln.

Biotope

Ein Biotop ist ein Lebensraum wilder Tiere und Pflanzen. Dabei kann es sich um eine mit Efeu bewachsene Hauswand, ein Stillgewässer, in dem Wassertiere und feuchtigkeitsliebende Pflanzen leben, oder einen abgestorbenen Baum handeln, den Vögel und Insekten zum Wohnsitz auserkoren haben. In jedem Biotop findet man die für seine Beschaffenheit charakteristischen Pflanzen- und Tierarten. Man unterscheidet zwischen naturnahen, primären Biotopen, die im Wesentlichen ohne den Einfluss des Menschen entstanden sind, und nutzungsabhängigen, künstlich geschaffenen Biotopen.

Diese besonderen Lebensräume erfordern auch besonderen Schutz. Häufig versucht man sie zu bewahren, indem man Verlandungen aufhält oder Überschwemmungen vermeidet. Durch die Erhaltung und Schaffung von Biotopen werden das Landschaftsbild, das Klima, der Wasserhaushalt, die Biodiversität und die Artenvielfalt gestärkt.

Streuobstwiesen

Streuobstwiesen sind magere Frischwiesen, die extensiv genutzt werden, indem man auf ihnen in unregelmäßigen Abständen halb- oder hochstämmige Obstbäume anpflanzt. Sie halten die Bodenfeuchtigkeit und locken Bienen und andere Insekten durch blühende Wildblumen wie Glatthafer, Labkraut, Sauerampfer, Honiggras, Margerite und Platterbse zur Bestäubung der Obstgehölze an. Höhlenbewohnende Tiere finden hier ebenfalls ein Zuhause. Streuobstwiesen werden auch als Obstwiesen oder Obstgärten bezeichnet.

Röhrichte

Röhrichte sind Biotope, die im Verlandungsbereich von Stillgewässern (Seen, Teichen oder Tümpeln) angesiedelt sind, d. h. in Uferzonen und auf Feuchtwiesen. Die hochwüchsigen und artenarmen Pflanzengesellschaften bestehen aus Gemeinem Schilf, Rohrkolben, Wasserschwertlilie und Pfeilkraut und werden von vielen Wasservogelarten als Brutstätten genutzt.

Auwälder

Auwälder sind naturnahe Wälder im Überflutungsbereich von Bächen und Flüssen. Man unterscheidet sie in Hartholzauwälder mit Eschen, Stieleichen, Ulmen, Scharbockskraut, Buschwindröschen und Erlen-Eschen-Wälder mit Farnen und Gemeinen Traubenkirschen. Daneben gibt es noch Weichholzwälder mit Silberweiden.

Auwälder sind Teil der Auenlandschaft. Man gliedert sie in drei Vegetationszonen, die sich an das Flussufer anschließen: Die gehölzfreie Aue grenzt direkt an den Uferstreifen und ist von schwankenden Wasserständen stark betroffen. Hier gedeihen Röhricht, schnellwüchsige Gräser, krautige Pflanzen und flache Büsche.

Die Weichholzaue ist etwas höher gelegen. In dieser Zone wachsen Schwarzpappeln und Silberweiden, sie kann längere Zeit überschwemmt sein. Ist das der Fall, bilden die Pflanzen am Stamm sproßbürtige Wurzeln aus, sogenannte Adventivwurzeln.

Die Hartholzaue wird nur ein- bis zweimal im Jahr überflutet und ist von Stieleichen, Ulmen, Berg-Ahornen und Eschen bewachsen. Fällt genügend Licht auf die Strauchschicht, gedeihen dort Schlehen, Weißdorne oder Pfaffenhütchen. Der Boden ist durch die Sedimentablagerungen, die vom Wasser in die Zone getragen werden, sehr nährstoffreich. Im Frühjahr blühen in den Hartholzauen oft Blaustern, Aronstab, Schlüsselblume, Bärlauch oder Lungenkraut. Außerdem wachsen hier Kletterpflanzen wie wilder Hopfen oder Waldreben.

Bruchwälder

Im Gegensatz zum in regelmäßigen Abständen gefluteten Auwald ist der Bruchwald ein permanent nasser, langfristig gefluteter, sumpfiger Wald. Es gibt hier keine Sedimentablagerungen, der Boden besteht aus einer zehn bis zwanzig Zentimeter dicken Torfschicht aus zersetztem Pflanzenmaterial. Im Bruchwald wachsen Schwarzerlen, die die starke Vernässung dank ihrer Adventivwurzeln besser als andere Gehölze verkraften können. Die Krautschicht ist seggenreich, auf den freien Wasserflächen flottiert die Wasserlinse. Weitere kennzeichnende Pflanzen dieses Biotops sind Nachtschattengewächse, Wasserdost, Blutweiderich und Fluss-Ampfer.

Tothölzer

Tothölzer sind abgestorbene Einzelbäume und Altholzinseln, die reich an Höhlen sind und als Nist- und Brutplätze für Insekten, Vögel, Fledermäuse und Nagetiere dienen. Auf ihnen wachsen Moose, Flechten, Farne und Bodenkräuter.

Feuchtgebiete

Feuchtgebiete sind naturnahe, unverbaute Bach- und Flussabschnitte, beispielsweise Altarme fließender Gewässer mit starker Verlandungstendenz und naturnaher Wasser- und Ufervegetation. Sie bieten Algen, Moosen, Flechten und Röhrichten einen idealen Lebensraum. Im Wasser finden sich oft Schwimmblattgewächse oder Wasserlinsen.

Moore

Moore sind beständig mit Wasser gesättigte und mit niedrigen Pflanzen bewachsene Naturräume. Der anhaltende Wasserüberschuss durch Niederschläge hält den Boden sauerstoffarm und verhindert den vollständigen Abbau von Pflanzenresten, sodass sich Torf bildet. Welche Pflanzen das Moor bewachsen, hängt von der Art der Wasserspeisung ab. Hochmoore werden ausschließlich von Regenwasser gespeist, ihr Boden ist häufig sehr nährstoffarm, nur wenige Pflanzenarten können auf ihm gedeihen. Wird das Moor durch Grundwasser oder andere Zuflüsse gespeist, verändert sich die Zusammensetzung der Pflanzenarten. Niedermoore bilden häufig Erlenbruchwälder oder Röhrichte aus.

Register der Gärten

Aussichtsgarten des Schlosses Sacrow 100–101
Berliner Balkon 46–47
Bienengarten 58–61
Blüten der Freundschaftsinsel 118–119
Bornstedter Friedhof → Friedhofsgarten Bornstedt
Botanischer Garten Potsdam → Paradiesgarten im Botanischen Garten
Böttcherberg → Garten der Alexandra
Bullengrabenweg → Grünzug Bullengraben
Dahliengärten im Volkspark Potsdam 106–109
Eden Gemeinnützige Obstbau-Siedlung → Garten Eden
Efeugarten von Hans-Otto Gehrcke 92–93
Eichwerder Moorgarten 20–21
Fliegeberg → Lilienthalpark
Freundschaftsinsel → Blüten der Freundschaftsinsel
Friedhofsgarten Bornstedt 130–131
Garten der Alexandra 116–117
Garten der Potsdamer Pfingstkirche 110–111
Garten der Villa Jacobs 104–105
Garten der Villa Kuriosum 34–35
Garten der Villa Schöningen 114–115
Garten der Religionen 98–99
Garten des Stadtguts Blankenfelde 16–17
Garten Eden 26–27
Garten im Vintagestil 24–25
Gartenstadt Staaken 96–97
Geheimer Garten im Orangerieschloss 126–127
Gosener Wiesen 52–53
Graureihergarten 132–133
Grünzug Bullengraben 94–95
Gutsgarten Hellersdorf 50–51
Gutshaus Mahlsdorf → Park der Gründerzeit
Hausgarten der Familie Baumann → Schwertliliengarten
Hausgarten von Karin Cramer 10–13
Hausgarten von Thomas Lederer → Kakteengarten
Hostagarten 70–71
Hugenottengarten Langerwisch 72–73
Imkerei am Pflanzgarten → Bienengarten
Japanischer Bonsaigarten 88–91
Kakteengarten 74–75
Kalktuffgelände am Tegeler Fließ 18–19
Karl-Foerster-Garten 102–103
Kiezpark Fortuna 44–45
Kleiner Spreewaldpark 62–63
Landschaftspark Herzberge 38–39
Landschaftspark Wuhletal 42
Lavendelgärten 138–139
Lenné-Garten 56–57
Lilienthalpark 64–65
Mittelaltergarten Düppel 66–67
Müggelspreeniederung Köpenick → Gosener Wiesen
Museumsdorf Düppel → Mittelaltergarten Düppel
Nachbarschaftsgarten Scholle 34 122–123

Naturgarten Kindelsee-Springluch 22–23
Naturgarten Malchow 36–37
Naturpark Barnim → Kalktuffgelände am Tegeler Fließ
Naturpark Nuthe-Niepitz → Schlosspark Blankensee
Naturschutzgebiet Müggelspreeniederung Köpenick → Gosener Wiesen
Neue Orangerie → Geheimer Garten im Orangerieschloss
Nuthepark → Wasserblick im Nuthepark
Oranjegarten 28–31
Panoramaweg Werderobst → Werdersche Obstgärten
Paradiesgarten im Botanischen Garten 124–125
Park der Gründerzeit 48–49
Pfingstkirche → Garten der Potsdamer Pfingstkirche
Russische Kolonie Alexandrowka → Russische Obstgärten
Russische Obstgärten 112–113
Sanddorngarten 80–81
Schloss Sacrow → Aussichtsgarten des Schlosses Sacrow
Schlossgarten Dahlwitz → Lenné-Garten
Schlossgarten Lindstedt 134–135
Schlossgarten Petzow 78–79
Schlosspark Biesdorf 40–41
Schlosspark Blankensee 68–69
Schlosspark Buch 14–15
Schlosspark Marquardt 136–137
Schlosspark Oranienburg → Oranjegarten
Scholle 34 → Nachbarschaftsgarten Scholle 34
Schuffelgärten 82–83
Schwertliliengarten 32–33
Stadtgut Blankenfelde → Garten des Stadtguts Blankenfelde
Südwestkirchhof Stahnsdorf 76–77
Villa Jacobs → Garten der Villa Jacobs
Villa Kuriosum → Garten der Villa Kuriosum
Villa Schöningen → Garten der Villa Schöningen
Villengarten von Dr. Elke Zakel → Lavendelgärten
Volkspark Potsdam → Dahliengärten im Volkspark Potsdam
Wasserblick im Nuthepark 120–121
Werdersche Obstgärten 84–85
Werderscher Weingarten 86–87
Wildpark Potsdam → Graureihergarten
Wilhelmshagen-Woltersdorfer Dünenzug → Dünengarten
Winzerberg 128–129
Woltersdorfer Dünenzug 54–55
Wuhlgarten 42–43